卞尺丹几乙し丹卞と

Translated Language Learning

Siddhartha

- **Un Roman Indien**
- An Indian Novel

Hermann Hesse

Français / English

Copyright © 2022 Tranzlaty
All rights reserved
Published by Tranzlaty
Siddhartha - Un Roman Indien
Siddhartha - An Indian Novel
ISBN: 978-1-83566-100-0
Original text by Hermann Hesse
First published in German in 1922
www.tranzlaty.com

Première Partie – Part One
***

1. **Le Fils du Brahman**
   The Son of the Brahman
24. **Avec les Samanas**
    With the Samanas
50. **Gotama**
75. **Réveil**
    Awakening

Deuxième partie – Part Two
***

86. **Kamala**
121. **Avec les Gens Enfantins**
     With the Childlike People
143. **Sansara**
167. **Au bord de la Rivière**
     By the River
198. **Le Passeur**
     The Ferryman
231. **Le Fils**
     The Son
257. **Om**
275. **Govinda**

Première Partie – Part One
***
Le Fils du Brahman
The Son of the Brahman

A l'ombre de la maison
In the shade of the house
au soleil de la rive
in the sunshine of the riverbank
près des bateaux
near the boats
à l'ombre de la forêt de Sal-bois
in the shade of the Sal-wood forest
à l'ombre du figuier
in the shade of the fig tree
c'est là que Siddhartha a grandi
this is where Siddhartha grew up
il était le beau fils d'un Brahman, le jeune faucon
he was the handsome son of a Brahman, the young falcon
il a grandi avec son ami Govinda
he grew up with his friend Govinda
Govinda était aussi le fils d'un Brahman.
Govinda was also the son of a Brahman
Au bord de la rivière, le soleil bronzait ses épaules légères
by the banks of the river the sun tanned his light shoulders
se baigner, effectuer les ablutions sacrées, faire des offrandes sacrées
bathing, performing the sacred ablutions, making sacred offerings
Dans le jardin de manguiers, l'ombre se déversait dans ses yeux noirs
In the mango garden, shade poured into his black eyes
Quand il jouait enfant, quand sa mère chantait
when playing as a boy, when his mother sang
Quand les offrandes sacrées ont été faites
when the sacred offerings were made
quand son père, le savant, lui a enseigné

when his father, the scholar, taught him
Quand les mages parlaient
when the wise men talked
Pendant longtemps, Siddhartha avait participé aux discussions des sages.
For a long time, Siddhartha had been partaking in the discussions of the wise men
il s'entraînait à débattre avec Govinda
he practiced debating with Govinda
il a pratiqué l'art de la réflexion avec Govinda
he practiced the art of reflection with Govinda
et il pratiquait la méditation
and he practiced meditation
Il savait déjà parler le Om en silence
He already knew how to speak the Om silently
Il connaissait la parole des mots
he knew the word of words
Il l'a parlé silencieusement en lui-même tout en inspirant
he spoke it silently into himself while inhaling
Il le parlait silencieusement hors de lui-même tout en expirant
he spoke it silently out of himself while exhaling
Il l'a fait avec toute la concentration de son âme
he did this with all the concentration of his soul
Son front était entouré par la lueur de l'esprit lucide
his forehead was surrounded by the glow of the clear-thinking spirit
Il savait déjà ressentir Atman au plus profond de son être
He already knew how to feel Atman in the depths of his being
Il pouvait sentir l'indestructible
he could feel the indestructible
Il savait ce que c'était que de ne faire qu'un avec l'univers
he knew what it was to be at one with the universe
La joie bondit dans le cœur de son père
Joy leapt in his father's heart
parce que son fils a vite appris
because his son was quick to learn

Il avait soif de connaissances
he was thirsty for knowledge
Son père pouvait le voir grandir pour devenir un grand homme sage
his father could see him growing up to become a great wise man
Il pouvait le voir devenir prêtre
he could see him becoming a priest
il pouvait le voir devenir un prince parmi les brahmanes
he could see him becoming a prince among the Brahmans
Bliss a sauté dans la poitrine de sa mère quand elle l'a vu marcher
Bliss leapt in his mother's breast when she saw him walking
La béatitude a bondi dans son cœur quand elle l'a vu s'asseoir et se lever
Bliss leapt in her heart when she saw him sit down and get up
Siddhartha était fort et beau
Siddhartha was strong and handsome
Lui, qui marchait sur des jambes élancées
he, who was walking on slender legs
Il la salua avec un respect parfait
he greeted her with perfect respect
L'amour a touché le cœur des jeunes filles des brahmanes
Love touched the hearts of the Brahmans' young daughters
ils ont été charmés lorsque Siddhartha a traversé les ruelles de la ville
they were charmed when Siddhartha walked through the lanes of the town
son front lumineux, ses yeux de roi, ses hanches minces
his luminous forehead, his eyes of a king, his slim hips
Mais surtout, il était aimé par Govinda
But most of all he was loved by Govinda
Govinda, son ami, fils d'un brahmane
Govinda, his friend, the son of a Brahman
Il aimait l'œil et la douce voix de Siddhartha
He loved Siddhartha's eye and sweet voice
Il aimait sa façon de marcher

he loved the way he walked
et il aimait la parfaite décence de ses mouvements
and he loved the perfect decency of his movements
il aimait tout ce que Siddhartha faisait et disait
he loved everything Siddhartha did and said
Mais ce qu'il aimait le plus, c'était son esprit
but what he loved most was his spirit
Il aimait ses pensées transcendantes et ardentes
he loved his transcendent, fiery thoughts
Il aimait sa volonté ardente et sa haute vocation
he loved his ardent will and high calling
Govinda savait qu'il ne deviendrait pas un brahmane ordinaire
Govinda knew he would not become a common Brahman
Non, il ne deviendrait pas un fonctionnaire paresseux
no, he would not become a lazy official
Non, il ne deviendrait pas un marchand cupide
no, he would not become a greedy merchant
pas un orateur vaniteux et vide de sens
not a vain, vacuous speaker
ni un prêtre méchant et trompeur
nor a mean, deceitful priest
et ne deviendrait pas non plus un mouton décent et stupide
and also would not become a decent, stupid sheep
un mouton dans le troupeau de nombreuses
a sheep in the herd of the many
Et il ne voulait pas devenir l'une de ces choses
and he did not want to become one of those things
il ne voulait pas être l'un de ces dizaines de milliers de brahmanes
he did not want to be one of those tens of thousands of Brahmans
Il voulait suivre Siddhartha, le bien-aimé, le splendide
He wanted to follow Siddhartha, the beloved, the splendid
dans les jours à venir, quand Siddhartha deviendrait un dieu, il serait là
in days to come, when Siddhartha would become a god, he

would be there
Quand il rejoindrait le Glorieux, il serait là
when he would join the glorious, he would be there
Govinda voulait le suivre comme son ami
Govinda wanted to follow him as his friend
Il était son compagnon et son serviteur
he was his companion and his servant
Il était son porteur de lance et son ombre
he was his spear-carrier and his shadow
Siddhartha était aimé de tous
Siddhartha was loved by everyone
Il était une source de joie pour tout le monde
He was a source of joy for everybody
Il était un délice pour eux tous
he was a delight for them all
Mais lui, Siddhartha, n'était pas une source de joie pour lui-même
But he, Siddhartha, was not a source of joy for himself
Il ne trouvait aucun plaisir en lui-même
he found no delight in himself
Il a parcouru les allées roses du jardin de figuiers
he walked the rosy paths of the fig tree garden
Il était assis à l'ombre bleutée dans le jardin de la contemplation
he sat in the bluish shade in the garden of contemplation
Il se lavait les membres tous les jours dans le bain du repentir
he washed his limbs daily in the bath of repentance
Il a fait des sacrifices à l'ombre tamisée de la forêt de manguiers
he made sacrifices in the dim shade of the mango forest
Ses gestes étaient d'une parfaite décence
his gestures were of perfect decency
Il était l'amour et la joie de tous
he was everyone's love and joy
mais il lui manquait encore toute joie dans son cœur
but he still lacked all joy in his heart

Des rêves et des pensées agitées lui vinrent à l'esprit
Dreams and restless thoughts came into his mind
Ses rêves coulaient de l'eau de la rivière
his dreams flowed from the water of the river
Ses rêves ont jailli des étoiles de la nuit
his dreams sparked from the stars of the night
Ses rêves fondus des rayons du soleil
his dreams melted from the beams of the sun
Des rêves lui vinrent, et une agitation de l'âme vint à lui
dreams came to him, and a restlessness of the soul came to him
Son âme était furieuse des sacrifices
his soul was fuming from the sacrifices
il a expiré à partir des versets du Rig-Veda
he breathed forth from the verses of the Rig-Veda
Les versets lui ont été infusés, goutte à goutte
the verses were infused into him, drop by drop
les versets des enseignements des anciens brahmanes
the verses from the teachings of the old Brahmans
Siddhartha avait commencé à nourrir le mécontentement en lui-même
Siddhartha had started to nurse discontent in himself
Il avait commencé à douter de l'amour de son père
he had started to feel doubt about the love of his father
Il doutait de l'amour de sa mère
he doubted the love of his mother
et il doutait de l'amour de son ami, Govinda
and he doubted the love of his friend, Govinda
Il doutait que leur amour puisse lui apporter de la joie pour toujours et à jamais.
he doubted if their love could bring him joy for ever and ever
Leur amour ne pouvait pas le soigner
their love could not nurse him
Leur amour ne pouvait pas le nourrir
their love could not feed him
leur amour ne pouvait pas le satisfaire
their love could not satisfy him

Il avait commencé à soupçonner les enseignements de son père
he had started to suspect his father's teachings
Peut-être lui avait-il montré tout ce qu'il savait
perhaps he had shown him everything he knew
il y avait ses autres maîtres, les sages brahmanes
there were his other teachers, the wise Brahmans
Peut-être lui avaient-ils déjà révélé le meilleur de leur sagesse
perhaps they had already revealed to him the best of their wisdom
Il craignait qu'ils aient déjà rempli son vaisseau d'attente.
he feared that they had already filled his expecting vessel
Malgré la richesse de leurs enseignements, le vaisseau n'était pas plein
despite the richness of their teachings, the vessel was not full
L'esprit n'était pas content
the spirit was not content
L'âme n'était pas calme
the soul was not calm
le cœur n'était pas satisfait
the heart was not satisfied
Les ablutions étaient bonnes, mais c'était de l'eau
the ablutions were good, but they were water
Les ablutions n'ont pas lavé le péché
the ablutions did not wash off the sin
Ils n'ont pas guéri la soif de l'esprit
they did not heal the spirit's thirst
Ils n'ont pas soulagé la peur dans son cœur
they did not relieve the fear in his heart
Les sacrifices et l'invocation des dieux étaient excellents
The sacrifices and the invocation of the gods were excellent
Mais était-ce tout ce qu'il y avait?
but was that all there was?
Les sacrifices ont-ils donné une heureuse fortune?
did the sacrifices give a happy fortune?
Et qu'en est-il des dieux?

and what about the gods?
Est-ce vraiment Prajapati qui a créé le monde?
Was it really Prajapati who had created the world?
N'était-ce pas l'Atman qui avait créé le monde?
Was it not the Atman who had created the world?
Atman, le seul, le singulier
Atman, the only one, the singular one
Les dieux n'étaient-ils pas des créations?
Were the gods not creations?
N'ont-ils pas été créés comme vous et moi?
were they not created like me and you?
Les dieux n'étaient-ils pas soumis au temps?
were the Gods not subject to time?
Les dieux étaient-ils mortels? Était-ce bon?
were the Gods mortal? Was it good?
Était-ce juste? Était-ce significatif?
was it right? was it meaningful?
Était-ce la plus haute occupation de faire des offrandes aux dieux?
was it the highest occupation to make offerings to the gods?
Pour qui d'autre des offrandes devaient-elles être faites?
For whom else were offerings to be made?
Qui d'autre devait être adoré?
who else was to be worshipped?
Qui d'autre était là, sinon Lui?
who else was there, but Him?
Le seul, l'Atman
The only one, the Atman
Et où se trouvait Atman?
And where was Atman to be found?
où résidait-il?
where did He reside?
où son cœur éternel a-t-il battu?
where did His eternal heart beat?
Où d'autre que dans soi-même?
where else but in one's own self?
dans sa partie la plus indestructible

in its innermost indestructible part
Pouvait-il être ce que tout le monde avait en lui-même?
could he be that which everyone had in himself?
Mais où était ce moi?
But where was this self?
Où était cette partie la plus intime?
where was this innermost part?
Où était cette partie ultime?
where was this ultimate part?
Ce n'était pas de la chair et des os
It was not flesh and bone
ce n'était ni la pensée ni la conscience
it was neither thought nor consciousness
C'est ce que les plus sages ont enseigné
this is what the wisest ones taught
Alors, où était-ce?
So where was it?
le soi, moi-même, l'Atman
the self, myself, the Atman
Pour atteindre cet endroit, il y avait un autre moyen
To reach this place, there was another way
Cette autre voie valait-elle la peine d'être recherchée?
was this other way worth looking for?
Hélas, personne ne lui a montré de cette façon
Alas, nobody showed him this way
Personne ne savait cela autrement
nobody knew this other way
Son père ne le savait pas
his father did not know it
et les enseignants et les sages ne le savaient pas
and the teachers and wise men did not know it
Ils savaient tout, les brahmanes
They knew everything, the Brahmans
et leurs livres saints savaient tout
and their holy books knew everything
ils s'étaient occupés de tout
they had taken care of everything

Ils ont pris soin de la création du monde
they took care of the creation of the world
Ils ont décrit l'origine de la parole, de la nourriture, de l'inspiration, de l'expiration
they described origin of speech, food, inhaling, exhaling
Ils ont décrit l'arrangement des sens
they described the arrangement of the senses
Ils ont décrit les actes des dieux
they described the acts of the gods
Leurs livres en savaient infiniment beaucoup
their books knew infinitely much
Mais était-il utile de savoir tout cela?
but was it valuable to know all of this?
N'y avait-il pas qu'une seule chose à savoir?
was there not only one thing to be known?
N'y avait-il toujours pas la chose la plus importante à savoir?
was there still not the most important thing to know?
De nombreux versets des livres saints parlaient de cette chose la plus intime et la plus ultime.
many verses of the holy books spoke of this innermost, ultimate thing
on en parlait particulièrement dans les Upanishades de Samaveda
it was spoken of particularly in the Upanishades of Samaveda
C'étaient des versets merveilleux
they were wonderful verses
«Ton âme est le monde entier», cela a été écrit là
"Your soul is the whole world", this was written there
Et il a été écrit que l'homme dans un sommeil profond rencontrerait sa partie la plus intime
and it was written that man in deep sleep would meet with his innermost part
et il résiderait dans l'Atman
and he would reside in the Atman
Une sagesse merveilleuse était dans ces versets
Marvellous wisdom was in these verses
Toutes les connaissances des plus sages avaient été

rassemblées ici en mots magiques
all knowledge of the wisest ones had been collected here in magic words
C'était aussi pur que le miel récolté par les abeilles
it was as pure as honey collected by bees
Non, les versets ne devaient pas être méprisés
No, the verses were not to be looked down upon
Ils contenaient d'énormes quantités d'illumination
they contained tremendous amounts of enlightenment
ils contenaient une sagesse qui était recueillie et préservée
they contained wisdom which lay collected and preserved
sagesse recueillie par d'innombrables générations de brahmanes sages
wisdom collected by innumerable generations of wise Brahmans
Mais où étaient les brahmanes?
But where were the Brahmans?
Où étaient les prêtres?
where were the priests?
Où sont les mages ou les pénitents?
where the wise men or penitents?
Où étaient ceux qui avaient réussi?
where were those that had succeeded?
Où étaient ceux qui connaissaient plus que le plus profond de toutes les connaissances?
where were those who knew more than deepest of all knowledge?
Où étaient ceux qui vivaient aussi la sagesse éclairée?
where were those that also lived out the enlightened wisdom?
Où était le bien informé qui a sorti Atman de son sommeil?
Where was the knowledgeable one who brought Atman out of his sleep?
Qui l'avait apporté dans la journée?
who had brought it into the day?
Qui l'avait pris dans leur vie?
who had taken it into their life?
Qui l'a porté à chaque pas qu'ils ont fait?

who carried it with every step they took?
Qui avait marié leurs paroles par leurs actes?
who had married their words with their deeds?
Siddhartha connaissait beaucoup de vénérables brahmanes
Siddhartha knew many venerable Brahmans
son père, le pur
his father, the pure one
Le savant, le plus vénérable
the scholar, the most venerable one
Son père était digne d'admiration
His father was worthy of admiration
Calmes et nobles étaient ses manières
quiet and noble were his manners
pure était sa vie, sages étaient ses paroles
pure was his life, wise were his words
Des pensées délicates et nobles vivaient derrière son front
delicate and noble thoughts lived behind his brow
Mais même s'il en savait tellement, vivait-il dans la béatitude?
but even though he knew so much, did he live in blissfulness?
Malgré toutes ses connaissances, avait-il la paix?
despite all his knowledge, did he have peace?
N'était-il pas aussi juste un homme de recherche?
was he not also just a searching man?
N'était-il toujours pas un homme assoiffé?
was he still not a thirsty man?
N'avait-il pas à boire des sources saintes encore et encore?
Did he not have to drink from holy sources again and again?
N'a-t-il pas bu des offrandes?
did he not drink from the offerings?
N'a-t-il pas bu dans les livres?
did he not drink from the books?
n'avait-il pas bu aux disputes des brahmanes?
did he not drink from the disputes of the Brahmans?
Pourquoi devait-il laver ses péchés tous les jours?
Why did he have to wash off sins every day?
Doit-il s'efforcer de se purifier tous les jours?

must he strive for a cleansing every day?
Encore et encore, tous les jours
over and over again, every day
Atman n'était-il pas en lui?
Was Atman not in him?
La source primitive n'a-t-elle pas jailli de son cœur?
did not the pristine source spring from his heart?
La source primitive devait être trouvée en soi
the pristine source had to be found in one's own self
La source vierge devait être possédée!
the pristine source had to be possessed!
Faire autre chose, c'était chercher
doing anything else else was searching
Prendre n'importe quel autre pass est un détour
taking any other pass is a detour
Aller dans n'importe quelle autre direction conduit à se perdre
going any other way leads to getting lost
Voici les pensées de Siddhartha
These were Siddhartha's thoughts
C'était sa soif, et c'était sa souffrance
this was his thirst, and this was his suffering
Souvent, il se parlait à lui-même depuis un Chandogya-Upanishad:
Often he spoke to himself from a Chandogya-Upanishad:
«Vraiment, le nom du Brahman est Satyam»
"Truly, the name of the Brahman is Satyam"
«Celui qui sait une telle chose, entrera dans le monde céleste tous les jours»
"he who knows such a thing, will enter the heavenly world every day"
Souvent, le monde céleste semblait proche
Often the heavenly world seemed near
mais il n'avait jamais complètement atteint le monde céleste
but he had never reached the heavenly world completely
Il n'avait jamais étanche la soif ultime
he had never quenched the ultimate thirst

Et parmi tous les hommes les plus sages et les plus sages, aucun ne l'avait atteint.
And among all the wise and wisest men, none had reached it
il a reçu des instructions d'eux
he received instructions from them
Mais ils n'avaient pas complètement atteint le monde céleste
but they hadn't completely reached the heavenly world
Ils n'avaient pas complètement étanche leur soif
they hadn't completely quenched their thirst
parce que c'est une soif éternelle
because it is an eternal thirst

«Govinda» Siddhartha a parlé à son ami
"Govinda" Siddhartha spoke to his friend
«Govinda, ma chérie, viens avec moi sous le banian»
"Govinda, my dear, come with me under the Banyan tree"
«Pratiqueons la méditation»
"let's practise meditation"
Ils sont allés à l'arbre Banyan
They went to the Banyan tree
sous le banian ils s'assirent
under the Banyan tree they sat down
Siddhartha était juste ici
Siddhartha was right here
Govinda était à vingt pas
Govinda was twenty paces away
Siddhartha s'assit et répéta en murmurant le verset
Siddhartha seated himself and he repeated murmuring the verse
Om est l'arc, la flèche est l'âme
Om is the bow, the arrow is the soul
Le Brahman est la cible de la flèche
The Brahman is the arrow's target
la cible que l'on devrait sans cesse atteindre
the target that one should incessantly hit
Le temps habituel de l'exercice de méditation était passé
the usual time of the exercise in meditation had passed

Govinda se leva, le soir était venu
Govinda got up, the evening had come
Il était temps d'effectuer les ablutions de la soirée
it was time to perform the evening's ablution
Il a appelé le nom de Siddhartha, mais Siddhartha n'a pas répondu
He called Siddhartha's name, but Siddhartha did not answer
Siddhartha était assis là, perdu dans ses pensées
Siddhartha sat there, lost in thought
Ses yeux étaient rigidement concentrés vers une cible très éloignée
his eyes were rigidly focused towards a very distant target
le bout de sa langue dépassait un peu entre les dents
the tip of his tongue was protruding a little between the teeth
il semblait ne pas respirer
he seemed not to breathe
Ainsi s'assit-il, enveloppé dans la contemplation.
Thus sat he, wrapped up in contemplation
il était plongé dans la pensée de l'Om
he was deep in thought of the Om
son âme envoyée après le Brahman comme une flèche
his soul sent after the Brahman like an arrow
Une fois, Samanas avait traversé la ville de Siddhartha
Once, Samanas had travelled through Siddhartha's town
Ils étaient ascètes en pèlerinage
they were ascetics on a pilgrimage
trois hommes maigres et flétris, ni vieux ni jeunes
three skinny, withered men, neither old nor young
poussiéreux et sanglants étaient leurs épaules
dusty and bloody were their shoulders
presque nue, brûlée par le soleil, entourée de solitude
almost naked, scorched by the sun, surrounded by loneliness
étrangers et ennemis du monde
strangers and enemies to the world
Étrangers et chacals dans le royaume des humains
strangers and jackals in the realm of humans
Derrière eux soufflait un parfum chaud de passion

tranquille
Behind them blew a hot scent of quiet passion
Un parfum de service destructeur
a scent of destructive service
un parfum d'abnégation impitoyable
a scent of merciless self-denial
Le soir était arrivé
the evening had come
après l'heure de contemplation, Siddhartha parla à Govinda
after the hour of contemplation, Siddhartha spoke to Govinda
«Tôt demain matin, mon ami, Siddhartha ira chez les Samanas»
"Early tomorrow morning, my friend, Siddhartha will go to the Samanas"
«Il deviendra un Samana»
"He will become a Samana"
Govinda est devenu pâle quand il a entendu ces mots
Govinda turned pale when he heard these words
et il lut la décision sur le visage immobile de son ami
and he read the decision in the motionless face of his friend
C'était imparable, comme la flèche tirée de l'arc
it was unstoppable, like the arrow shot from the bow
Govinda s'est rendu compte au premier coup d'œil; Maintenant ça commence
Govinda realized at first glance; now it is beginning
maintenant Siddhartha prend son propre chemin
now Siddhartha is taking his own way
Maintenant, son destin commence à germer
now his fate is beginning to sprout
et à cause de Siddhartha, le destin de Govinda est en train de germer aussi
and because of Siddhartha, Govinda's fate is sprouting too
Il est devenu pâle comme une peau de banane sèche
he turned pale like a dry banana-skin
«Oh Siddhartha», s'exclama-t-il.
"Oh Siddhartha," he exclaimed
«Est-ce que ton père te permettra de faire ça?»

"will your father permit you to do that?"
Siddhartha regarda comme s'il venait de se réveiller
Siddhartha looked over as if he was just waking up
comme une flèche, il a lu l'âme de Govinda
like an Arrow he read Govinda's soul
Il pouvait lire la peur et la soumission en lui
he could read the fear and the submission in him
«Oh Govinda,» parla-t-il doucement, «ne gaspillons pas les mots»
"Oh Govinda," he spoke quietly, "let's not waste words"
«Demain, au lever du jour, je commencerai la vie des Samanas»
"Tomorrow at daybreak I will begin the life of the Samanas"
«N'en parlons plus»
"let us speak no more of it"

Siddhartha entra dans la chambre où son père était assis.
Siddhartha entered the chamber where his father was sitting
Son père était sur une natte de bast
his father was was on a mat of bast
Siddhartha a marché derrière son père
Siddhartha stepped behind his father
et il est resté debout derrière lui
and he remained standing behind him
Il est resté debout jusqu'à ce que son père sente que quelqu'un se tenait derrière lui
he stood until his father felt that someone was standing behind him
Le brahmane parla : «Est-ce toi, Siddhartha?»
Spoke the Brahman: "Is that you, Siddhartha?"
«Alors dis ce que tu es venu dire»
"Then say what you came to say"
Siddhartha a parlé: «Avec votre permission, mon père»
Spoke Siddhartha: "With your permission, my father"
«Je suis venu te dire que c'est mon désir de quitter ta maison demain»
"I came to tell you that it is my longing to leave your house

tomorrow"
«Je veux aller chez les ascètes»
"I wish to go to the ascetics"
«Mon désir est de devenir un Samana»
"My desire is to become a Samana"
«Que mon père ne s'y oppose pas»
"May my father not oppose this"
Le Brahman se tut, et il le resta longtemps.
The Brahman fell silent, and he remained so for long
Les étoiles dans la petite fenêtre erraient
the stars in the small window wandered
et ils ont changé leurs positions relatives
and they changed their relative positions
Silencieux et immobile, le fils se tenait les bras croisés.
Silent and motionless stood the son with his arms folded
silencieux et immobile, le père était assis sur le tapis
silent and motionless sat the father on the mat
et les étoiles ont tracé leur chemin dans le ciel
and the stars traced their paths in the sky
Puis parla le père
Then spoke the father
«Il n'est pas convenable pour un brahmane de dire des mots durs et en colère»
"Not proper it is for a Brahman to speak harsh and angry words"
«Mais l'indignation est dans mon cœur»
"But indignation is in my heart"
«Je ne souhaite pas entendre cette demande une deuxième fois»
"I wish not to hear this request for a second time"
Lentement, le Brahman se leva
Slowly, the Brahman rose
Siddhartha se tenait silencieusement, les bras croisés
Siddhartha stood silently, his arms folded
«Qu'attendez-vous?» demanda le père
"What are you waiting for?" asked the father
Siddhartha a dit : «Vous savez ce que j'attends»

Spoke Siddhartha, "You know what I'm waiting for"
Indigné, le père quitte la chambre
Indignant, the father left the chamber
Indigné, il alla se coucher et s'allongea
indignant, he went to his bed and lay down
Une heure s'était écoulée, mais aucun sommeil n'était venu sur ses yeux
an hour passed, but no sleep had come over his eyes
le Brahman se leva et il fit les cent pas
the Brahman stood up and he paced to and fro
et il a quitté la maison dans la nuit
and he left the house in the night
Par la petite fenêtre de la chambre, il regarda à l'intérieur
Through the small window of the chamber he looked back inside
et là, il vit Siddhartha debout
and there he saw Siddhartha standing
Ses bras étaient croisés et il n'avait pas bougé de sa place
his arms were folded and he had not moved from his spot
Pâle scintillait sa robe brillante
Pale shimmered his bright robe
Avec l'anxiété dans son cœur, le père est retourné à son lit
With anxiety in his heart, the father returned to his bed
Une autre heure blanche passa
another sleepless hour passed
comme aucun sommeil n'était venu sur ses yeux, le Brahman se releva
since no sleep had come over his eyes, the Brahman stood up again
Il faisait les cent pas, et il sortait de la maison
he paced to and fro, and he walked out of the house
et il vit que la lune s'était levée
and he saw that the moon had risen
Par la fenêtre de la chambre, il regarda à l'intérieur
Through the window of the chamber he looked back inside
là se tenait Siddhartha, impassible de sa place
there stood Siddhartha, unmoved from his spot

Ses bras étaient croisés, comme ils l'avaient été
his arms were folded, as they had been
Le clair de lune se reflétait sur ses tibias nus
moonlight was reflecting from his bare shins
Avec l'inquiétude dans son cœur, le père est retourné au lit
With worry in his heart, the father went back to bed
Il est revenu au bout d'une heure
he came back after an hour
et il est revenu après deux heures
and he came back again after two hours
Il regarda par la petite fenêtre
he looked through the small window
il vit Siddhartha debout à la lumière de la lune
he saw Siddhartha standing in the moon light
Il se tenait près de la lumière des étoiles dans les ténèbres
he stood by the light of the stars in the darkness
Et il est revenu heure après heure
And he came back hour after hour
Silencieusement, il regarda dans la chambre
silently, he looked into the chamber
Il l'a vu debout au même endroit
he saw him standing in the same place
Cela a rempli son cœur de colère
it filled his heart with anger
Cela a rempli son cœur d'agitation
it filled his heart with unrest
Cela remplissait son cœur d'angoisse
it filled his heart with anguish
Cela remplissait son cœur de tristesse
it filled his heart with sadness
La dernière heure de la nuit était arrivée
the night's last hour had come
Son père revint et entra dans la pièce
his father returned and stepped into the room
Il a vu le jeune homme debout là
he saw the young man standing there
Il semblait grand et comme un étranger pour lui

he seemed tall and like a stranger to him
«Siddhartha», dit-il, «qu'attendez-vous?»
"Siddhartha," he spoke, "what are you waiting for?"
«Tu sais ce que j'attends»
"You know what I'm waiting for"
«Allez-vous toujours rester comme ça et attendre?
"Will you always stand that way and wait?
«Je serai toujours debout et attendrai»
"I will always stand and wait"
«Voulez-vous attendre jusqu'à ce qu'il devienne matin, midi et soir?»
"will you wait until it becomes morning, noon, and evening?"
«J'attendrai qu'il devienne matin, midi et soir»
"I will wait until it become morning, noon, and evening"
«Tu vas te fatiguer, Siddhartha»
"You will become tired, Siddhartha"
«Je vais me fatiguer»
"I will become tired"
«Tu vas t'endormir, Siddhartha»
"You will fall asleep, Siddhartha"
«Je ne m'endormirai pas»
"I will not fall asleep"
«Tu vas mourir, Siddhartha»
"You will die, Siddhartha"
«Je vais mourir», répondit Siddhartha
"I will die," answered Siddhartha
«Et préférez-vous mourir plutôt que d'obéir à votre père?»
"And would you rather die, than obey your father?"
«Siddhartha a toujours obéi à son père»
"Siddhartha has always obeyed his father"
«Alors, allez-vous abandonner votre plan?»
"So will you abandon your plan?"
«Siddhartha fera ce que son père lui dira de faire»
"Siddhartha will do what his father will tell him to do"
Les premières lueurs du jour brillaient dans la pièce
The first light of day shone into the room
Le Brahman vit que les genoux de Siddhartha tremblaient

doucement
The Brahman saw that Siddhartha knees were softly trembling
Sur le visage de Siddhartha, il ne vit aucun tremblement
In Siddhartha's face he saw no trembling
Ses yeux étaient fixés sur un endroit lointain
his eyes were fixed on a distant spot
C'est alors que son père a réalisé
This was when his father realized
même maintenant, Siddhartha n'habitait plus avec lui dans sa maison
even now Siddhartha no longer dwelt with him in his home
Il vit qu'il l'avait déjà quitté
he saw that he had already left him
Le Père toucha l'épaule de Siddhartha
The Father touched Siddhartha's shoulder
«Tu vas», dit-il, «aller dans la forêt et être un Samana»
"You will," he spoke, "go into the forest and be a Samana"
«Quand vous trouverez la béatitude dans la forêt, revenez»
"When you find blissfulness in the forest, come back"
«Reviens et apprends-moi à être heureux»
"come back and teach me to be blissful"
«Si vous trouvez de la déception, revenez»
"If you find disappointment, then return"
«Revenez et faisons des offrandes aux dieux ensemble, à nouveau»
"return and let us make offerings to the gods together, again"
«Va maintenant embrasser ta mère»
"Go now and kiss your mother"
«Dis-lui où tu vas»
"tell her where you are going"
«Mais pour moi, il est temps d'aller à la rivière»
"But for me it is time to go to the river"
«Il est temps pour moi d'effectuer les premières ablutions»
"it is my time to perform the first ablution"
Il prit sa main de l'épaule de son fils et sortit
He took his hand from the shoulder of his son, and went outside

Siddhartha hésita sur le côté alors qu'il essayait de marcher
Siddhartha wavered to the side as he tried to walk
Il a remis ses membres sous contrôle et s'est incliné devant son père
He put his limbs back under control and bowed to his father
Il alla voir sa mère pour faire ce que son père lui avait dit
he went to his mother to do as his father had said
Alors qu'il partait lentement sur les jambes raides, une ombre s'éleva près de la dernière hutte.
As he slowly left on stiff legs a shadow rose near the last hut
Qui s'y était accroupi et avait rejoint le pèlerin?
who had crouched there, and joined the pilgrim?
«Govinda, tu es venu» dit Siddhartha en souriant
"Govinda, you have come" said Siddhartha and smiled
«Je suis venu», dit Govinda
"I have come," said Govinda

Avec les Samanas
With the Samanas

Dans la soirée de ce jour, ils ont rattrapé les ascètes
In the evening of this day they caught up with the ascetics
les ascètes; les maigres Samanas
the ascetics; the skinny Samanas
Ils leur ont offert leur compagnie et leur obéissance
they offered them their companionship and obedience
Leur compagnie et leur obéissance ont été acceptées
Their companionship and obedience were accepted
Siddhartha a donné ses vêtements à un pauvre Brahman dans la rue
Siddhartha gave his garments to a poor Brahman in the street
Il ne portait rien de plus qu'un pagne et un manteau non semé de couleur terre.
He wore nothing more than a loincloth and earth-coloured, unsown cloak
Il ne mangeait qu'une fois par jour, et jamais rien de cuisiné
He ate only once a day, and never anything cooked
Il a jeûné pendant quinze jours, il a jeûné pendant vingt-huit jours
He fasted for fifteen days, he fasted for twenty-eight days
La chair décollait de ses cuisses et de ses joues
The flesh waned from his thighs and cheeks
Des rêves fiévreux vacillaient de ses yeux élargis
Feverish dreams flickered from his enlarged eyes
De longs ongles poussaient lentement sur ses doigts desséchés
long nails grew slowly on his parched fingers
et une barbe sèche et hirsute poussa sur son menton
and a dry, shaggy beard grew on his chin
Son regard s'est transformé en glace quand il a rencontré des femmes
His glance turned to ice when he encountered women
Il a traversé une ville de gens bien habillés
he walked through a city of nicely dressed people

sa bouche tremblait de mépris pour eux
his mouth twitched with contempt for them
Il voyait des marchands faire du commerce et des princes chasser
He saw merchants trading and princes hunting
Il a vu des personnes en deuil pleurer pour leurs morts
he saw mourners wailing for their dead
et il a vu des putes s'offrir
and he saw whores offering themselves
médecins essayant d'aider les malades
physicians trying to help the sick
prêtres déterminant le jour le plus approprié pour l'ensemencement
priests determining the most suitable day for seeding
amants aimants et mères allaitant leurs enfants
lovers loving and mothers nursing their children
Et tout cela ne méritait pas un seul regard de ses yeux
and all of this was not worthy of one look from his eyes
Tout a menti, tout puait, tout sentait le mensonge
it all lied, it all stank, it all stank of lies
tout cela prétendait être significatif, joyeux et beau
it all pretended to be meaningful and joyful and beautiful
Et tout cela n'était qu'une putréfaction cachée
and it all was just concealed putrefaction
le monde avait un goût amer; La vie était une torture
the world tasted bitter; life was torture

Un seul but devant Siddhartha
A single goal stood before Siddhartha
Son but était de devenir vide
his goal was to become empty
Son but était d'être vide de soif
his goal was to be empty of thirst
vide de souhaits et vide de rêves
empty of wishing and empty of dreams
vide de joie et de tristesse
empty of joy and sorrow

Son but était d'être mort à lui-même
his goal was to be dead to himself
Son but n'était plus d'être un soi.
his goal was not to be a self any more
Son but était de trouver la tranquillité avec un cœur vide
his goal was to find tranquillity with an emptied heart
Son but était d'être ouvert aux miracles dans les pensées désintéressées.
his goal was to be open to miracles in unselfish thoughts
Y parvenir était son objectif
to achieve this was his goal
quand tout son moi a été vaincu et est mort
when all of his self was overcome and had died
Quand chaque désir et chaque envie étaient silencieux dans le cœur
when every desire and every urge was silent in the heart
Puis la partie ultime de lui a dû se réveiller
then the ultimate part of him had to awake
le plus intime de son être, qui n'est plus son moi
the innermost of his being, which is no longer his self
C'était le grand secret
this was the great secret

Silencieusement, Siddhartha s'exposa aux rayons brûlants du soleil
Silently, Siddhartha exposed himself to the burning rays of the sun
Il rayonnait de douleur et il rayonnait de soif
he was glowing with pain and he was glowing with thirst
et il resta là jusqu'à ce qu'il ne ressente ni douleur ni soif
and he stood there until he neither felt pain nor thirst
Silencieusement, il se tenait là pendant la saison des pluies.
Silently, he stood there in the rainy season
De ses cheveux, l'eau coulait sur les épaules glacées
from his hair the water was dripping over freezing shoulders
L'eau coulait sur ses hanches et ses jambes glacées
the water was dripping over his freezing hips and legs

et le pénitent se tenait là
and the penitent stood there
Il resta là jusqu'à ce qu'il ne puisse plus sentir le froid
he stood there until he could not feel the cold any more
Il est resté là jusqu'à ce que son corps soit silencieux
he stood there until his body was silent
Il est resté là jusqu'à ce que son corps soit silencieux
he stood there until his body was quiet
Silencieusement, il se recroquevillait dans les buissons épineux
Silently, he cowered in the thorny bushes
du sang coulait de la peau brûlante
blood dripped from the burning skin
Sang coulant des plaies purulentes
blood dripped from festering wounds
et Siddhartha est resté rigide et immobile
and Siddhartha stayed rigid and motionless
Il est resté debout jusqu'à ce que plus de sang ne coule
he stood until no blood flowed any more
Il est resté debout jusqu'à ce que plus rien ne pique
he stood until nothing stung any more
Il est resté debout jusqu'à ce que plus rien ne brûle
he stood until nothing burned any more
Siddhartha s'assit droit et apprit à respirer avec parcimonie
Siddhartha sat upright and learned to breathe sparingly
Il a appris à s'entendre avec peu de respirations
he learned to get along with few breaths
il a appris à arrêter de respirer
he learned to stop breathing
Il a appris, en commençant par la respiration, à calmer les battements de son cœur
He learned, beginning with the breath, to calm the beating of his heart
Il a appris à réduire les battements de son cœur
he learned to reduce the beats of his heart
Il méditait jusqu'à ce que ses battements de cœur ne soient plus que de quelques

he meditated until his heartbeats were only a few
Et puis ses battements de cœur étaient presque nuls
and then his heartbeats were almost none
Instruit par le plus ancien des Samanas, Siddhartha pratiquait l'abnégation.
Instructed by the oldest of the Samanas, Siddhartha practised self-denial
il pratiquait la méditation, selon les nouvelles règles de Samana
he practised meditation, according to the new Samana rules
Un héron a survolé la forêt de bambous
A heron flew over the bamboo forest
Siddhartha accepta le héron dans son âme
Siddhartha accepted the heron into his soul
Il a survolé la forêt et les montagnes
he flew over forest and mountains
C'était un héron, il mangeait du poisson
he was a heron, he ate fish
Il sentait les affres de la faim d'un héron
he felt the pangs of a heron's hunger
Il a parlé le croassement du héron
he spoke the heron's croak
Il est mort d'un héron
he died a heron's death
Un chacal mort gisait sur la rive sablonneuse
A dead jackal was lying on the sandy bank
L'âme de Siddhartha se glissa à l'intérieur du corps du chacal mort
Siddhartha's soul slipped inside the body of the dead jackal
Il était le chacal mort couché sur les rives et gonflé
he was the dead jackal laying on the banks and bloated
Il puait et se décomposait et a été démembré par des hyènes
he stank and decayed and was dismembered by hyenas
Il a été écorché par des vautours et transformé en squelette
he was skinned by vultures and turned into a skeleton
Il a été réduit en poussière et soufflé à travers les champs
he was turned to dust and blown across the fields

Et l'âme de Siddhartha revint
And Siddhartha's soul returned
Il était mort, s'était décomposé et était dispersé sous forme de poussière
it had died, decayed, and was scattered as dust
Il avait goûté à l'ivresse lugubre du cycle
it had tasted the gloomy intoxication of the cycle
Il attendait dans une nouvelle soif, comme une chasseuse dans la brèche
it awaited in new thirst like a hunter in the gap
dans l'espace où il pourrait s'échapper du cycle
in the gap where he could escape from the cycle
dans l'intervalle où une éternité sans souffrance a commencé
in the gap where an eternity without suffering began
Il a tué ses sens et sa mémoire
he killed his senses and his memory
Il a glissé hors de lui-même dans des milliers d'autres formes
he slipped out of his self into thousands of other forms
C'était un animal, une charogne, une pierre
he was an animal, a carrion, a stone
Il était du bois et de l'eau
he was wood and water
Et il se réveillait à chaque fois pour retrouver son ancien moi
and he awoke every time to find his old self again
Que ce soit le soleil ou la lune, il était à nouveau lui-même.
whether sun or moon, he was his self again
Il s'est retourné dans le cycle
he turned round in the cycle
Il ressentait la soif, surmontait la soif, ressentait une nouvelle soif
he felt thirst, overcame the thirst, felt new thirst

Siddhartha a beaucoup appris quand il était avec les Samanas
Siddhartha learned a lot when he was with the Samanas
Il a appris de nombreuses façons de s'éloigner de soi

he learned many ways leading away from the self
Il a appris à lâcher prise
he learned how to let go
Il a suivi le chemin de l'abnégation au moyen de la douleur
He went the way of self-denial by means of pain
Il a appris l'abnégation en souffrant volontairement et en surmontant la douleur
he learned self-denial through voluntarily suffering and overcoming pain
Il a vaincu la faim, la soif et la fatigue
he overcame hunger, thirst, and tiredness
Il a suivi le chemin de l'abnégation au moyen de la méditation
He went the way of self-denial by means of meditation
Il a suivi le chemin de l'abnégation en imaginant que l'esprit était vide de toute conception.
he went the way of self-denial through imagining the mind to be void of all conceptions
Avec ces moyens et d'autres, il a appris à lâcher prise
with these and other ways he learned to let go
mille fois il s'est quitté
a thousand times he left his self
Pendant des heures et des jours, il est resté dans le non-soi
for hours and days he remained in the non-self
Toutes ces voies ont conduit loin du soi
all these ways led away from the self
Mais leur chemin les ramenait toujours à eux-mêmes.
but their path always led back to the self
Siddhartha s'est enfui de soi mille fois
Siddhartha fled from the self a thousand times
Mais le retour à soi était inévitable
but the return to the self was inevitable
Bien qu'il soit resté dans le néant, revenir était inévitable
although he stayed in nothingness, coming back was inevitable
Bien qu'il soit resté dans les animaux et les pierres, revenir était inévitable

although he stayed in animals and stones, coming back was inevitable

Il s'est retrouvé au soleil ou au clair de lune
he found himself in the sunshine or in the moonlight again
Il s'est retrouvé à l'ombre ou sous la pluie
he found himself in the shade or in the rain again
et il était de nouveau lui-même; Siddhartha
and he was once again his self; Siddhartha
et de nouveau il sentit l'agonie du cycle qui lui avait été imposé
and again he felt the agony of the cycle which had been forced upon him

à ses côtés vivait Govinda, son ombre
by his side lived Govinda, his shadow
Govinda a suivi le même chemin et a entrepris les mêmes efforts
Govinda walked the same path and undertook the same efforts
ils ne se parlaient pas plus que les exercices requis
they spoke to one another no more than the exercises required
De temps en temps, les deux traversaient les villages.
occasionally the two of them went through the villages
Ils sont allés mendier de la nourriture pour eux-mêmes et leurs professeurs
they went to beg for food for themselves and their teachers
«Comment pensez-vous que nous avons progressé, Govinda?» demanda-t-il
"How do you think we have progressed, Govinda" he asked
«Avons-nous atteint des objectifs?» Govinda a répondu
"Did we reach any goals?" Govinda answered
«Nous avons appris, et nous continuerons d'apprendre»
"We have learned, and we'll continue learning"
«Tu seras un grand Samana, Siddhartha»
"You'll be a great Samana, Siddhartha"
«Rapidement, vous avez appris chaque exercice»
"Quickly, you've learned every exercise"
«Souvent, les vieux Samanas vous ont admiré»

"often, the old Samanas have admired you"
«Un jour, tu seras un saint homme, oh Siddhartha»
"One day, you'll be a holy man, oh Siddhartha"
Siddhartha a dit : «Je ne peux m'empêcher de penser que ce n'est pas comme ça, mon ami»
Spoke Siddhartha, "I can't help but feel that it is not like this, my friend"
«Ce que j'ai appris en étant parmi les Samanas aurait pu être appris plus rapidement»
"What I've learned being among the Samanas could have been learned more quickly"
«Cela aurait pu être appris par des moyens plus simples»
"it could have been learned by simpler means"
«Cela aurait pu être appris dans n'importe quelle taverne»
"it could have been learned in any tavern"
«On aurait pu savoir où se trouvent les prostituées»
"it could have been learned where the whorehouses are"
«J'aurais pu l'apprendre parmi les charretiers et les joueurs»
"I could have learned it among carters and gamblers"
Govinda a parlé, «Siddhartha plaisante avec moi»
Spoke Govinda, "Siddhartha is joking with me"
«Comment as-tu pu apprendre la méditation parmi des misérables?»
"How could you have learned meditation among wretched people?"
«Comment les putes auraient-elles pu t'apprendre à retenir ton souffle?»
"how could whores have taught you about holding your breath?"
«Comment les joueurs ont-ils pu vous apprendre l'insensibilité à la douleur?»
"how could gamblers have taught you insensitivity against pain?"
Siddhartha parlait doucement, comme s'il se parlait à lui-même
Siddhartha spoke quietly, as if he was talking to himself
«Qu'est-ce que la méditation?»

"What is meditation?"
«Qu'est-ce que c'est que quitter son corps?»
"What is leaving one's body?"
«Qu'est-ce que le jeûne?»
"What is fasting?"
«Qu'est-ce que retenir son souffle?»
"What is holding one's breath?"
«C'est fuir soi-même»
"It is fleeing from the self"
«C'est une courte évasion de l'agonie d'être un soi»
"it is a short escape of the agony of being a self"
«C'est un bref engourdissement des sens contre la douleur»
"it is a short numbing of the senses against the pain"
«C'est éviter l'inutilité de la vie»
"it is avoiding the pointlessness of life"
«Le même engourdissement est ce que le conducteur d'une charrette à bœufs trouve dans l'auberge»
"The same numbing is what the driver of an ox-cart finds in the inn"
«boire quelques bols de vin de riz ou de lait de coco fermenté»
"drinking a few bowls of rice-wine or fermented coconut-milk"
«Alors il ne se sentira plus»
"Then he won't feel his self any more"
«Alors il ne ressentira plus les douleurs de la vie»
"then he won't feel the pains of life any more"
«Puis il trouve un bref engourdissement des sens»
"then he finds a short numbing of the senses"
«Quand il s'endormira sur son bol de vin de riz, il trouvera la même chose que nous»
"When he falls asleep over his bowl of rice-wine, he'll find the same what we find"
«Il trouve ce que nous trouvons lorsque nous échappons de notre corps à travers de longs exercices»
"he finds what we find when we escape our bodies through long exercises"
«Nous restons tous dans le non-soi»

"all of us are staying in the non-self"
«C'est comme ça, oh Govinda»
"This is how it is, oh Govinda"
Govinda parla : «Tu le dis, ô ami»
Spoke Govinda, "You say so, oh friend"
«et pourtant vous savez que Siddhartha n'est pas conducteur de charrette à bœufs»
"and yet you know that Siddhartha is no driver of an ox-cart"
«Et tu sais qu'un Samana n'est pas un ivrogne»
"and you know a Samana is no drunkard"
«C'est vrai qu'un buveur engourdit ses sens»
"it's true that a drinker numbs his senses"
«C'est vrai qu'il s'échappe brièvement et se repose»
"it's true that he briefly escapes and rests"
«Mais il reviendra de l'illusion et trouvera que tout est inchangé»
"but he'll return from the delusion and finds everything to be unchanged"
«Il n'est pas devenu plus sage»
"he has not become wiser"
«Il a recueilli toute illumination»
"he has gathered any enlightenment"
«Il n'a pas fait plusieurs pas»
"he has not risen several steps"
Et Siddhartha a parlé avec un sourire
And Siddhartha spoke with a smile
«Je ne sais pas, je n'ai jamais été ivrogne»
"I do not know, I've never been a drunkard"
«Je sais que je ne trouve qu'un bref engourdissement des sens»
"I know that I find only a short numbing of the senses"
«Je le trouve dans mes exercices et mes méditations»
"I find it in my exercises and meditations"
«Et je trouve que je suis aussi éloigné de la sagesse qu'un enfant dans le ventre de la mère»
"and I find I am just as far removed from wisdom as a child in the mother's womb"

«ça, je sais, oh Govinda»
"this I know, oh Govinda"

Et une fois de plus, une autre fois, Siddhartha a commencé à parler
And once again, another time, Siddhartha began to speak
Siddhartha avait quitté la forêt, avec Govinda
Siddhartha had left the forest, together with Govinda
Ils sont partis mendier de la nourriture dans le village
they left to beg for some food in the village
il a dit : «Et maintenant, oh Govinda?»
he said, "What now, oh Govinda?"
«Sommes-nous sur la bonne voie?»
"are we on the right path?"
«Sommes-nous en train de nous rapprocher de l'illumination?»
"are we getting closer to enlightenment?"
«Sommes-nous en train de nous rapprocher du salut?»
"are we getting closer to salvation?"
«Ou vivons-nous peut-être en cercle?»
"Or do we perhaps live in a circle?"
«Nous, qui avons cru échapper au cycle»
"we, who have thought we were escaping the cycle"
Govinda a déclaré : «Nous avons beaucoup appris»
Spoke Govinda, "We have learned a lot"
«Siddhartha, il y a encore beaucoup à apprendre»
"Siddhartha, there is still much to learn"
«Nous ne tournons pas en rond»
"We are not going around in circles"
«Nous progressons; le cercle est une spirale»
"we are moving up; the circle is a spiral"
«Nous avons déjà gravi de nombreux niveaux»
"we have already ascended many levels"
Siddhartha répondit : «Quel âge pensez-vous que notre plus vieux Samana a?»
Siddhartha answered, "How old would you think our oldest Samana is?"

«Quel âge a notre vénérable professeur?»
"how old is our venerable teacher?"
Govinda a dit : «Notre aîné a peut-être une soixantaine d'années.»
Spoke Govinda, "Our oldest one might be about sixty years of age"
Siddhartha a dit : «Il a vécu pendant soixante ans»
Spoke Siddhartha, "He has lived for sixty years"
«Et pourtant il n'a pas atteint le Nirvana»
"and yet he has not reached the nirvana"
«Il aura soixante-dix et quatre-vingts ans»
"He'll turn seventy and eighty"
«Toi et moi, nous grandirons aussi vieux que lui»
"you and me, we will grow just as old as him"
«Et nous ferons nos exercices»
"and we will do our exercises"
«Et nous jeûnerons, et nous méditerons»
"and we will fast, and we will meditate"
«Mais nous n'atteindrons pas le nirvana»
"But we will not reach the nirvana"
«Il n'atteindra pas le nirvana et nous non»
"he won't reach nirvana and we won't"
«Il y a d'innombrables Samanas là-bas»
"there are uncountable Samanas out there"
«Peut-être pas un seul n'atteindra le Nirvana»
"perhaps not a single one will reach the nirvana"
«On trouve du réconfort, on trouve l'engourdissement, on apprend des prouesses»
"We find comfort, we find numbness, we learn feats"
«Nous apprenons ces choses pour tromper les autres»
"we learn these things to deceive others"
«Mais la chose la plus importante, le chemin des chemins, nous ne le trouverons pas»
"But the most important thing, the path of paths, we will not find"
Govinda a dit «Si seulement tu ne prononçais pas des mots aussi terribles, Siddhartha!»

Spoke Govinda "If you only wouldn't speak such terrible words, Siddhartha!"

«Il y a tellement d'hommes instruits»

"there are so many learned men"

«Comment l'un d'eux ne pourrait-il pas ne pas trouver le chemin des chemins?»

"how could not one of them not find the path of paths?"

«Comment tant de brahmanes peuvent-ils ne pas le trouver?»

"how can so many Brahmans not find it?"

«Comment tant de Samanas austères et vénérables peuvent-ils ne pas le trouver?»

"how can so many austere and venerable Samanas not find it?"

«Comment tous ceux qui cherchent peuvent-ils ne pas le trouver?»

"how can all those who are searching not find it?"

«Comment les saints hommes peuvent-ils ne pas le trouver?»

"how can the holy men not find it?"

Mais Siddhartha parlait avec autant de tristesse que de moquerie.

But Siddhartha spoke with as much sadness as mockery

Il parlait d'une voix calme, un peu triste, légèrement moqueuse

he spoke with a quiet, a slightly sad, a slightly mocking voice

«Bientôt, Govinda, ton ami quittera le chemin des Samanas»

"Soon, Govinda, your friend will leave the path of the Samanas"

«Il a marché à tes côtés pendant si longtemps»

"he has walked along your side for so long"

«J'ai soif»

"I'm suffering of thirst"

«sur ce long chemin d'un Samana, ma soif est restée aussi forte que jamais»

"on this long path of a Samana, my thirst has remained as strong as ever"

«J'ai toujours soif de connaissances»

"I always thirsted for knowledge"

«J'ai toujours été plein de questions»
"I have always been full of questions"
«J'ai demandé aux brahmanes, année après année»
"I have asked the Brahmans, year after year"
«et j'ai demandé aux saints Védas, année après année»
"and I have asked the holy Vedas, year after year"
«et j'ai demandé aux Samanas dévoués, année après année»
"and I have asked the devoted Samanas, year after year"
«Peut-être aurais-je pu l'apprendre de l'oiseau calao»
"perhaps I could have learned it from the hornbill bird"
«Peut-être aurais-je dû demander au chimpanzé»
"perhaps I should have asked the chimpanzee"
«Cela m'a pris beaucoup de temps»
"It took me a long time"
«et je n'ai pas encore fini d'apprendre cela»
"and I am not finished learning this yet"
«Oh Govinda, j'ai appris qu'il n'y a rien à apprendre!»
"oh Govinda, I have learned that there is nothing to be learned!"
«L'apprentissage n'existe en effet»
"There is indeed no such thing as learning"
«Il n'y a qu'une seule connaissance»
"There is just one knowledge"
«cette connaissance est partout, c'est Atman»
"this knowledge is everywhere, this is Atman"
«Cette connaissance est en moi et en vous»
"this knowledge is within me and within you"
«Et cette connaissance est dans chaque créature»
"and this knowledge is within every creature"
«Cette connaissance n'a pas de pire ennemi que le désir de la connaître»
"this knowledge has no worser enemy than the desire to know it"
«C'est ce que je crois»
"that is what I believe"
Sur ce, Govinda s'arrêta sur le chemin
At this, Govinda stopped on the path

Il leva les mains et parla
he rose his hands, and spoke
«Si seulement tu ne dérangeais pas ton ami avec ce genre de discours»
"If only you would not bother your friend with this kind of talk"
«Vraiment, vos paroles suscitent la peur dans mon cœur»
"Truly, your words stir up fear in my heart"
«Réfléchissez, qu'adviendrait-il du caractère sacré de la prière?»
"consider, what would become of the sanctity of prayer?"
«Qu'adviendrait-il de la vénérable caste des brahmanes?»
"what would become of the venerability of the Brahmans' caste?"
«Qu'arriverait-il à la sainteté des Samanas?
"what would happen to the holiness of the Samanas?"
«Ce qu'il adviendrait alors de tout cela est saint»
"What would then become of all of that is holy"
«Qu'est-ce qui serait encore précieux?»
"what would still be precious?"
Et Govinda marmonna un verset d'un Upanishad à lui-même
And Govinda mumbled a verse from an Upanishad to himself
«Celui qui médite, d'un esprit purifié, se perd dans la méditation d'Atman»
"He who ponderingly, of a purified spirit, loses himself in the meditation of Atman"
«Inexprimable par les mots est la béatitude de son cœur»
"inexpressible by words is the blissfulness of his heart"
Mais Siddhartha est resté silencieux
But Siddhartha remained silent
Il pensa aux paroles que Govinda lui avait dites.
He thought about the words which Govinda had said to him
et il a réfléchi les mots jusqu'à leur fin
and he thought the words through to their end
Il réfléchit à ce qui resterait de tout ce qui semblait saint
he thought about what would remain of all that which seemed

holy
Que reste-t-il ? Qu'est-ce qui peut résister à l'épreuve ?
What remains? What can stand the test?
Et il secoua la tête
And he shook his head

les deux jeunes hommes vivaient parmi les Samanas depuis environ trois ans
the two young men had lived among the Samanas for about three years
Quelques nouvelles, une rumeur, un mythe leur parvinrent
some news, a rumour, a myth reached them
La rumeur avait été répétée plusieurs fois
the rumour had been retold many times
Un homme était apparu, Gotama par son nom
A man had appeared, Gotama by name
l'exalté, le Bouddha
the exalted one, the Buddha
Il avait surmonté la souffrance du monde en lui-même
he had overcome the suffering of the world in himself
et il avait arrêté le cycle des renaissances
and he had halted the cycle of rebirths
On disait qu'il errait à travers le pays, enseignant
He was said to wander through the land, teaching
On disait qu'il était entouré de disciples
he was said to be surrounded by disciples
On disait qu'il était sans possession, sans maison ni femme.
he was said to be without possession, home, or wife
On disait qu'il était juste dans le manteau jaune d'un ascète.
he was said to be in just the yellow cloak of an ascetic
mais il avait un front joyeux
but he was with a cheerful brow
et on disait de lui qu'il était un homme de béatitude.
and he was said to be a man of bliss
Brahmanes et princes se prosternèrent devant lui
Brahmans and princes bowed down before him
et ils sont devenus ses élèves

and they became his students
Ce mythe, cette rumeur, cette légende ont résonné
This myth, this rumour, this legend resounded
Son parfum montait, ici et là, dans les villes
its fragrance rose up, here and there, in the towns
les brahmanes ont parlé de cette légende
the Brahmans spoke of this legend
et dans la forêt, les Samanas en parlaient
and in the forest, the Samanas spoke of it
encore et encore, le nom de Gotama le Bouddha atteignit les oreilles des jeunes hommes
again and again, the name of Gotama the Buddha reached the ears of the young men
il y avait de bonnes et de mauvaises discussions sur Gotama
there was good and bad talk of Gotama
certains ont fait l'éloge de Gotama, d'autres l'ont diffamé
some praised Gotama, others defamed him
C'était comme si la peste avait éclaté dans un pays
It was as if the plague had broken out in a country
La nouvelle s'était répandue que dans l'un ou l'autre endroit, il y avait un homme
news had been spreading around that in one or another place there was a man
un homme sage, un homme bien informé
a wise man, a knowledgeable one
un homme dont la parole et le souffle suffisaient à guérir tout le monde
a man whose word and breath was enough to heal everyone
Sa présence pouvait guérir toute personne infectée par la peste
his presence could heal anyone who had been infected with the pestilence
De telles nouvelles ont traversé le pays, et tout le monde en parlait.
such news went through the land, and everyone would talk about it
Beaucoup ont cru aux rumeurs, beaucoup en doutaient

many believed the rumours, many doubted them
Mais beaucoup se sont mis en route dès que possible
but many got on their way as soon as possible
Ils sont allés chercher le sage, l'aide
they went to seek the wise man, the helper
le sage de la famille de Sakya
the wise man of the family of Sakya
Il possédait, disaient les croyants, la plus haute illumination
He possessed, so the believers said, the highest enlightenment
il se souvenait de ses vies antérieures; Il avait atteint le Nirvana
he remembered his previous lives; he had reached the nirvana
et il n'est jamais revenu dans le cycle
and he never returned into the cycle
Il n'a plus jamais été submergé dans la rivière trouble des formes physiques
he was never again submerged in the murky river of physical forms
Beaucoup de choses merveilleuses et incroyables ont été rapportées de lui
Many wonderful and unbelievable things were reported of him
Il avait accompli des miracles
he had performed miracles
Il avait vaincu le diable
he had overcome the devil
Il avait parlé aux dieux
he had spoken to the gods
Mais ses ennemis et mécréants ont dit que Gotama était un séducteur vaniteux
But his enemies and disbelievers said Gotama was a vain seducer
Ils ont dit qu'il passait ses journées dans le luxe
they said he spent his days in luxury
Ils ont dit qu'il méprisait les offrandes
they said he scorned the offerings
Ils ont dit qu'il n'avait pas appris

they said he was without learning
Ils ont dit qu'il ne connaissait ni exercices méditatifs ni auto-d'auto-destitution.
they said he knew neither meditative exercises nor self-castigation
Le mythe de Bouddha sonnait doux
The myth of Buddha sounded sweet
L'odeur de magie coulait de ces rapports
The scent of magic flowed from these reports
Après tout, le monde était malade et la vie était difficile à supporter.
After all, the world was sick, and life was hard to bear
Et voici, ici une source de soulagement semblait jaillir
and behold, here a source of relief seemed to spring forth
Ici, un messager semblait appeler
here a messenger seemed to call out
réconfortant, doux, plein de nobles promesses
comforting, mild, full of noble promises
Partout où la rumeur de Bouddha a été entendue, les jeunes gens ont écouté
Everywhere where the rumour of Buddha was heard, the young men listened up
partout dans les terres de l'Inde, ils ressentaient un désir ardent
everywhere in the lands of India they felt a longing
Partout où les gens cherchaient, ils ressentaient de l'espoir
everywhere where the people searched, they felt hope
Chaque pèlerin et étranger était le bienvenu quand il apportait des nouvelles de lui
every pilgrim and stranger was welcome when he brought news of him
le Très-Haut, le Sakyamuni
the exalted one, the Sakyamuni
Le mythe avait également atteint les Samanas dans la forêt
The myth had also reached the Samanas in the forest
et Siddhartha et Govinda ont aussi entendu le mythe
and Siddhartha and Govinda heard the myth too

Lentement, goutte à goutte, ils ont entendu le mythe
slowly, drop by drop, they heard the myth
Chaque goutte était chargée d'espoir
every drop was laden with hope
chaque goutte était chargée de doutes
every drop was laden with doubt
Ils en parlaient rarement
They rarely talked about it
parce que le plus ancien des Samanas n'aimait pas ce mythe
because the oldest one of the Samanas did not like this myth
il avait entendu dire que ce prétendu Bouddha était un ascète
he had heard that this alleged Buddha used to be an ascetic
Il a entendu dire qu'il avait vécu dans la forêt
he heard he had lived in the forest
mais il était revenu au luxe et aux plaisirs mondains
but he had turned back to luxury and worldly pleasures
et il n'avait pas de haute opinion de ce Gotama
and he had no high opinion of this Gotama

«Oh Siddhartha,» dit un jour Govinda à son ami
"Oh Siddhartha," Govinda spoke one day to his friend
«Aujourd'hui, j'étais au village»
"Today, I was in the village"
«Et un Brahman m'a invité dans sa maison»
"and a Brahman invited me into his house"
«et dans sa maison, il y avait le fils d'un brahmane du Magadha»
"and in his house, there was the son of a Brahman from Magadha"
«il a vu le Bouddha de ses propres yeux»
"he has seen the Buddha with his own eyes"
«Et il l'a entendu enseigner»
"and he has heard him teach"
«En vérité, cela m'a fait mal à la poitrine quand je respirais»
"Verily, this made my chest ache when I breathed"
«Et je me suis dit ceci:»

"and I thought this to myself:"
«Si seulement nous entendions les enseignements de la bouche de cet homme parfait !»
"if only we heard the teachings from the mouth of this perfected man!"
«Parle, ami, ne voudrions-nous pas y aller aussi»
"Speak, friend, wouldn't we want to go there too"
«Ne serait-il pas bon d'écouter les enseignements de la bouche du Bouddha?»
"wouldn't it be good to listen to the teachings from the Buddha's mouth?"
Siddhartha parla : «J'avais pensé que tu resteras avec les Samanas»
Spoke Siddhartha, "I had thought you would stay with the Samanas"
«J'ai toujours cru que ton but était de vivre jusqu'à soixante-dix ans»
"I always had believed your goal was to live to be seventy"
«Je pensais que tu continuerais à pratiquer ces exploits et exercices»
"I thought you would keep practising those feats and exercises"
«Et je pensais que tu deviendrais un Samana»
"and I thought you would become a Samana"
«Mais voici, je n'avais pas assez bien connu Govinda»
"But behold, I had not known Govinda well enough"
«Je connaissais peu son cœur»
"I knew little of his heart"
«Alors maintenant, vous voulez prendre un nouveau chemin»
"So now you want to take a new path"
«Et vous voulez aller là où le Bouddha répand ses enseignements»
"and you want to go there where the Buddha spreads his teachings"
Govinda a dit : «Tu te moques de moi»
Spoke Govinda, "You're mocking me"

«Se moquer de moi si tu veux, Siddhartha!»
"Mock me if you like, Siddhartha!"
«Mais n'avez-vous pas aussi développé le désir d'entendre ces enseignements?»
"But have you not also developed a desire to hear these teachings?"
«N'avez-vous pas dit que vous ne marcheriez pas sur le chemin des Samanas beaucoup plus longtemps?»
"have you not said you would not walk the path of the Samanas for much longer?"
À cela, Siddhartha rit à sa manière.
At this, Siddhartha laughed in his very own manner
la manière dont sa voix a pris une touche de tristesse
the manner in which his voice assumed a touch of sadness
mais il avait toujours cette touche de moquerie
but it still had that touch of mockery
Siddhartha a parlé, «Govinda, tu as bien parlé»
Spoke Siddhartha, "Govinda, you've spoken well"
«Vous vous souvenez correctement de ce que j'ai dit»
"you've remembered correctly what I said"
«Si seulement tu te souvenais de l'autre chose que tu as entendue de moi»
"If only you remembered the other thing you've heard from me"
«Je suis devenu méfiant et fatigué contre les enseignements et l'apprentissage»
"I have grown distrustful and tired against teachings and learning"
«Ma foi dans les paroles, qui nous sont apportées par les enseignants, est petite»
"my faith in words, which are brought to us by teachers, is small"
«Mais faisons-le, ma chérie»
"But let's do it, my dear"
«Je suis prêt à écouter ces enseignements»
"I am willing to listen to these teachings"
«bien que dans mon cœur je n'aie pas d'espoir»

"though in my heart I do not have hope"
«Je crois que nous avons déjà goûté le meilleur fruit de ces enseignements»
"I believe that we've already tasted the best fruit of these teachings"
Govinda a dit : «Votre volonté ravit mon cœur»
Spoke Govinda, "Your willingness delights my heart"
«Mais dites-moi, comment cela devrait-il être possible?»
"But tell me, how should this be possible?"
«Comment les enseignements de Gotama peuvent-ils déjà nous avoir révélé leur meilleur fruit?»
"How can the Gotama's teachings have already revealed their best fruit to us?"
«Nous n'avons pas encore entendu ses paroles»
"we have not heard his words yet"
Siddhartha parla : «Mangeons ce fruit»
Spoke Siddhartha, "Let us eat this fruit"
«Et attendons le reste, oh Govinda!»
"and let us wait for the rest, oh Govinda!"
«Mais ce fruit consiste à ce qu'il nous appelle loin des Samanas»
"But this fruit consists in him calling us away from the Samanas"
«et nous l'avons déjà reçu grâce au Gotama!»
"and we have already received it thanks to the Gotama!"
«S'il en a plus, attendons le cœur calme»
"Whether he has more, let us await with calm hearts"

Ce même jour, Siddhartha a parlé au plus ancien Samana
On this very same day Siddhartha spoke to the oldest Samana
il lui a fait part de sa décision de quitter les Samana.
he told him of his decision to leaves the Samanas
Il informait le plus âgé avec courtoisie et modestie
he informed the oldest one with courtesy and modesty
mais le Samana se fâcha parce que les deux jeunes hommes voulaient le quitter.
but the Samana became angry that the two young men wanted

to leave him
et il parlait fort et utilisait des mots crus
and he talked loudly and used crude words
Govinda a été surpris et est devenu embarrassé
Govinda was startled and became embarrassed
Mais Siddhartha mit sa bouche près de l'oreille de Govinda
But Siddhartha put his mouth close to Govinda's ear
«Maintenant, je veux montrer au vieil homme ce que j'ai appris de lui»
"Now, I want to show the old man what I've learned from him"
Siddhartha se positionna près du Samana
Siddhartha positioned himself closely in front of the Samana
Avec une âme concentrée, il captura le regard du vieil homme
with a concentrated soul, he captured the old man's glance
Il l'a privé de son pouvoir et l'a rendu muet
he deprived him of his power and made him mute
Il lui a enlevé son libre arbitre
he took away his free will
Il le soumit de sa propre volonté et lui ordonna
he subdued him under his own will, and commanded him
Ses yeux sont devenus immobiles et sa volonté a été paralysée
his eyes became motionless, and his will was paralysed
Ses bras pendaient sans force
his arms were hanging down without power
il avait été victime du sort de Siddhartha
he had fallen victim to Siddhartha's spell
Les pensées de Siddhartha ont mis le Samana sous leur contrôle
Siddhartha's thoughts brought the Samana under their control
Il devait exécuter ce qu'ils ordonnaient
he had to carry out what they commanded
Et ainsi, le vieil homme a fait plusieurs arcs
And thus, the old man made several bows
Il a accompli des gestes de bénédiction

he performed gestures of blessing
Il a dit balbutiement un souhait divin pour un bon voyage
he spoke stammeringly a godly wish for a good journey
Les jeunes gens ont rendu leurs meilleurs vœux avec remerciements
the young men returned the good wishes with thanks
Ils ont continué leur chemin avec des salutations
they went on their way with salutations
En chemin, Govinda a repris la parole
On the way, Govinda spoke again
«Oh Siddhartha, tu as appris plus des Samanas que je ne le savais»
"Oh Siddhartha, you have learned more from the Samanas than I knew"
«Il est très difficile de jeter un sort sur un vieux Samana»
"It is very hard to cast a spell on an old Samana"
«Vraiment, si vous étiez resté là, vous auriez vite appris à marcher sur l'eau»
"Truly, if you had stayed there, you would soon have learned to walk on water"
«Je ne cherche pas à marcher sur l'eau», a déclaré Siddhartha
"I do not seek to walk on water" said Siddhartha
«Que les vieux Samanas se contentent de tels exploits!»
"Let old Samanas be content with such feats!"

Gotama

À Savathi, chaque enfant connaissait le nom du Bouddha exalté.
In Savathi, every child knew the name of the exalted Buddha
Chaque maison était préparée pour sa venue
every house was prepared for his coming
chaque maison remplissait les boîtes d'aumône des disciples de Gotama
each house filled the alms-dishes of Gotama's disciples
Les disciples de Gotama étaient ceux qui mendiaient silencieusement
Gotama's disciples were the silently begging ones
Près de la ville était l'endroit préféré de Gotama pour séjourner
Near the town was Gotama's favourite place to stay
il est resté dans le jardin de Jetavana
he stayed in the garden of Jetavana
le riche marchand Anathapindika avait donné le jardin à Gotama
the rich merchant Anathapindika had given the garden to Gotama
il le lui avait offert en cadeau
he had given it to him as a gift
Il était un adorateur obéissant du Très-Haut
he was an obedient worshipper of the exalted one
Les deux jeunes ascètes avaient reçu des contes et des réponses
the two young ascetics had received tales and answers
tous ces contes et réponses les ont dirigés vers la demeure de Gotama
all these tales and answers pointed them to Gotama's abode
ils sont arrivés dans la ville de Savathi
they arrived in the town of Savathi
Ils sont allés à la toute première porte de la ville
they went to the very first door of the town
et ils ont supplié pour de la nourriture à la porte

and they begged for food at the door
Une femme leur a offert de la nourriture
a woman offered them food
et ils ont accepté la nourriture
and they accepted the food
Siddhartha a demandé à la femme
Siddhartha asked the woman
«Oh charitable, où habite le Bouddha?»
"oh charitable one, where does the Buddha dwell?"
«Nous sommes deux Samanas de la forêt»
"we are two Samanas from the forest"
«Nous sommes venus voir le Parfait»
"we have come to see the perfected one"
«Nous sommes venus entendre les enseignements de sa bouche»
"we have come to hear the teachings from his mouth"
Parla la femme, «vous Samanas de la forêt»
Spoke the woman, "you Samanas from the forest"
«Vous êtes vraiment au bon endroit»
"you have truly come to the right place"
«vous devriez savoir, à Jetavana, il y a le jardin d'Anathapindika»
"you should know, in Jetavana, there is the garden of Anathapindika"
«C'est là que réside le Très-Haut»
"that is where the exalted one dwells"
«Là, vous, les pèlerins, passerez la nuit»
"there you pilgrims shall spend the night"
«Il y a assez de place pour les innombrables qui affluent ici»
"there is enough space for the innumerable, who flock here"
«Eux aussi viennent entendre les enseignements de sa bouche»
"they too come to hear the teachings from his mouth"
Cela a rendu Govinda heureux et plein de joie.
This made Govinda happy, and full of joy
Il s'est exclamé : «Nous avons atteint notre destination.»
he exclaimed, "we have reached our destination"

«Notre chemin est terminé!»
"our path has come to an end!"
«Mais dis-nous, ô mère des pèlerins»
"But tell us, oh mother of the pilgrims"
«Le connaissez-vous, le Bouddha?»
"do you know him, the Buddha?"
«L'avez-vous vu de vos propres yeux?»
"have you seen him with your own eyes?"
La femme parla : «Plusieurs fois je l'ai vu, l'exalté.»
Spoke the woman, "Many times I have seen him, the exalted one"
«Plusieurs jours, je l'ai vu»
"On many days I have seen him"
«Je l'ai vu marcher dans les ruelles en silence»
"I have seen him walking through the alleys in silence"
«Je l'ai vu porter son manteau jaune»
"I have seen him wearing his yellow cloak"
«Je l'ai vu présenter son plat d'aumône en silence»
"I have seen him presenting his alms-dish in silence"
«Je l'ai vu aux portes des maisons»
"I have seen him at the doors of the houses"
«et je l'ai vu partir avec un plat fourré»
"and I have seen him leaving with a filled dish"
Délicieusement, Govinda écouta la femme
Delightedly, Govinda listened to the woman
et il voulait demander et entendre beaucoup plus
and he wanted to ask and hear much more
Mais Siddhartha l'a exhorté à continuer à marcher
But Siddhartha urged him to walk on
Ils ont remercié la femme et sont partis
They thanked the woman and left
Ils n'avaient guère à demander leur chemin
they hardly had to ask for directions
de nombreux pèlerins et moines étaient en route vers la Jetavana
many pilgrims and monks were on their way to the Jetavana
Ils l'atteignaient la nuit, donc il y avait des arrivées

constantes
they reached it at night, so there were constant arrivals
et ceux qui ont cherché refuge l'ont obtenu
and those who sought shelter got it
Les deux Samanas étaient habitués à la vie en forêt
The two Samanas were accustomed to life in the forest
Donc, sans faire de bruit, ils ont rapidement trouvé un endroit où rester
so without making any noise they quickly found a place to stay
et ils s'y reposèrent jusqu'au matin
and they rested there until the morning

Au lever du soleil, ils virent avec étonnement la taille de la foule
At sunrise, they saw with astonishment the size of the crowd
Un grand nombre de croyants étaient venus
a great many number of believers had come
et un grand nombre de curieux avaient passé la nuit ici
and a great number of curious people had spent the night here
Sur tous les chemins du merveilleux jardin, les moines marchaient en robes jaunes
On all paths of the marvellous garden, monks walked in yellow robes
Sous les arbres, ils étaient assis ici et là, dans une profonde contemplation
under the trees they sat here and there, in deep contemplation
ou ils étaient dans une conversation sur des questions spirituelles
or they were in a conversation about spiritual matters
Les jardins ombragés ressemblaient à une ville
the shady gardens looked like a city
Une ville pleine de gens, animée comme des abeilles
a city full of people, bustling like bees
La majorité des moines sortaient avec leur plat d'aumône
The majority of the monks went out with their alms-dish
Ils sont sortis chercher de la nourriture pour leur déjeuner

they went out to collect food for their lunch
Ce serait leur seul repas de la journée
this would be their only meal of the day
Le Bouddha lui-même, l'illuminé, mendiait aussi le matin
The Buddha himself, the enlightened one, also begged in the mornings
Siddhartha l'a vu, et il l'a immédiatement reconnu.
Siddhartha saw him, and he instantly recognised him
il le reconnut comme si un Dieu l'avait signalé
he recognised him as if a God had pointed him out
Il l'a vu, un homme simple en robe jaune
He saw him, a simple man in a yellow robe
Il portait le plat d'aumône dans sa main, marchant silencieusement
he was bearing the alms-dish in his hand, walking silently
«Regardez ici!» Dit doucement Siddhartha à Govinda
"Look here!" Siddhartha said quietly to Govinda
«Celui-ci est le Bouddha»
"This one is the Buddha"
Attentivement, Govinda regarda le moine en robe jaune
Attentively, Govinda looked at the monk in the yellow robe
Ce moine ne semblait en rien différent des autres.
this monk seemed to be in no way different from any of the others
mais bientôt, Govinda s'est également rendu compte que c'est celui-là
but soon, Govinda also realized that this is the one
Et ils l'ont suivi et l'ont observé
And they followed him and observed him
Le Bouddha continua son chemin, modestement et profondément dans ses pensées.
The Buddha went on his way, modestly and deep in his thoughts
Son visage calme n'était ni heureux ni triste
his calm face was neither happy nor sad
Son visage semblait sourire doucement et intérieurement
his face seemed to smile quietly and inwardly

Son sourire était caché, calme et calme
his smile was hidden, quiet and calm
la façon dont le Bouddha marchait ressemblait un peu à un enfant en bonne santé
the way the Buddha walked somewhat resembled a healthy child
Il marchait comme tous ses moines
he walked just as all of his monks did
Il plaçait ses pieds selon une règle précise
he placed his feet according to a precise rule
son visage et sa démarche, son regard tranquillement baissé
his face and his walk, his quietly lowered glance
sa main tranquillement pendante, chaque doigt de celle-ci
his quietly dangling hand, every finger of it
Toutes ces choses exprimaient la paix
all these things expressed peace
Toutes ces choses exprimaient la perfection
all these things expressed perfection
Il n'a pas cherché, ni imité
he did not search, nor did he imitate
Il respira doucement intérieurement un calme non pleurnicheur
he softly breathed inwardly an unwhithering calm
Il brillait extérieurement d'une lumière non gémite.
he shone outwardly an unwhithering light
Il avait autour de lui une paix intouchable
he had about him an untouchable peace
les deux Samanas ne le reconnaissaient que par la perfection de son calme
the two Samanas recognised him solely by the perfection of his calm
Ils le reconnaissaient par le calme de son apparence
they recognized him by the quietness of his appearance
le calme de son apparence dans lequel il n'y avait pas de recherche
the quietness in his appearance in which there was no searching

Il n'y avait ni désir, ni imitation
there was no desire, nor imitation
Il n'y avait aucun effort pour être vu
there was no effort to be seen
Seule la lumière et la paix étaient visibles dans son apparition
only light and peace was to be seen in his appearance
«Aujourd'hui, nous entendrons les enseignements de sa bouche», a déclaré Govinda.
"Today, we'll hear the teachings from his mouth" said Govinda
Siddhartha n'a pas répondu
Siddhartha did not answer
Il ressentait peu de curiosité pour les enseignements
He felt little curiosity for the teachings
Il ne croyait pas qu'ils lui apprendraient quelque chose de nouveau
he did not believe that they would teach him anything new
il avait entendu le contenu des enseignements de ce Bouddha encore et encore
he had heard the contents of this Buddha's teachings again and again
Mais ces rapports ne représentaient que des informations de seconde main.
but these reports only represented second hand information
Mais il regarda attentivement la tête de Gotama
But attentively he looked at Gotama's head
ses épaules, ses pieds, sa main tranquillement pendante
his shoulders, his feet, his quietly dangling hand
C'était comme si chaque doigt de cette main était de ces enseignements
it was as if every finger of this hand was of these teachings
Ses doigts parlaient de vérité
his fingers spoke of truth
Ses doigts respiraient et exhalaient le parfum de la vérité
his fingers breathed and exhaled the fragrance of truth
Ses doigts brillaient de vérité

his fingers glistened with truth
ce Bouddha était véridique jusqu'au geste de son dernier doigt
this Buddha was truthful down to the gesture of his last finger
Siddhartha pouvait voir que cet homme était saint
Siddhartha could see that this man was holy
Jamais auparavant, Siddhartha n'avait autant vénéré une personne.
Never before, Siddhartha had venerated a person so much
Il n'avait jamais autant aimé une personne que celle-ci
he had never before loved a person as much as this one
Ils suivirent tous les deux le Bouddha jusqu'à ce qu'ils atteignent la ville.
They both followed the Buddha until they reached the town
puis ils sont retournés à leur silence
and then they returned to their silence
ils avaient eux-mêmes l'intention de s'abstenir ce jour-là
they themselves intended to abstain on this day
Ils virent Gotama rendre la nourriture qui lui avait été donnée.
They saw Gotama returning the food that had been given to him
Ce qu'il mangeait n'aurait même pas pu satisfaire l'appétit d'un oiseau
what he ate could not even have satisfied a bird's appetite
et ils le virent se retirer à l'ombre des manguiers
and they saw him retiring into the shade of the mango-trees

Le soir, la chaleur s'était refroidie
in the evening the heat had cooled down
Tout le monde dans le camp a commencé à s'agiter et à se rassembler autour
everyone in the camp started to bustle about and gathered around
ils entendirent l'enseignement du Bouddha et sa voix
they heard the Buddha teaching, and his voice
et sa voix a également été perfectionnée

and his voice was also perfected
Sa voix était d'un calme parfait
his voice was of perfect calmness
Sa voix était pleine de paix
his voice was full of peace
Gotama a enseigné les enseignements de la souffrance
Gotama taught the teachings of suffering
Il a enseigné l'origine de la souffrance
he taught of the origin of suffering
Il a enseigné la façon de soulager la souffrance
he taught of the way to relieve suffering
Calmement et clairement, son discours silencieux coulait à flot
Calmly and clearly his quiet speech flowed on
La souffrance était la vie, et plein de souffrance était le monde
Suffering was life, and full of suffering was the world
Mais le salut de la souffrance avait été trouvé
but salvation from suffering had been found
le salut a été obtenu par celui qui marcherait sur le chemin du Bouddha
salvation was obtained by him who would walk the path of the Buddha
D'une voix douce mais ferme, l'exalté parlait
With a soft, yet firm voice the exalted one spoke
Il a enseigné les quatre doctrines principales
he taught the four main doctrines
Il a enseigné l'Octuple Chemin
he taught the eight-fold path
patiemment, il a suivi le chemin habituel des enseignements
patiently he went the usual path of the teachings
Ses enseignements contenaient les exemples
his teachings contained the examples
Son enseignement utilisait les répétitions
his teaching made use of the repetitions
brillamment et silencieusement, sa voix planait au-dessus des auditeurs

brightly and quietly his voice hovered over the listeners
Sa voix était comme une lumière
his voice was like a light
Sa voix était comme un ciel étoilé
his voice was like a starry sky
Lorsque le Bouddha a terminé son discours, de nombreux pèlerins se sont avancés.
When the Buddha ended his speech, many pilgrims stepped forward
ils ont demandé à être acceptés dans la communauté
they asked to be accepted into the community
Ils ont cherché refuge dans les enseignements
they sought refuge in the teachings
Et Gotama les accepta en parlant
And Gotama accepted them by speaking
«Vous avez bien entendu les enseignements»
"You have heard the teachings well"
«Rejoignez-nous et marchez dans la sainteté»
"join us and walk in holiness"
«Mettre fin à toute souffrance»
"put an end to all suffering"
Voici, puis Govinda, le timide, s'avança aussi et parla.
Behold, then Govinda, the shy one, also stepped forward and spoke
«Je me réfugie aussi dans le Très-Haut et ses enseignements»
"I also take my refuge in the exalted one and his teachings"
et il a demandé à être accepté dans la communauté de ses disciples
and he asked to be accepted into the community of his disciples
et il a été accepté dans la communauté des disciples de Gotama
and he was accepted into the community of Gotama's disciples

le Bouddha s'était retiré pour la nuit
the Buddha had retired for the night

Govinda se tourna vers Siddhartha et parla avec empressement.
Govinda turned to Siddhartha and spoke eagerly

«**Siddhartha, ce n'est pas à moi de te gronder**»
"Siddhartha, it is not my place to scold you"

«**Nous avons tous les deux entendu le Très-Haut**»
"We have both heard the exalted one"

«**Nous avons tous les deux perçu les enseignements**»
"we have both perceived the teachings"

«**Govinda a entendu les enseignements**»
"Govinda has heard the teachings"

«**Il s'est réfugié dans les enseignements**»
"he has taken refuge in the teachings"

«**Mais, mon honorable ami, je dois vous demander**»
"But, my honoured friend, I must ask you"

«**Ne veux-tu pas aussi marcher sur le chemin du salut?**»
"don't you also want to walk the path of salvation?"

«**Voudriez-vous hésiter?**»
"Would you want to hesitate?"

«**Voulez-vous attendre plus longtemps?**»
"do you want to wait any longer?"

Siddhartha se réveilla comme s'il avait dormi
Siddhartha awakened as if he had been asleep

Pendant longtemps, il regarda le visage de Govinda.
For a long time, he looked into Govinda's face

Puis il parla doucement, d'une voix sans moquerie
Then he spoke quietly, in a voice without mockery

«**Govinda, mon ami, maintenant tu as fait ce pas**»
"Govinda, my friend, now you have taken this step"

«**Maintenant, vous avez choisi cette voie**»
"now you have chosen this path"

«**Toujours, oh Govinda, tu as été mon ami**»
"Always, oh Govinda, you've been my friend"

«**Tu as toujours fait un pas derrière moi**»
"you've always walked one step behind me"

«**Souvent j'ai pensé à toi**»
"Often I have thought about you"

«Govinda pour une fois ne fera-t-il pas aussi un pas par lui-même"»
"'Won't Govinda for once also take a step by himself'"
«Govinda ne va-t-il pas faire un pas sans moi?»
"'won't Govinda take a step without me?'"
«'Ne va-t-il pas faire un pas poussé par sa propre âme?'»
"'won't he take a step driven by his own soul?'"
«Voici, maintenant tu es devenu un homme»
"Behold, now you've turned into a man"
«Vous choisissez votre chemin pour vous-même»
"you are choosing your path for yourself"
«J'aimerais que vous alliez jusqu'au bout»
"I wish that you would go it up to its end"
«Oh mon ami, j'espère que tu trouveras le salut!»
"oh my friend, I hope that you shall find salvation!"
Govinda, ne l'a pas encore complètement compris
Govinda, did not completely understand it yet
Il répéta sa question d'un ton impatient
he repeated his question in an impatient tone
«Parlez, je vous en prie, ma chérie!»
"Speak up, I beg you, my dear!"
«Dites-moi, car il ne pouvait pas en être autrement»
"Tell me, since it could not be any other way"
«Ne veux-tu pas aussi te réfugier auprès du Bouddha exalté?»
"won't you also take your refuge with the exalted Buddha?"
Siddhartha posa sa main sur l'épaule de Govinda
Siddhartha placed his hand on Govinda's shoulder
«Vous n'avez pas entendu mon bon souhait pour vous»
"You failed to hear my good wish for you"
«Je répète mon souhait pour vous»
"I'm repeating my wish for you"
«J'aimerais que tu empruntes cette voie»
"I wish that you would go this path"
«Je souhaite que tu montes jusqu'au bout de ce chemin»
"I wish that you would go up to this path's end"
«Je souhaite que vous trouviez le salut !»

"I wish that you shall find salvation!"
À ce moment, Govinda réalisa que son ami l'avait quitté.
In this moment, Govinda realized that his friend had left him
Quand il s'en est rendu compte, il s'est mis à pleurer
when he realized this he started to weep
«Siddhartha !» s'exclama-t-il avec lamentation.
"Siddhartha!" he exclaimed lamentingly
Siddhartha lui a gentiment parlé
Siddhartha kindly spoke to him
«N'oublie pas, Govinda, qui tu es»
"don't forget, Govinda, who you are"
«tu es maintenant l'un des Samanas du Bouddha»
"you are now one of the Samanas of the Buddha"
Tu as renoncé à ta maison et à tes parents
"You have renounced your home and your parents"
«Vous avez renoncé à votre naissance et à vos biens»
"you have renounced your birth and possessions"
«Vous avez renoncé à votre libre arbitre»
"you have renounced your free will"
«Vous avez renoncé à toute amitié»
"you have renounced all friendship"
«C'est ce qu'exigent les enseignements»
"This is what the teachings require"
«C'est ce que veut l'exalté»
"this is what the exalted one wants"
«C'est ce que vous vouliez pour vous-même»
"This is what you wanted for yourself"
«Demain, oh Govinda, je te quitterai»
"Tomorrow, oh Govinda, I will leave you"
Pendant longtemps, les amis ont continué à se promener dans le jardin
For a long time, the friends continued walking in the garden
Pendant longtemps, ils sont restés là et n'ont pas trouvé de sommeil.
for a long time, they lay there and found no sleep
Et encore et encore, Govinda a exhorté son ami
And over and over again, Govinda urged his friend

«Pourquoi ne voudrais-tu pas chercher refuge dans les enseignements de Gotama?»
"why would you not want to seek refuge in Gotama's teachings?"
«Quelle faute pourriez-vous trouver dans ces enseignements?»
"what fault could you find in these teachings?"
Mais Siddhartha s'est détourné de son ami
But Siddhartha turned away from his friend
chaque fois qu'il disait : «Sois content, Govinda !»
every time he said, "Be content, Govinda!"
«Très bons sont les enseignements de l'exalté»
"Very good are the teachings of the exalted one"
«Comment pourrais-je trouver une faille dans ses enseignements?»
"how could I find a fault in his teachings?"

C'était très tôt le matin
it was very early in the morning
L'un des plus anciens moines a traversé le jardin
one of the oldest monks went through the garden
Il a appelé ceux qui avaient pris refuge dans les enseignements
he called to those who had taken their refuge in the teachings
Il les a appelés pour les habiller de la robe jaune
he called them to dress them up in the yellow robe
et il les instruit dans les premiers enseignements et devoirs de leur position
and he instruct them in the first teachings and duties of their position
Govinda embrassa à nouveau son ami d'enfance
Govinda once again embraced his childhood friend
Et puis il est parti avec les novices
and then he left with the novices
Mais Siddhartha traversa le jardin, perdu dans ses pensées.
But Siddhartha walked through the garden, lost in thought
Puis il rencontra Gotama, l'exalté.

Then he happened to meet Gotama, the exalted one
Il l'a salué avec respect
he greeted him with respect
le regard du Bouddha était plein de gentillesse et de calme
the Buddha's glance was full of kindness and calm
Le jeune homme rassembla son courage
the young man summoned his courage
Il demanda au Vénérable la permission de lui parler
he asked the venerable one for the permission to talk to him
Silencieusement, l'exalté hocha la tête pour approuver
Silently, the exalted one nodded his approval
Siddhartha parla : «Hier, ô exalté.»
Spoke Siddhartha, "Yesterday, oh exalted one"
«J'ai eu le privilège d'entendre vos merveilleux enseignements»
"I had been privileged to hear your wondrous teachings"
«Avec mon ami, j'étais venu de loin, pour entendre vos enseignements»
"Together with my friend, I had come from afar, to hear your teachings"
«Et maintenant mon ami va rester avec votre peuple»
"And now my friend is going to stay with your people"
«Il a pris refuge chez vous»
"he has taken his refuge with you"
«Mais je recommencerai mon pèlerinage»
"But I will again start on my pilgrimage"
«Comme il vous plaira», dit poliment le vénérable
"As you please," the venerable one spoke politely
«Mon discours est trop audacieux», a poursuivi Siddhartha
"Too bold is my speech," Siddhartha continued
«mais je ne veux pas laisser les exaltés sur cette note»
"but I do not want to leave the exalted on this note"
«Je veux partager avec le plus vénérable mes pensées honnêtes»
"I want to share with the most venerable one my honest thoughts"
«Est-ce que cela plaît au vénérable d'écouter un instant de

plus?»
"Does it please the venerable one to listen for one moment longer?"
Silencieusement, le Bouddha hocha la tête pour approuver
Silently, the Buddha nodded his approval
parlait Siddhartha; «Oh très vénérable»
Spoke Siddhartha, "oh most venerable one"
«Il y a une chose que j'ai admirée dans vos enseignements par-dessus tout»
"there is one thing I have admired in your teachings most of all"
«Tout dans vos enseignements est parfaitement clair»
"Everything in your teachings is perfectly clear"
«Ce dont vous parlez est prouvé»
"what you speak of is proven"
«Vous présentez le monde comme une chaîne parfaite»
"you are presenting the world as a perfect chain"
«Une chaîne qui n'est jamais et nulle part brisée»
"a chain which is never and nowhere broken"
«une chaîne éternelle dont les maillons sont des causes et des effets»
"an eternal chain the links of which are causes and effects"
«Jamais auparavant, cela n'a été vu aussi clairement»
"Never before, has this been seen so clearly"
«Jamais auparavant cela n'a été présenté de manière aussi irréfutable»
"never before, has this been presented so irrefutably"
«Vraiment, le cœur de chaque Brahman doit battre plus fort avec amour»
"truly, the heart of every Brahman has to beat stronger with love"
«Il a vu le monde à travers vos enseignements parfaitement connectés»
"he has seen the world through your perfectly connected teachings"
«Sans lacunes, clair comme un cristal»
"without gaps, clear as a crystal"

«ne pas dépendre du hasard, ne pas dépendre des dieux»
"not depending on chance, not depending on Gods"
«Il doit l'accepter, que ce soit bon ou mauvais»
"he has to accept it whether it may be good or bad"
«Il doit vivre par elle, que ce soit de la souffrance ou de la joie»
"he has to live by it whether it would be suffering or joy"
«mais je ne veux pas discuter de l'uniformité du monde»
"but I do not wish to discuss the uniformity of the world"
«Il est possible que ce ne soit pas essentiel»
"it is possible that this is not essential"
«Tout ce qui se passe est connecté»
"everything which happens is connected"
«Les grandes et les petites choses sont toutes englobées»
"the great and the small things are all encompassed"
«Ils sont reliés par les mêmes forces du temps»
"they are connected by the same forces of time"
«Ils sont liés par la même loi des causes»
"they are connected by the same law of causes"
«Les causes de l'apparition et de la mort»
"the causes of coming into being and of dying"
«C'est ce qui brille de mille feux dans vos enseignements exaltés»
"this is what shines brightly out of your exalted teachings"
«Mais, selon vos propres enseignements, il y a un petit écart»
"But, according to your very own teachings, there is a small gap"
«Cette unité et cette séquence nécessaire de toutes choses sont brisées en un seul endroit»
"this unity and necessary sequence of all things is broken in one place"
«Ce monde d'unité est envahi par quelque chose d'étranger»
"this world of unity is invaded by something alien"
«Il y a quelque chose de nouveau, qui n'avait jamais été là auparavant»
"there is something new, which had not been there before"

«Il y a quelque chose qui ne peut être démontré»
"there is something which cannot be demonstrated"
«Il y a quelque chose qui ne peut pas être prouvé»
"there is something which cannot be proven"
«Ce sont vos enseignements pour vaincre le monde»
"these are your teachings of overcoming the world"
«Ce sont vos enseignements du salut»
"these are your teachings of salvation"
«Mais avec ce petit écart, l'éternel se brise à nouveau»
"But with this small gap, the eternal breaks apart again"
«Avec cette petite brèche, la loi du monde devient nulle»
"with this small breach, the law of the world becomes void"
«S'il vous plaît, pardonnez-moi d'avoir exprimé cette objection»
"Please forgive me for expressing this objection"
Tranquillement, Gotama l'avait écouté, impassible.
Quietly, Gotama had listened to him, unmoved
Maintenant, il parlait, le parfait, avec sa voix claire et polie
Now he spoke, the perfected one, with his kind and polite clear voice
«Tu as entendu les enseignements, ô fils d'un Brahman»
"You've heard the teachings, oh son of a Brahman"
«Et tant mieux pour vous que vous y ayez réfléchi aussi profondément»
"and good for you that you've thought about it this deeply"
«Vous avez trouvé une lacune dans mes enseignements, une erreur»
"You've found a gap in my teachings, an error"
«Vous devriez y réfléchir davantage»
"You should think about this further"
«Mais sois averti, ô chercheur de connaissance, du maquis des opinions»
"But be warned, oh seeker of knowledge, of the thicket of opinions"
«Soyez averti de ne pas vous disputer sur les mots»
"be warned of arguing about words"
«Il n'y a rien aux opinions»

"There is nothing to opinions"
«Ils peuvent être beaux ou laids»
"they may be beautiful or ugly"
«Les opinions peuvent être intelligentes ou stupides»
"opinions may be smart or foolish"
«Tout le monde peut soutenir des opinions, ou les rejeter»
"everyone can support opinions, or discard them"
«Mais les enseignements, vous avez entendu de moi, ne sont pas des opinions»
"But the teachings, you've heard from me, are no opinion"
«Leur but n'est pas d'expliquer le monde à ceux qui cherchent la connaissance»
"their goal is not to explain the world to those who seek knowledge"
«Ils ont un objectif différent»
"They have a different goal"
«Leur but est le salut de la souffrance»
"their goal is salvation from suffering"
«C'est ce que Gotama enseigne, rien d'autre»
"This is what Gotama teaches, nothing else"
«J'aimerais que toi, ô exalté, tu ne sois pas en colère contre moi» dit le jeune homme.
"I wish that you, oh exalted one, would not be angry with me" said the young man
«Je ne t'ai pas parlé comme ça pour discuter avec toi»
"I have not spoken to you like this to argue with you"
«Je ne veux pas me disputer sur les mots»
"I do not wish to argue about words"
«Vous avez vraiment raison, il y a peu d'opinions»
"You are truly right, there is little to opinions"
«Mais laissez-moi dire une dernière chose»
"But let me say one more thing"
«Je n'ai pas douté en toi un seul instant»
"I have not doubted in you for a single moment"
«Je n'ai pas douté un seul instant que tu es Bouddha»
"I have not doubted for a single moment that you are Buddha"
«Je n'ai pas douté que vous ayez atteint l'objectif le plus

élevé»
"I have not doubted that you have reached the highest goal"
«le but le plus élevé vers lequel tant de brahmanes sont en route»
"the highest goal towards which so many Brahmans are on their way"
«Vous avez trouvé le salut de la mort»
"You have found salvation from death"
«Il est venu à vous au cours de votre propre recherche»
"It has come to you in the course of your own search"
«Il est venu à vous sur votre propre chemin»
"it has come to you on your own path"
«Il vous est venu par la pensée et la méditation»
"it has come to you through thoughts and meditation"
«Il vous est venu par les réalisations et l'illumination»
"it has come to you through realizations and enlightenment"
«Mais il n'est pas venu à vous au moyen d'enseignements!»
"but it has not come to you by means of teachings!"
«Et c'est ma pensée»
"And this is my thought"
«Personne n'obtiendra le salut au moyen d'enseignements !»
"nobody will obtain salvation by means of teachings!"
«Vous ne pourrez pas transmettre votre heure d'illumination»
"You will not be able to convey your hour of enlightenment"
«Les mots de ce qui vous est arrivé ne transmettront pas le moment!»
"words of what has happened to you won't convey the moment!"
«Les enseignements du Bouddha illuminé contiennent beaucoup»
"The teachings of the enlightened Buddha contain much"
«Elle enseigne à beaucoup de gens à mener une vie juste»
"it teaches many to live righteously"
«Il enseigne à beaucoup à éviter le mal»
"it teaches many to avoid evil"
«Mais il y a une chose que ces enseignements ne contiennent

pas»

"But there is one thing which these teachings do not contain"

«Ils sont clairs et vénérables, mais les enseignements manquent quelque chose»

"they are clear and venerable, but the teachings miss something"

«Les enseignements ne contiennent pas le mystère»

"the teachings do not contain the mystery"

«Le mystère de ce que le Très-Haut a vécu pour lui-même»

"the mystery of what the exalted one has experienced for himself"

«Parmi des centaines de milliers, lui seul l'a vécu»

"among hundreds of thousands, only he experienced it"

«C'est ce que j'ai pensé et réalisé, quand j'ai entendu les enseignements»

"This is what I have thought and realized, when I heard the teachings"

«C'est pourquoi je continue mes voyages»

"This is why I am continuing my travels"

«C'est pourquoi je ne cherche pas d'autres enseignements meilleurs»

"this is why I do not to seek other, better teachings"

«Je sais qu'il n'y a pas de meilleurs enseignements»

"I know there are no better teachings"

«Je pars pour m'écarter de tous les enseignements et de tous les enseignants»

"I leave to depart from all teachings and all teachers"

«Je pars pour atteindre mon but par moi-même, ou pour mourir»

"I leave to reach my goal by myself, or to die"

«Mais souvent, je pense à ce jour, ô exalté»

"But often, I'll think of this day, oh exalted one"

«Et je penserai à cette heure, où mes yeux ont vu un saint homme»

"and I'll think of this hour, when my eyes beheld a holy man"

Les yeux du Bouddha regardèrent tranquillement vers le sol

The Buddha's eyes quietly looked to the ground

Tranquillement, en parfaite équanimité, son visage impénétrable souriait
quietly, in perfect equanimity, his inscrutable face was smiling
Le Vénérable parlait lentement
the venerable one spoke slowly
«Je souhaite que vos pensées ne soient pas dans l'erreur»
"I wish that your thoughts shall not be in error"
«Je souhaite que vous atteigniez le but!»
"I wish that you shall reach the goal!"
«Mais il y a quelque chose que je te demande de me dire»
"But there is something I ask you to tell me"
«As-tu vu la multitude de mes Samanas?»
"Have you seen the multitude of my Samanas?"
«Ils se sont réfugiés dans les enseignements»
"they have taken refuge in the teachings"
«Croyez-vous qu'il serait préférable pour eux d'abandonner les enseignements?»
"do you believe it would be better for them to abandon the teachings?"
«Devraient-ils retourner dans le monde des désirs?»
"should they to return into the world of desires?"
«Loin d'être une telle pensée de mon esprit», s'exclama Siddhartha
"Far is such a thought from my mind" exclaimed Siddhartha
«Je souhaite qu'ils restent tous avec les enseignements»
"I wish that they shall all stay with the teachings"
«Je souhaite qu'ils atteignent leur but!»
"I wish that they shall reach their goal!"
«Ce n'est pas à moi de juger la vie d'une autre personne»
"It is not my place to judge another person's life"
«Je ne peux que juger ma propre vie»
"I can only judge my own life "
«Je dois décider, je dois choisir, je dois refuser»
"I must decide, I must chose, I must refuse"
«Le salut de soi est ce que nous, Samanas recherchons»
"Salvation from the self is what we Samanas search for"
«Ô exalté, si seulement j'étais l'un de tes disciples»

"oh exalted one, if only I were one of your disciples"
«J'aurais peur que ça m'arrive»
"I'd fear that it might happen to me"
«Ce n'est qu'apparemment, que mon moi serait calme et serait racheté»
"only seemingly, would my self be calm and be redeemed"
«Mais en vérité, il vivrait et grandirait»
"but in truth it would live on and grow"
«parce qu'alors je me remplacerais par les enseignements»
"because then I would replace my self with the teachings"
«Mon moi serait mon devoir de te suivre»
"my self would be my duty to follow you"
«Mon moi serait mon amour pour toi»
"my self would be my love for you"
«Et mon moi serait la communauté des moines !»
"and my self would be the community of the monks!"
Avec un demi-sourire, Gotama regarda l'étranger dans les yeux.
With half of a smile Gotama looked into the stranger's eyes
Ses yeux étaient inébranlablement ouverts et gentils
his eyes were unwaveringly open and kind
Il lui a demandé de partir avec un geste à peine perceptible
he bid him to leave with a hardly noticeable gesture
«Tu es sage, ô Samana» dit le vénérable
"You are wise, oh Samana" the venerable one spoke
«Tu sais parler avec sagesse, mon ami»
"You know how to talk wisely, my friend"
«Soyez conscient de trop de sagesse!»
"Be aware of too much wisdom!"
Le Bouddha s'est détourné
The Buddha turned away
Siddhartha n'oublierait jamais son regard
Siddhartha would never forget his glance
son demi-sourire est resté à jamais gravé dans la mémoire de Siddhartha
his hald smile remained forever etched in Siddhartha's memory

Siddhartha pensa en lui-même
Siddhartha thought to himself

«Je n'ai jamais vu une personne regarder et sourire de cette façon»
"I have never before seen a person glance and smile this way"

«Personne d'autre ne s'assoit et ne marche comme lui»
"no one else sits and walks like he does"

«Vraiment, je souhaite pouvoir regarder et sourire de cette façon»
"truly, I wish to be able to glance and smile this way"

«Je souhaite pouvoir m'asseoir et marcher de cette façon aussi»
"I wish to be able to sit and walk this way, too"

«libéré, vénérable, caché, ouvert, enfantin et mystérieux»
"liberated, venerable, concealed, open, childlike and mysterious"

«Il doit avoir réussi à atteindre la partie la plus intime de lui-même»
"he must have succeeded in reaching the innermost part of his self"

«Ce n'est qu'alors que quelqu'un peut jeter un coup d'œil et marcher de cette façon»
"only then can someone glance and walk this way"

«Je chercherai aussi à atteindre la partie la plus intime de moi-même»
"I will also seek to reach the innermost part of my self"

«J'ai vu un homme» pensa Siddhartha
"I saw a man" Siddhartha thought

«un homme seul, devant qui je devrais baisser le regard»
"a single man, before whom I would have to lower my glance"

«Je ne veux pas baisser le regard avant tout le monde»
"I do not want to lower my glance before anyone else"

«Plus aucun enseignement ne m'attirera plus»
"No teachings will entice me more anymore"

«Parce que les enseignements de cet homme ne m'ont pas séduit»
"because this man's teachings have not enticed me"

«Je suis privé par le Bouddha» pensa Siddhartha
"I am deprived by the Buddha" thought Siddhartha
«Je suis privé, bien qu'il ait tant donné»
"I am deprived, although he has given so much"
«Il m'a privé de mon ami»
"he has deprived me of my friend"
«Mon ami qui avait cru en moi»
"my friend who had believed in me"
«Mon ami qui croit maintenant en lui»
"my friend who now believes in him"
«Mon ami qui avait été mon ombre»
"my friend who had been my shadow"
«et maintenant il est l'ombre de Gotama»
"and now he is Gotama's shadow"
«mais il m'a donné Siddhartha»
"but he has given me Siddhartha"
«Il m'a donné moi-même»
"he has given me myself"

Réveil
Awakening

Siddhartha a laissé le manguier derrière lui
Siddhartha left the mango grove behind him
Mais il sentait que sa vie passée restait également derrière
but he felt his past life also stayed behind
le Bouddha, le parfait, est resté en arrière
the Buddha, the perfected one, stayed behind
et Govinda est resté aussi
and Govinda stayed behind too
et sa vie passée s'était séparée de lui
and his past life had parted from him
Il réfléchit en marchant lentement
he pondered as he was walking slowly
Il réfléchit à cette sensation, qui le remplit complètement
he pondered about this sensation, which filled him completely
Il réfléchit profondément, comme plonger dans une eau profonde
He pondered deeply, like diving into a deep water
Il s'est laissé enfoncer jusqu'au sol de la sensation
he let himself sink down to the ground of the sensation
Il s'est laissé couler à l'endroit où se trouvent les causes
he let himself sink down to the place where the causes lie
Identifier les causes est l'essence même de la pensée
to identify the causes is the very essence of thinking
C'est ainsi qu'il lui semblait
this was how it seemed to him
Et par cela seul, les sensations se transforment en réalisations
and by this alone, sensations turn into realizations
et ces sensations ne sont pas perdues
and these sensations are not lost
Mais les sensations deviennent des entités
but the sensations become entities
et les sensations commencent à émettre ce qu'il y a à l'intérieur d'eux

and the sensations start to emit what is inside of them
Ils montrent leurs vérités comme des rayons de lumière
they show their truths like rays of light
Marchant lentement, Siddhartha réfléchit
Slowly walking along, Siddhartha pondered
Il s'est rendu compte qu'il n'était plus un jeune
He realized that he was no youth any more
Il s'est rendu compte qu'il était devenu un homme
he realized that he had turned into a man
Il s'est rendu compte que quelque chose l'avait quitté.
He realized that something had left him
de la même manière qu'un serpent est laissé par sa vieille peau
the same way a snake is left by its old skin
Ce qu'il avait tout au long de sa jeunesse n'existait plus en lui
what he had throughout his youth no longer existed in him
c'était une partie de lui; le souhait d'avoir des enseignants
it used to be a part of him; the wish to have teachers
le désir d'écouter les enseignements
the wish to listen to teachings
Il avait également quitté le dernier enseignant qui était apparu sur son chemin.
He had also left the last teacher who had appeared on his path
Il avait même laissé le professeur le plus élevé et le plus sage
he had even left the highest and wisest teacher
il avait quitté le Très Saint, Bouddha
he had left the most holy one, Buddha
Il a dû se séparer de lui, incapable d'accepter ses enseignements
he had to part with him, unable to accept his teachings
Plus lentement, il marchait dans ses pensées
Slower, he walked along in his thoughts
et il se demanda: «Mais qu'est-ce que c'est?»
and he asked himself, "But what is this?"
«Qu'avez-vous cherché à apprendre des enseignements et

des enseignants?»
"what have you sought to learn from teachings and from teachers?"
«Et quels étaient-ils, qui vous ont tant appris?»
"and what were they, who have taught you so much?"
«Que sont-ils s'ils ont été incapables de vous enseigner?»
"what are they if they have been unable to teach you?"
Et il a trouvé: «C'était le soi»
And he found, "It was the self"
«C'était le but et l'essence dont je cherchais à apprendre»
"it was the purpose and essence of which I sought to learn"
«C'était le moi dont je voulais me libérer»
"It was the self I wanted to free myself from"
«le moi que j'ai cherché à vaincre»
"the self which I sought to overcome"
«Mais je n'ai pas pu le surmonter»
"But I was not able to overcome it"
«Je ne pouvais que le tromper»
"I could only deceive it"
«Je ne pouvais que m'en fuir»
"I could only flee from it"
«Je ne pouvais que m'en cacher»
"I could only hide from it"
«Vraiment, rien au monde n'a gardé mes pensées aussi occupées»
"Truly, no thing in this world has kept my thoughts so busy"
«J'ai été occupé par le mystère de ma vie»
"I have been kept busy by the mystery of me being alive"
«Le mystère de moi étant un»
"the mystery of me being one"
«Le mystère d'être séparé et isolé de tous les autres»
"the mystery if being separated and isolated from all others"
«le mystère de moi étant Siddhartha!»
"the mystery of me being Siddhartha!"
«Et il n'y a rien dans ce monde que je connaisse moins»
"And there is no thing in this world I know less about"
Il avait réfléchi tout en marchant lentement le long

he had been pondering while slowly walking along
Il s'arrêta alors que ces pensées s'emparaient de lui
he stopped as these thoughts caught hold of him
Et tout de suite une autre pensée a jailli de ces pensées
and right away another thought sprang forth from these thoughts
«Il y a une raison pour laquelle je ne sais rien de moi-même»
"there's one reason why I know nothing about myself"
«Il y a une raison pour laquelle Siddhartha m'est resté étranger»
"there's one reason why Siddhartha has remained alien to me"
«Tout cela découle d'une seule cause»
"all of this stems from one cause"
«J'avais peur de moi, et je fuyais»
"I was afraid of myself, and I was fleeing"
«J'ai cherché à la fois Atman et Brahman»
"I have searched for both Atman and Brahman"
«Pour cela, j'étais prêt à me disséquer»
"for this I was willing to dissect my self"
«et j'étais prêt à décoller toutes ses couches»
"and I was willing to peel off all of its layers"
«Je voulais trouver le noyau de toutes les pelures dans son intérieur inconnu»
"I wanted to find the core of all peels in its unknown interior"
«l'Atman, la vie, la partie divine, la partie ultime»
"the Atman, life, the divine part, the ultimate part"
«Mais je me suis perdu dans le processus»
"But I have lost myself in the process"
Siddhartha ouvrit les yeux et regarda autour de lui
Siddhartha opened his eyes and looked around
En regardant autour de lui, un sourire emplit son visage
looking around, a smile filled his face
Un sentiment d'éveil de longs rêves le traversa
a feeling of awakening from long dreams flowed through him
La sensation coulait de sa tête jusqu'à ses orteils
the feeling flowed from his head down to his toes
Et il ne fallut pas longtemps avant qu'il ne marche à

nouveau.
And it was not long before he walked again
Il marchait vite, comme un homme qui sait ce qu'il a à faire
he walked quickly, like a man who knows what he has got to do
«Maintenant, je ne laisserai plus Siddhartha m'échapper!»
"now I will not let Siddhartha escape from me again!"
«Je ne veux plus commencer mes pensées et ma vie avec Atman»
"I no longer want to begin my thoughts and my life with Atman"
«Je ne veux pas non plus commencer mes pensées par la souffrance du monde»
"nor do I want to begin my thoughts with the suffering of the world"
«Je ne veux plus me tuer et me disséquer»
"I do not want to kill and dissect myself any longer"
«Le Yoga-Veda ne m'apprendra plus»
"Yoga-Veda shall not teach me any more"
«ni Atharva-Veda, ni les ascètes»
"nor Atharva-Veda, nor the ascetics"
«Il n'y aura aucune sorte d'enseignements»
"there will not be any kind of teachings"
«Je veux apprendre de moi-même et être mon élève»
"I want to learn from myself and be my student"
«Je veux apprendre à me connaître; le secret de Siddhartha»
"I want to get to know myself; the secret of Siddhartha"

Il regarda autour de lui, comme s'il voyait le monde pour la première fois
He looked around, as if he was seeing the world for the first time
Beau et coloré était le monde
Beautiful and colourful was the world
Étrange et mystérieux était le monde
strange and mysterious was the world
Ici c'était bleu, il y avait du jaune, ici c'était du vert

Here was blue, there was yellow, here was green
Le ciel et la rivière coulaient
the sky and the river flowed
La forêt et les montagnes étaient rigides
the forest and the mountains were rigid
Tout le monde était beau
all of the world was beautiful
Tout cela était mystérieux et magique
all of it was mysterious and magical
et au milieu de lui se trouvait lui, Siddhartha, l'éveillé
and in its midst was he, Siddhartha, the awakening one
et il était sur le chemin de lui-même
and he was on the path to himself
tout ce jaune et bleu et la rivière et la forêt sont entrés dans Siddhartha
all this yellow and blue and river and forest entered Siddhartha
pour la première fois, il est entré par les yeux
for the first time it entered through the eyes
ce n'était plus un sort de Mara
it was no longer a spell of Mara
ce n'était plus le voile de Maya
it was no longer the veil of Maya
Ce n'était plus une coïncidence inutile
it was no longer a pointless and coincidental
Les choses n'étaient pas seulement une diversité de simples apparences
things were not just a diversity of mere appearances
apparences méprisables pour le Brahman profondément pensant
appearances despicable to the deeply thinking Brahman
le Brahman pensant méprise la diversité et cherche l'unité
the thinking Brahman scorns diversity, and seeks unity
Le bleu était bleu et la rivière était la rivière
Blue was blue and river was river
le singulier et divin vécu caché à Siddhartha
the singular and divine lived hidden in Siddhartha

La voie et le but de la divinité étaient d'être jaune ici, et bleu là-bas.
divinity's way and purpose was to be yellow here, and blue there
là ciel, là forêt, et ici Siddhartha
there sky, there forest, and here Siddhartha
Le but et les propriétés essentielles n'étaient pas quelque part derrière les choses
The purpose and essential properties was not somewhere behind the things
Le but et les propriétés essentielles étaient à l'intérieur de tout
the purpose and essential properties was inside of everything
«Comme j'ai été sourd et stupide !» pensa-t-il
"How deaf and stupid have I been!" he thought
et il marcha rapidement le long
and he walked swiftly along
«Quand quelqu'un lit un texte, il ne méprise pas les symboles et les lettres»
"When someone reads a text he will not scorn the symbols and letters"
«Il n'appellera pas les symboles des tromperies ou des coïncidences»
"he will not call the symbols deceptions or coincidences"
«mais il les lira telles qu'elles ont été écrites»
"but he will read them as they were written"
«Il les étudiera et les aimera, lettre par lettre»
"he will study and love them, letter by letter"
«Je voulais lire le livre du monde et je méprisais les lettres»
"I wanted to read the book of the world and scorned the letters"
«Je voulais lire le livre de moi-même et mépriser les symboles»
"I wanted to read the book of myself and scorned the symbols"
«J'ai appelé mes yeux et ma langue coïncidence»
"I called my eyes and my tongue coincidental"
«J'ai dit qu'ils étaient des formes sans valeur sans

substance»
"I said they were worthless forms without substance"
«Non, c'est fini, je me suis réveillé»
"No, this is over, I have awakened"
«Je me suis vraiment réveillé»
"I have indeed awakened"
«Je n'étais pas né avant ce jour»
"I had not been born before this very day"
En pensant à ces pensées, Siddhartha s'arrêta soudainement une fois de plus.
In thinking these thoughts, Siddhartha suddenly stopped once again
Il s'arrêta comme s'il y avait un serpent couché devant lui
he stopped as if there was a snake lying in front of him
Soudain, il avait aussi pris conscience d'autre chose.
suddenly, he had also become aware of something else
Il était en effet comme quelqu'un qui venait de se réveiller
He was indeed like someone who had just woken up
Il était comme un nouveau-né qui recommençait sa vie
he was like a new-born baby starting life anew
et il a dû recommencer au tout début
and he had to start again at the very beginning
Le matin, il avait eu des intentions très différentes.
in the morning he had had very different intentions
Il avait pensé retourner chez lui et chez son père
he had thought to return to his home and his father
Mais maintenant, il s'arrêta comme si un serpent était couché sur son chemin
But now he stopped as if a snake was lying on his path
Il a réalisé où il était
he made a realization of where he was
«Je ne suis plus celui que j'étais»
"I am no longer the one I was"
«Je ne suis plus un ascète»
"I am no ascetic any more"
«Je ne suis plus prêtre»
"I am not a priest any more"

«Je ne suis plus Brahman»
"I am no Brahman any more"
«Que dois-je faire chez mon père?»
"Whatever should I do at my father's place?"
«Étudier? Faire des offrandes? Pratiquer la méditation?»
"Study? Make offerings? Practise meditation?"
«Mais tout cela est fini pour moi»
"But all this is over for me"
«Tout cela n'est plus sur mon chemin»
"all of this is no longer on my path"
Immobile, Siddhartha resta debout
Motionless, Siddhartha remained standing there
Et le temps d'un moment et d'un souffle, son cœur était froid
and for the time of one moment and breath, his heart felt cold
Il sentit une froideur dans sa poitrine
he felt a coldness in his chest
le même sentiment qu'un petit animal ressent quand il voit à quel point il est seul
the same feeling a small animal feels when it sees how alone it is
Pendant de nombreuses années, il avait été sans maison et n'avait rien ressenti
For many years, he had been without home and had felt nothing
Maintenant, il avait l'impression d'avoir été sans maison
Now, he felt he had been without a home
Pourtant, même dans la méditation la plus profonde, il avait été le fils de son père.
Still, even in the deepest meditation, he had been his father's son
il avait été un brahmane, d'une haute caste
he had been a Brahman, of a high caste
il avait été ecclésiastique
he had been a cleric
Maintenant, il n'était rien d'autre que Siddhartha, l'éveillé
Now, he was nothing but Siddhartha, the awoken one
Il ne restait plus rien d'autre de lui

nothing else was left of him
Profondément, il inspira et eut froid
Deeply, he inhaled and felt cold
Un frisson parcourait son corps
a shiver ran through his body
Personne n'était aussi seul que lui
Nobody was as alone as he was
Il n'y avait pas de noble qui n'appartenait pas aux nobles
There was no nobleman who did not belong to the noblemen
il n'y avait pas de travailleur qui n'appartenait pas aux travailleurs
there was no worker that did not belong to the workers
ils avaient tous trouvé refuge entre eux
they had all found refuge among themselves
Ils ont partagé leur vie et parlé leurs langues
they shared their lives and spoke their languages
il n'y a pas de Brahman qui ne serait pas considéré comme Brahmane
there are no Brahman who would not be regarded as Brahmans
et il n'y a pas de brahmanes qui n'aient pas vécu comme des brahmanes
and there are no Brahmans that didn't live as Brahmans
il n'y a pas d'ascète qui n'ait pu trouver refuge chez les Samanas
there are no ascetic who could not find refuge with the Samanas
Et même l'ermite le plus désespéré de la forêt n'était pas seul
and even the most forlorn hermit in the forest was not alone
Il était également entouré d'un endroit auquel il appartenait.
he was also surrounded by a place he belonged to
Il appartenait également à une caste dans laquelle il était à la maison.
he also belonged to a caste in which he was at home
Govinda l'avait quitté et était devenu moine
Govinda had left him and became a monk

et mille moines étaient ses frères
and a thousand monks were his brothers
Ils portaient la même robe que lui
they wore the same robe as him
Ils croyaient en sa foi et parlaient sa langue
they believed in his faith and spoke his language
Mais lui, Siddhartha, à quoi appartenait-il?
But he, Siddhartha, where did he belong to?
Avec qui partagerait-il sa vie?
With whom would he share his life?
Quelle langue parlerait-il?
Whose language would he speak?
Le monde a fondu tout autour de lui
the world melted away all around him
Il se tenait seul comme une étoile dans le ciel
he stood alone like a star in the sky
Le froid et le désespoir l'entouraient
cold and despair surrounded him
mais Siddhartha a émergé de ce moment
but Siddhartha emerged out of this moment
Siddhartha a émergé plus lui-même qu'auparavant
Siddhartha emerged more his true self than before
Il était plus fermement concentré qu'il ne l'avait jamais été
he was more firmly concentrated than he had ever been
Il se sentait; «Cela avait été la dernière secousse de l'éveil»
He felt; "this had been the last tremor of the awakening"
«Le dernier combat de cette naissance»
"the last struggle of this birth"
Et il ne fallut pas longtemps avant qu'il ne marche à nouveau à grandes enjambées.
And it was not long until he walked again in long strides
Il a commencé à avancer rapidement et avec impatience
he started to proceed swiftly and impatiently
Il ne rentrait plus chez lui
he was no longer going home
il n'allait plus chez son père
he was no longer going to his father

Deuxième partie – Part Two
***
Kamala

Siddhartha a appris quelque chose de nouveau à chaque étape de son chemin
Siddhartha learned something new on every step of his path
Parce que le monde a été transformé et que son cœur a été enchanté
because the world was transformed and his heart was enchanted
Il a vu le soleil se lever sur les montagnes
He saw the sun rising over the mountains
Et il vit le soleil se coucher sur la plage lointaine
and he saw the sun setting over the distant beach
La nuit, il a vu les étoiles dans le ciel dans leurs positions fixes
At night, he saw the stars in the sky in their fixed positions
Et il vit le croissant de lune flottant comme un bateau dans le bleu
and he saw the crescent of the moon floating like a boat in the blue
Il a vu des arbres, des étoiles, des animaux et des nuages
He saw trees, stars, animals, and clouds
arcs-en-ciel, rochers, herbes, fleurs, ruisseaux et rivières
rainbows, rocks, herbs, flowers, streams and rivers
Il a vu la rosée scintillante dans les buissons le matin
he saw the glistening dew in the bushes in the morning
Il a vu de hautes montagnes lointaines qui étaient bleues
he saw distant high mountains which were blue
Le vent soufflait à travers la rizière
wind blew through the rice-field
Tout cela, mille fois et coloré, avait toujours été là
all of this, a thousand-fold and colourful, had always been there
Le soleil et la lune avaient toujours brillé
the sun and the moon had always shone

Les rivières avaient toujours rugi et les abeilles avaient toujours bourdonné
rivers had always roared and bees had always buzzed
Mais autrefois, tout cela n'était qu'un voile trompeur.
but in former times all of this had been a deceptive veil
Pour lui, cela n'avait été rien de plus qu'éphémère.
to him it had been nothing more than fleeting
il était censé être regardé avec méfiance
it was supposed to be looked upon in distrust
Il était destiné à être pénétré et détruit par la pensée
it was destined to be penetrated and destroyed by thought
puisque ce n'était pas l'essence de l'existence
since it was not the essence of existence
puisque cette essence se trouvait au-delà, de l'autre côté du visible
since this essence lay beyond, on the other side of, the visible
Mais maintenant, ses yeux libérés sont restés de ce côté
But now, his liberated eyes stayed on this side
Il a vu et pris conscience du visible
he saw and became aware of the visible
Il cherchait à être chez lui dans ce monde
he sought to be at home in this world
Il n'a pas cherché la véritable essence
he did not search for the true essence
Il ne visait pas un monde au-delà
he did not aim at a world beyond
Ce monde était assez beau pour lui
this world was beautiful enough for him
Le regarder comme ça rendait tout enfantin
looking at it like this made everything childlike
Belles étaient la lune et les étoiles
Beautiful were the moon and the stars
Beau était le ruisseau et les berges
beautiful was the stream and the banks
La forêt et les rochers, la chèvre et le scarabée doré
the forest and the rocks, the goat and the gold-beetle
la fleur et le papillon; Beau et charmant c'était

the flower and the butterfly; beautiful and lovely it was
Marcher à travers le monde était à nouveau enfantin
to walk through the world was childlike again
De cette façon, il a été réveillé
this way he was awoken
De cette façon, il était ouvert à ce qui est proche
this way he was open to what is near
De cette façon, il était sans méfiance
this way he was without distrust
Différemment le soleil brûlait la tête
differently the sun burnt the head
différemment, l'ombre de la forêt le refroidissait
differently the shade of the forest cooled him down
Différemment la citrouille et la banane goûtaient
differently the pumpkin and the banana tasted
Courts étaient les jours, courts étaient les nuits
Short were the days, short were the nights
Chaque heure s'éloignait rapidement comme une voile sur la mer
every hour sped swiftly away like a sail on the sea
et sous la voile se trouvait un navire plein de trésors, plein de joie
and under the sail was a ship full of treasures, full of joy
Siddhartha a vu un groupe de singes se déplacer à travers la haute canopée
Siddhartha saw a group of apes moving through the high canopy
Ils étaient hauts dans les branches des arbres
they were high in the branches of the trees
et il entendit leur chant sauvage et cupide
and he heard their savage, greedy song
Siddhartha a vu un mouton mâle suivre une femelle et s'accoupler avec elle
Siddhartha saw a male sheep following a female one and mating with her
Dans un lac de roseaux, il vit le brochet chasser avidement pour son dîner

In a lake of reeds, he saw the pike hungrily hunting for its dinner
les jeunes poissons se propulsaient loin du brochet
young fish were propelling themselves away from the pike
Ils avaient peur, se tortillaient et brillaient
they were scared, wiggling and sparkling
Les jeunes poissons ont sauté en masse hors de l'eau
the young fish jumped in droves out of the water
L'odeur de la force et de la passion sortait avec force de l'eau
the scent of strength and passion came forcefully out of the water
et le brochet a remué l'odeur
and the pike stirred up the scent
Tout cela avait toujours existé
All of this had always existed
et il ne l'avait pas vue, et il n'avait pas été avec elle
and he had not seen it, nor had he been with it
Maintenant, il était avec elle et il en faisait partie
Now he was with it and he was part of it
La lumière et l'ombre traversaient ses yeux
Light and shadow ran through his eyes
Les étoiles et la lune ont traversé son cœur
stars and moon ran through his heart

Siddhartha se souvenait de tout ce qu'il avait vécu dans le jardin Jetavana
Siddhartha remembered everything he had experienced in the Garden Jetavana
il se souvint de l'enseignement qu'il y avait entendu du divin Bouddha
he remembered the teaching he had heard there from the divine Buddha
il se souvint des adieux de Govinda
he remembered the farewell from Govinda
Il se souvint de la conversation avec le Très-Haut.
he remembered the conversation with the exalted one
Encore une fois, il se souvint de ses propres paroles qu'il

avait dites au Très-Haut.
Again he remembered his own words that he had spoken to the exalted one
Il se souvenait de chaque mot
he remembered every word
Il s'est rendu compte qu'il avait dit des choses qu'il ne savait pas vraiment
he realized he had said things which he had not really known
il s'étonna de ce qu'il avait dit à Gotama
he astonished himself with what he had said to Gotama
le trésor et le secret du Bouddha n'étaient pas les enseignements
the Buddha's treasure and secret was not the teachings
Mais le secret était l'inexprimable et non enseignable
but the secret was the inexpressable and not teachable
le secret qu'il avait expérimenté à l'heure de son illumination
the secret which he had experienced in the hour of his enlightenment
Le secret n'était rien d'autre que cette chose même qu'il était maintenant allé expérimenter
the secret was nothing but this very thing which he had now gone to experience
Le secret était ce qu'il commençait maintenant à expérimenter
the secret was what he now began to experience
Maintenant, il devait faire l'expérience de lui-même
Now he had to experience his self
il savait déjà depuis longtemps que son moi était Atman
he had already known for a long time that his self was Atman
il savait qu'Atman avait les mêmes caractéristiques éternelles que Brahman
he knew Atman bore the same eternal characteristics as Brahman
Mais il n'avait jamais vraiment trouvé ce moi
But he had never really found this self
parce qu'il avait voulu capturer le moi dans le filet de la

pensée
because he had wanted to capture the self in the net of thought
Mais le corps ne faisait pas partie du moi
but the body was not part of the self
Ce n'était pas le spectacle des sens
it was not the spectacle of the senses
Donc, ce n'était pas non plus la pensée, ni l'esprit rationnel
so it also was not the thought, nor the rational mind
Ce n'était pas la sagesse apprise, ni la capacité apprise
it was not the learned wisdom, nor the learned ability
De ces choses, aucune conclusion n'a pu être tirée
from these things no conclusions could be drawn
Non, le monde de la pensée était aussi encore de ce côté-ci
No, the world of thought was also still on this side
Les deux, les pensées ainsi que les sens, étaient de jolies choses
Both, the thoughts as well as the senses, were pretty things
Mais le sens ultime était caché derrière les deux
but the ultimate meaning was hidden behind both of them
Les deux devaient être écoutés et joués avec
both had to be listened to and played with
ni l'un ni l'autre ne devaient être méprisés ni surestimés
neither had to be scorned nor overestimated
Il y avait des voix secrètes de la vérité la plus intime
there were secret voices of the innermost truth
Ces voix devaient être perçues avec attention
these voices had to be attentively perceived
Il ne voulait aspirer à rien d'autre
He wanted to strive for nothing else
Il ferait ce que la voix lui ordonnait de faire
he would do what the voice commanded him to do
Il demeurait là où les voix le conseillaient
he would dwell where the voices adviced him to
Pourquoi Gotama s'était-il assis sous l'arbre de la Bodhi?
Why had Gotama sat down under the Bodhi tree?
Il avait entendu une voix dans son propre cœur
He had heard a voice in his own heart

une voix qui lui avait commandé de chercher le repos sous cet arbre
a voice which had commanded him to seek rest under this tree
Il aurait pu continuer à faire des offrandes
he could have gone on to make offerings
Il aurait pu faire ses ablutions
he could have performed his ablutions
Il aurait pu passer ce moment en prière
he could have spent that moment in prayer
il avait choisi de ne pas manger ni boire
he had choosen not to eat or drink
il avait choisi de ne pas dormir ou de ne pas rêver
he had chosen not to sleep or dream
Au lieu de cela, il avait obéi à la voix
instead, he had obeyed the voice
Obéir comme ça était bon
To obey like this was good
Il était bon de ne pas obéir à un ordre extérieur
it was good not to obey to an external command
Il était bon de n'obéir qu'à la voix
it was good to obey only the voice
Être prêt comme ça était bon et nécessaire
to be ready like this was good and necessary
il n'y avait rien d'autre qui était nécessaire
there was nothing else that was necessary

dans la nuit Siddhartha est arrivé à une rivière
in the night Siddhartha got to a river
Il a dormi dans la paillote d'un passeur
he slept in the straw hut of a ferryman
cette nuit, Siddhartha a fait un rêve
this night Siddhartha had a dream
Govinda se tenait devant lui
Govinda was standing in front of him
Il était vêtu de la robe jaune d'un ascète
he was dressed in the yellow robe of an ascetic
Triste était l'apparence de Govinda

Sad was how Govinda looked
tristement, il demanda : «Pourquoi m'as-tu abandonné?»
sadly he asked, "Why have you forsaken me?"
Siddhartha embrassa Govinda et enroula ses bras autour de lui.
Siddhartha embraced Govinda, and wrapped his arms around him
Il le tira près de sa poitrine et l'embrassa
he pulled him close to his chest and kissed him
mais ce n'était plus Govinda, mais une femme
but it was not Govinda anymore, but a woman
Un sein entier sortit de la robe de la femme
a full breast popped out of the woman's dress
Siddhartha gisait et buvait du sein
Siddhartha lay and drank from the breast
goûté doucement et fortement le lait de ce sein
sweetly and strongly tasted the milk from this breast
Il avait le goût de la femme et de l'homme
It tasted of woman and man
Il avait un goût de soleil et de forêt
it tasted of sun and forest
il avait un goût d'animal et de fleur
it tasted of animal and flower
il goûtait de tous les fruits et de tous les désirs joyeux
it tasted of every fruit and every joyful desire
Cela l'a intoxiqué et l'a rendu inconscient
It intoxicated him and rendered him unconscious
Siddhartha s'est réveillé du rêve
Siddhartha woke up from the dream
La rivière pâle scintillait à travers la porte de la cabane
the pale river shimmered through the door of the hut
Un appel sombre d'un hibou résonna profondément à travers la forêt
a dark call of an owl resounded deeply through the forest
Siddhartha a demandé au passeur de le faire traverser la rivière
Siddhartha asked the ferryman to get him across the river

Le passeur l'a fait traverser la rivière sur son radeau de bambou
The ferryman got him across the river on his bamboo-raft
L'eau scintillait rougeâtre à la lumière du matin
the water shimmered reddish in the light of the morning
«C'est une belle rivière», dit-il à son compagnon.
"This is a beautiful river," he said to his companion
--Oui, dit le passeur, c'est une très belle rivière.
"Yes," said the ferryman, "a very beautiful river"
«Je l'aime plus que tout»
"I love it more than anything"
«Souvent je l'ai écouté»
"Often I have listened to it"
«Je l'ai souvent regardé dans les yeux»
"often I have looked into its eyes"
«et j'en ai toujours tiré des leçons»
"and I have always learned from it"
«On peut apprendre beaucoup d'une rivière»
"Much can be learned from a river"
«Je te remercie, mon bienfaiteur» dit Siddhartha
"I thank you, my benefactor" spoke Siddhartha
Il débarque de l'autre côté de la rivière
he disembarked on the other side of the river
«Je n'ai aucun cadeau que je pourrais vous faire pour votre hospitalité, ma chérie»
"I have no gift I could give you for your hospitality, my dear"
«et je n'ai pas non plus de paiement pour votre travail»
"and I also have no payment for your work"
«Je suis un homme sans foyer»
"I am a man without a home"
«Je suis le fils d'un Brahman et d'un Samana»
"I am the son of a Brahman and a Samana"
«Je l'ai vu», dit le passeur.
"I did see it," spoke the ferryman
«Je ne m'attendais à aucun paiement de votre part»
"I did not expect any payment from you"
«C'est custim pour les invités de porter un cadeau»

"it is custim for guests to bear a gift"
«mais je ne m'attendais pas à cela de toi non plus»
"but I did not expect this from you either"
«Tu me donneras le cadeau une autre fois»
"You will give me the gift another time"
«Pensez-vous que oui?» demanda Siddhartha avec perplexité.
"Do you think so?" asked Siddhartha, bemusedly
--J'en suis sûr, répondit le passeur.
"I am sure of it," replied the ferryman
«Cela aussi, j'ai appris de la rivière»
"This too, I have learned from the river"
«Tout ce qui va revient!»
"everything that goes comes back!"
«Toi aussi, Samana, tu reviendras»
"You too, Samana, will come back"
«Maintenant, adieu! Que ton amitié soit ma récompense»
"Now farewell! Let your friendship be my reward"
«Commémorez-moi, quand vous faites des offrandes aux dieux»
"Commemorate me, when you make offerings to the gods"
Souriants, ils se séparèrent l'un de l'autre
Smiling, they parted from each other
Souriant, Siddhartha était heureux de l'amitié
Smiling, Siddhartha was happy about the friendship
et il était heureux de la gentillesse du passeur
and he was happy about the kindness of the ferryman
«Il est comme Govinda», pensa-t-il avec un sourire
"He is like Govinda," he thought with a smile
«tout ce que je rencontre sur mon chemin est comme Govinda»
"all I meet on my path are like Govinda"
«Tous sont reconnaissants pour ce qu'ils ont»
"All are thankful for what they have"
«Mais ce sont eux qui auraient le droit de recevoir des remerciements»
"but they are the ones who would have a right to receive

thanks"
«Tous sont soumis et aimeraient être amis»
"all are submissive and would like to be friends"
«Tous aiment obéir et penser peu»
"all like to obey and think little"
«Tout le monde est comme des enfants»
"all people are like children"

Vers midi, il traversa un village
At about noon, he came through a village
Devant les chalets de boue, des enfants se roulaient dans la rue
In front of the mud cottages, children were rolling about in the street
Ils jouaient avec des graines de citrouille et des coquillages
they were playing with pumpkin-seeds and sea-shells
Ils ont crié et se sont battus les uns contre les autres
they screamed and wrestled with each other
mais ils s'enfuirent tous timidement de l'inconnu Samana
but they all timidly fled from the unknown Samana
Au bout du village, le chemin traversait un ruisseau
In the end of the village, the path led through a stream
Au bord du ruisseau, une jeune femme était agenouillée
by the side of the stream, a young woman was kneeling
Elle lavait des vêtements dans le ruisseau
she was washing clothes in the stream
Quand Siddhartha la salua, elle leva la tête
When Siddhartha greeted her, she lifted her head
et elle le regarda avec un sourire
and she looked up to him with a smile
Il pouvait voir le blanc dans ses yeux scintillants
he could see the white in her eyes glistening
Il lui a demandé une bénédiction
He called out a blessing to her
C'était la coutume chez les voyageurs
this was the custom among travellers
Et il a demandé à quelle distance il était de la grande ville

and he asked how far it was to the large city
Puis elle se leva et vint vers lui
Then she got up and came to him
magnifiquement sa bouche humide scintillait dans son jeune visage
beautifully her wet mouth was shimmering in her young face
Elle a échangé des plaisanteries humoristiques avec lui
She exchanged humorous banter with him
Elle lui demanda s'il avait déjà mangé
she asked whether he had eaten already
et elle a posé des questions curieuses
and she asked curious questions
«Est-il vrai que les Samanas dormaient seuls dans la forêt la nuit?»
"is it true that the Samanas slept alone in the forest at night?"
«Est-il vrai que les Samanas ne sont pas autorisés à avoir des femmes avec eux»
"is it true Samanas are not allowed to have women with them"
Tout en parlant, elle posa son pied gauche sur son pied droit
While talking, she put her left foot on his right one
le mouvement d'une femme qui voudrait initier le plaisir sexuel
the movement of a woman who would want to initiate sexual pleasure
Les manuels appellent cela «grimper à un arbre»
the textbooks call this "climbing a tree"
Siddhartha sentit son sang se réchauffer
Siddhartha felt his blood heating up
Il devait repenser à son rêve
he had to think of his dream again
Il se pencha légèrement vers la femme
he bend slightly down to the woman
et il embrassa de ses lèvres le mamelon brun de sa poitrine
and he kissed with his lips the brown nipple of her breast
Levant les yeux, il vit son visage souriant
Looking up, he saw her face smiling
et ses yeux étaient pleins de luxure

and her eyes were full of lust
Siddhartha ressentait aussi du désir pour elle
Siddhartha also felt desire for her
Il sentait la source de sa sexualité bouger
he felt the source of his sexuality moving
mais il n'avait jamais touché une femme auparavant
but he had never touched a woman before
Alors il hésita un instant
so he hesitated for a moment
Ses mains étaient déjà prêtes à tendre la main vers elle
his hands were already prepared to reach out for her
Mais alors il entendit la voix de son moi le plus intime
but then he heard the voice of his innermost self
Il frissonna de crainte à sa voix
he shuddered with awe at his voice
Et cette voix lui a dit non
and this voice told him no
Tous les charmes disparurent du visage souriant de la jeune femme
all charms disappeared from the young woman's smiling face
Il ne voyait plus rien d'autre qu'un regard humide
he no longer saw anything else but a damp glance
Tout ce qu'il pouvait voir, c'était une femelle en chaleur
all he could see was female animal in heat
Poliment, il lui caressa la joue
Politely, he petted her cheek
Il se détourna d'elle et disparut
he turned away from her and disappeared away
Il est parti de la femme déçue à pas légers
he left from the disappointed woman with light steps
et il disparut dans le bois de bambou
and he disappeared into the bamboo-wood

Il atteignit la grande ville avant le soir
he reached the large city before the evening
et il était heureux d'avoir atteint la ville
and he was happy to have reached the city

parce qu'il ressentait le besoin d'être parmi les gens
because he felt the need to be among people
ou longtemps, il avait vécu dans les forêts
or a long time, he had lived in the forests
Pour la première fois depuis longtemps, il dormait sous un toit
for first time in a long time he slept under a roof
Avant la ville était un jardin magnifiquement clôturé
Before the city was a beautifully fenced garden
Le voyageur rencontra un petit groupe de domestiques
the traveller came across a small group of servants
Les serviteurs portaient des paniers de fruits
the servants were carrying baskets of fruit
quatre domestiques portaient une chaise de berline ornementale
four servants were carrying an ornamental sedan-chair
Sur cette chaise était assise une femme, la maîtresse
on this chair sat a woman, the mistress
Elle était sur des oreillers rouges sous un auvent coloré
she was on red pillows under a colourful canopy
Siddhartha s'arrêta à l'entrée du jardin d'agrément
Siddhartha stopped at the entrance to the pleasure-garden
Et il a regardé le défilé passer
and he watched the parade go by
il a vu les domestiques et les servantes
he saw saw the servants and the maids
Il a vu les paniers et la chaise berline
he saw the baskets and the sedan-chair
et il vit la dame sur la chaise
and he saw the lady on the chair
Sous ses cheveux noirs, il vit un visage très délicat
Under her black hair he saw a very delicate face
une bouche rouge vif, comme une figue fraîchement fichue
a bright red mouth, like a freshly cracked fig
sourcils bien entretenus et peints dans une haute arche
eyebrows which were well tended and painted in a high arch
Ils étaient intelligents et vigilants yeux sombres

they were smart and watchful dark eyes
un cou clair et haut s'élevait d'un vêtement vert et doré
a clear, tall neck rose from a green and golden garment
Ses mains reposaient, longues et fines
her hands were resting, long and thin
Elle avait de larges bracelets dorés sur ses poignets
she had wide golden bracelets over her wrists
Siddhartha vit à quel point elle était belle, et son cœur se réjouissait
Siddhartha saw how beautiful she was, and his heart rejoiced
Il s'inclina profondément, quand la chaise de berline s'approcha
He bowed deeply, when the sedan-chair came closer
Se redressant à nouveau, il regarda le beau visage charmant
straightening up again, he looked at the fair, charming face
Il a lu ses yeux intelligents avec les arcs élevés
he read her smart eyes with the high arcs
Il respira un parfum de quelque chose qu'il ne connaissait pas
he breathed in a fragrance of something he did not know
Avec un sourire, la belle femme hocha la tête un instant
With a smile, the beautiful woman nodded for a moment
Puis elle a disparu dans le jardin
then she disappeared into the garden
Et puis les serviteurs ont disparu aussi
and then the servants disappeared as well
«J'entre dans cette ville avec un charmant présage» pensa Siddhartha
"I am entering this city with a charming omen" Siddhartha thought
Il s'est immédiatement senti attiré dans le jardin
He instantly felt drawn into the garden
Mais il a réfléchi à sa situation
but he thought about his situation
Il prit conscience de la façon dont les domestiques et les servantes l'avaient regardé
he became aware of how the servants and maids had looked at

him
Ils le trouvaient méprisable, méfiant et le rejetaient.
they thought him despicable, distrustful, and rejected him
«Je suis toujours un Samana» pensa-t-il
"I am still a Samana" he thought
«Je suis toujours un ascète et un mendiant»
"I am still an ascetic and beggar"
«Je ne dois pas rester comme ça»
"I must not remain like this"
«Je ne pourrai pas entrer dans le jardin comme ça», dit-il en riant.
"I will not be able to enter the garden like this," he laughed
Il a demandé à la personne suivante qui est venue le long du chemin du jardin
he asked the next person who came along the path of the garden
et il a demandé le nom de la femme
and he asked for the name of the woman
on lui a dit que c'était le jardin de Kamala, la célèbre courtisane
he was told that this was the garden of Kamala, the famous courtesan
et on lui a dit qu'elle possédait également une maison dans la ville
and he was told that she also owned a house in the city
Puis, il est entré dans la ville avec un but
Then, he entered the city with a goal
Poursuivant son objectif, il a permis à la ville de l'aspirer
Pursuing his goal, he allowed the city to suck him in
Il a dérivé dans le flux des rues
he drifted through the flow of the streets
Il resta immobile sur les places de la ville
he stood still on the squares in the city
Il se reposait sur les escaliers de pierre au bord de la rivière
he rested on the stairs of stone by the river
Le soir venu, il se lie d'amitié avec l'assistant d'un barbier
When the evening came, he made friends with a barber's

- 101 -

assistant
Il l'avait vu travailler à l'ombre d'une arche
he had seen him working in the shade of an arch
et il le retrouva en train de prier dans un temple de Vishnu
and he found him again praying in a temple of Vishnu
il a raconté des histoires de Vishnu et du Lakshmi
he told about stories of Vishnu and the Lakshmi
Parmi les bateaux au bord du fleuve, il a dormi cette nuit
Among the boats by the river, he slept this night
Siddhartha est venu à lui avant que les premiers clients n'entrent dans sa boutique
Siddhartha came to him before the first customers came into his shop
Il a demandé à l'assistant du barbier de se raser la barbe et de lui couper les cheveux
he had the barber's assistant shave his beard and cut his hair
Il peigna ses cheveux et les oignit d'huile fine
he combed his hair and anointed it with fine oil
Puis il est allé prendre son bain dans la rivière
Then he went to take his bath in the river

en fin d'après-midi, la belle Kamala s'est approchée de son jardin
late in the afternoon, beautiful Kamala approached her garden
Siddhartha se tenait à nouveau à l'entrée
Siddhartha was standing at the entrance again
Il fit un salut et reçut le salut de la courtisane
he made a bow and received the courtesan's greeting
Il a attiré l'attention de l'un des serviteurs
he got the attention of one of the servant
Il lui a demandé d'informer sa maîtresse
he asked him to inform his mistress
«un jeune Brahman souhaite lui parler»
"a young Brahman wishes to talk to her"
Au bout d'un moment, le serviteur revint
After a while, the servant returned
le serviteur demanda à Siddhartha de le suivre

the servant asked Siddhartha to follow him
Siddhartha suivit le serviteur dans un pavillon
Siddhartha followed the servant into a pavilion
ici Kamala était allongée sur un canapé
here Kamala was lying on a couch
et le serviteur le laissa seul avec elle
and the servant left him alone with her
«N'étais-tu pas aussi debout là-bas hier, me saluant?» demanda Kamala
"Weren't you also standing out there yesterday, greeting me?" asked Kamala
«C'est vrai que je vous ai déjà vu et salué hier»
"It's true that I've already seen and greeted you yesterday"
«Mais n'avez-vous pas porté hier une barbe et des cheveux longs?»
"But didn't you yesterday wear a beard, and long hair?"
«Et n'y avait-il pas de la poussière dans vos cheveux?»
"and was there not dust in your hair?"
«Vous avez bien observé, vous avez tout vu»
"You have observed well, you have seen everything"
«Vous avez vu Siddhartha, le fils d'un Brahman»
"You have seen Siddhartha, the son of a Brahman"
«le Brahman qui a quitté sa maison pour devenir un Samana»
"the Brahman who has left his home to become a Samana"
«le Brahman qui est un Samana depuis trois ans»
"the Brahman who has been a Samana for three years"
«Mais maintenant, j'ai quitté ce chemin et je suis entré dans cette ville»
"But now, I have left that path and came into this city"
«Et le premier que j'ai rencontré, avant même d'être entré dans la ville, c'était toi»
"and the first one I met, even before I had entered the city, was you"
«Pour dire cela, je suis venu à toi, oh Kamala!»
"To say this, I have come to you, oh Kamala!"
«Avant, Siddhartha s'adressait à toutes les femmes les yeux

au sol»
"before, Siddhartha addressed all woman with his eyes to the ground"
«Tu es la première femme à qui je m'adresse autrement»
"You are the first woman whom I address otherwise"
«Plus jamais je ne veux tourner les yeux vers le sol»
"Never again do I want to turn my eyes to the ground"
«Je ne me retournerai pas quand je rencontrerai une belle femme»
"I won't turn when I'm coming across a beautiful woman"
Kamala sourit et joua avec son éventail de plumes de paons
Kamala smiled and played with her fan of peacocks' feathers
«Et seulement pour me dire cela, Siddhartha est venu à moi?»
"And only to tell me this, Siddhartha has come to me?"
«Pour te dire cela et te remercier d'être si belle»
"To tell you this and to thank you for being so beautiful"
«Je voudrais te demander d'être mon ami et mon professeur»
"I would like to ask you to be my friend and teacher"
«car je ne sais encore rien de cet art que tu as maîtrisé»
"for I know nothing yet of that art which you have mastered"
À cela, Kamala a ri à haute voix
At this, Kamala laughed aloud
«Jamais auparavant cela ne m'est arrivé, mon ami»
"Never before this has happened to me, my friend"
«un Samana de la forêt est venu me voir et a voulu apprendre de moi!»
"a Samana from the forest came to me and wanted to learn from me!"
«Jamais auparavant cela ne m'est arrivé»
"Never before this has happened to me"
«Un Samana est venu à moi avec de longs cheveux et un vieux pagne déchiré!»
"a Samana came to me with long hair and an old, torn loincloth!"
«Beaucoup de jeunes gens viennent à moi»
"Many young men come to me"

«et il y a aussi des fils de brahmanes parmi eux»
"and there are also sons of Brahmans among them"
«Mais ils viennent dans de beaux vêtements»
"but they come in beautiful clothes"
«Ils viennent dans de belles chaussures»
"they come in fine shoes"
«Ils ont du parfum dans les cheveux
"they have perfume in their hair
«Et ils ont de l'argent dans leurs poches»
"and they have money in their pouches"
«C'est comme ça que sont les jeunes gens, qui viennent à moi»
"This is how the young men are like, who come to me"
Siddhartha a dit : «Je commence déjà à apprendre de toi»
Spoke Siddhartha, "Already I am starting to learn from you"
«Hier encore, j'apprenais déjà»
"Even yesterday, I was already learning"
«J'ai déjà enlevé ma barbe»
"I have already taken off my beard"
«J'ai peigné les cheveux»
"I have combed the hair"
«et j'ai de l'huile dans les cheveux»
"and I have oil in my hair"
«Il y a peu de choses qui me manquent»
"There is little which is still missing in me"
«Oh excellent, beaux vêtements, belles chaussures, argent dans ma pochette»
"oh excellent one, fine clothes, fine shoes, money in my pouch"
«Vous saurez que Siddhartha s'est fixé des objectifs plus difficiles»
"You shall know Siddhartha has set harder goals for himself"
«Et il a atteint ces objectifs»
"and he has reached these goals"
«Comment ne devrais-je pas atteindre cet objectif ?»
"How shouldn't I reach that goal?"
«l'objectif que je me suis fixé hier»
"the goal which I have set for myself yesterday"

«Être ton ami et apprendre de toi les joies de l'amour»
"to be your friend and to learn the joys of love from you"
«Tu verras que j'apprendrai vite, Kamala»
"You'll see that I'll learn quickly, Kamala"
«J'ai déjà appris des choses plus difficiles que ce que tu es censé m'apprendre»
"I have already learned harder things than what you're supposed to teach me"
«Et maintenant, allons-y»
"And now let's get to it"
«Vous n'êtes pas satisfait de Siddhartha tel qu'il est?»
"You aren't satisfied with Siddhartha as he is?"
«avec de l'huile dans les cheveux, mais sans vêtements»
"with oil in his hair, but without clothes"
«Siddhartha sans chaussures, sans argent»
"Siddhartha without shoes, without money"
En riant, Kamala s'est exclamée: «Non, ma chérie»
Laughing, Kamala exclaimed, "No, my dear"
«Il ne me satisfait pas encore»
"he doesn't satisfy me, yet"
«Les vêtements sont ce qu'il doit avoir»
"Clothes are what he must have"
«De jolis vêtements et des chaussures, c'est ce dont il a besoin»
"pretty clothes, and shoes is what he needs"
«De jolies chaussures, et beaucoup d'argent dans sa poche»
"pretty shoes, and lots of money in his pouch"
«et il doit avoir des cadeaux pour Kamala»
"and he must have gifts for Kamala"
«Le sais-tu maintenant, Samana de la forêt?»
"Do you know it now, Samana from the forest?"
«Avez-vous marqué mes mots?»
"Did you mark my words?"
«Oui, j'ai marqué vos paroles», s'exclama Siddhartha.
"Yes, I have marked your words," Siddhartha exclaimed
«Comment ne pas marquer les mots qui sortent d'une telle bouche!»

"How should I not mark words which are coming from such a mouth!"
«Ta bouche est comme une figue fraîchement fissurée, Kamala»
"Your mouth is like a freshly cracked fig, Kamala"
«Ma bouche est rouge et fraîche aussi»
"My mouth is red and fresh as well"
«Ce sera un match approprié pour le vôtre, vous verrez»
"it will be a suitable match for yours, you'll see"
«Mais dis-moi, belle Kamala»
"But tell me, beautiful Kamala"
«N'as-tu pas du tout peur du Samana de la forêt"»
"aren't you at all afraid of the Samana from the forest""
«le Samana qui est venu apprendre à faire l'amour»
"the Samana who has come to learn how to make love"
«Pourquoi devrais-je avoir peur d'un Samana?»
"Whatever for should I be afraid of a Samana?"
«un stupide Samana de la forêt»
"a stupid Samana from the forest"
«un Samana qui vient des chacals»
"a Samana who is coming from the jackals"
«un Samana qui ne sait même pas encore ce que sont les femmes?»
"a Samana who doesn't even know yet what women are?"
«Oh, il est fort, le Samana»
"Oh, he's strong, the Samana"
«Et il n'a peur de rien»
"and he isn't afraid of anything"
«Il pourrait te forcer, belle fille»
"He could force you, beautiful girl"
«Il pourrait vous kidnapper et vous blesser»
"He could kidnap you and hurt you"
«Non, Samana, je n'ai pas peur de ça»
"No, Samana, I am not afraid of this"
«Est-ce qu'un Samana ou un Brahman a jamais craint que quelqu'un vienne l'attraper?»
"Did any Samana or Brahman ever fear someone might come

and grab him?"
«Pouvait-il craindre que quelqu'un lui vole son apprentissage?»
"could he fear someone steals his learning?
«Quelqu'un pourrait-il prendre sa dévotion religieuse»
"could anyone take his religious devotion"
«Est-il possible de prendre sa profondeur de pensée?»
"is it possible to take his depth of thought?
«Non, parce que ces choses sont les siennes»
"No, because these things are his very own"
«Il ne donnerait que les connaissances qu'il est prêt à donner»
"he would only give away the knowledge he is willing to give"
«Il ne donnerait qu'à ceux à qui il est prêt à donner»
"he would only give to those he is willing to give to"
«précisément comme ça, c'est aussi avec Kamala»
"precisely like this it is also with Kamala"
«Et il en est de même avec les plaisirs de l'amour»
"and it is the same way with the pleasures of love"
«Belle et rouge est la bouche de Kamala,» répondit Siddhartha
"Beautiful and red is Kamala's mouth," answered Siddhartha
«mais n'essayez pas de l'embrasser contre la volonté de Kamala»
"but don't try to kiss it against Kamala's will"
«Parce que vous n'en obtiendrez pas une seule goutte de douceur»
"because you will not obtain a single drop of sweetness from it"
«Tu apprends facilement, Siddhartha»
"You are learning easily, Siddhartha"
«Vous devriez aussi apprendre ceci»
"you should also learn this"
«L'amour peut être obtenu en mendiant, en achetant»
"love can be obtained by begging, buying"
«Vous pouvez le recevoir en cadeau»
"you can receive it as a gift"

«ou vous pouvez le trouver dans la rue»
"or you can find it in the street"
«Mais l'amour ne peut pas être volé»
"but love cannot be stolen"
«En cela, vous avez trouvé le mauvais chemin»
"In this, you have come up with the wrong path"
«Ce serait dommage si vous vouliez aborder l'amour d'une manière aussi mauvaise»
"it would be a pity if you would want to tackle love in such a wrong manner"
Siddhartha s'inclina avec un sourire
Siddhartha bowed with a smile
«Ce serait dommage, Kamala, tu as tellement raison»
"It would be a pity, Kamala, you are so right"
«Ce serait tellement dommage»
"It would be such a great pity"
«Non, je ne perdrai pas une seule goutte de douceur de ta bouche»
"No, I shall not lose a single drop of sweetness from your mouth"
«Tu ne perdras pas non plus la douceur de ma bouche»
"nor shall you lose sweetness from my mouth"
«Donc, c'est convenu. Siddhartha reviendra»
"So it is agreed. Siddhartha will return"
«Siddhartha reviendra une fois qu'il aura ce qui lui manque encore»
"Siddhartha will return once he has what he still lacks"
«Il reviendra avec des vêtements, des chaussures et de l'argent»
"he will come back with clothes, shoes, and money"
«Mais parle, belle Kamala, ne pourrais-tu pas encore me donner un petit conseil?»
"But speak, lovely Kamala, couldn't you still give me one small advice?"
«Vous donner un conseil? Pourquoi pas?
"Give you an advice? Why not?"
«Qui n'aimerait pas donner des conseils à une pauvre et

ignorante Samana?»
"Who wouldn't like to give advice to a poor, ignorant Samana?"
«Chère Kamala, où devrais-je aller pour trouver ces trois choses le plus rapidement?»
"Dear Kamala, where I should go to find these three things most quickly?"
«Ami, beaucoup aimeraient savoir ceci»
"Friend, many would like to know this"
«Vous devez faire ce que vous avez appris et demander de l'argent»
"You must do what you've learned and ask for money"
«Il n'y a pas d'autre moyen pour un pauvre d'obtenir de l'argent»
"There is no other way for a poor man to obtain money"
«Que pourriez-vous être capable de faire?»
"What might you be able to do?"
«Je peux penser. Je peux attendre. Je peux jeûner», a déclaré Siddhartha
"I can think. I can wait. I can fast" said Siddhartha
«Rien d'autre?» demanda Kamala
"Nothing else?" asked Kamala
«Oui, je peux aussi écrire de la poésie»
"yes, I can also write poetry"
«Voulez-vous me donner un baiser pour un poème?»
"Would you like to give me a kiss for a poem?"
«Je voudrais, si j'aime ton poème»
"I would like to, if I like your poem"
«Quel serait son titre?»
"What would be its title?"
Siddhartha parla, après y avoir réfléchi un moment
Siddhartha spoke, after he had thought about it for a moment
«Dans son jardin ombragé est entrée la jolie Kamala»
"Into her shady garden stepped the pretty Kamala"
«A l'entrée du jardin se tenait le Samana brun»
"At the garden's entrance stood the brown Samana"
«Profondément, voyant la fleur du lotus, inclina cet homme»

"Deeply, seeing the lotus's blossom, Bowed that man"
« et souriant, Kamala l'a remercié »
"and smiling, Kamala thanked him"
« Plus beau, pensa le jeune homme, que les offrandes pour les dieux »
"More lovely, thought the young man, than offerings for gods"
Kamala frappa des mains si fort que les bracelets en or claquèrent
Kamala clapped her hands so loud that the golden bracelets clanged
« Beaux sont tes vers, ô marron Samana »
"Beautiful are your verses, oh brown Samana"
« Et vraiment, je ne perds rien quand je te donne un baiser pour eux »
"and truly, I'm losing nothing when I'm giving you a kiss for them"
Elle lui fit signe des yeux
She beckoned him with her eyes
Il inclina la tête pour que son visage touche le sien
he tilted his head so that his face touched hers
et il posa sa bouche sur sa bouche
and he placed his mouth on her mouth
la bouche qui était comme une figue fraîchement fissurée
the mouth which was like a freshly cracked fig
Pendant longtemps, Kamala l'embrassa
For a long time, Kamala kissed him
et avec un profond étonnement, Siddhartha sentit comment elle lui enseignait
and with a deep astonishment Siddhartha felt how she taught him
Il sentait à quel point elle était sage
he felt how wise she was
Il sentait comment elle le contrôlait
he felt how she controlled him
Il sentait comment elle le rejetait
he felt how she rejected him
Il sentait comment elle l'attirait

he felt how she lured him
Et il sentit comment il devait y avoir plus de baisers
and he felt how there were to be more kisses
Chaque baiser était différent des autres
every kiss was different from the others
Il était immobile, quand il a reçu les baisers
he was still when he received the kisses
Respirant profondément, il resta debout là où il était
Breathing deeply, he remained standing where he was
Il était étonné comme un enfant des choses qui valaient la peine d'être apprises
he was astonished like a child about the things worth learning
La connaissance s'est révélée sous ses yeux
the knowledge revealed itself before his eyes
«Très beaux sont vos vers» s'exclama Kamala
"Very beautiful are your verses" exclaimed Kamala
«Si j'étais riche, je vous donnerais des pièces d'or pour eux»
"if I were rich, I would give you pieces of gold for them"
«Mais il vous sera difficile de gagner assez d'argent avec des versets»
"But it will be difficult for you to earn enough money with verses"
«Parce que tu as besoin de beaucoup d'argent, si tu veux être l'ami de Kamala»
"because you need a lot of money, if you want to be Kamala's friend"
«La façon dont tu peux embrasser, Kamala !» balbutia Siddhartha
"The way you're able to kiss, Kamala!" stammered Siddhartha
«Oui, je suis capable de le faire»
"Yes, this I am able to do"
«donc je ne manque pas de vêtements, de chaussures, de bracelets»
"therefore I do not lack clothes, shoes, bracelets"
«J'ai toutes les belles choses»
"I have all the beautiful things"
«Mais qu'adviendra-t-il de vous?»

"But what will become of you?"
«N'êtes-vous pas capable de faire autre chose?»
"Aren't you able to do anything else?"
«Pouvez-vous faire plus que penser, jeûner et faire de la poésie?»
"can you do mroe than think, fast, and make poetry?"
«Je connais aussi les chants sacrificiels», dit Siddhartha
"I also know the sacrificial songs" said Siddhartha
«mais je ne veux plus chanter ces chansons»
"but I do not want to sing those songs any more"
«Je sais aussi comment faire des sorts magiques»
"I also know how to make magic spells"
«mais je ne veux plus les parler»
"but I do not want to speak them any more"
«J'ai lu les Écritures»
"I have read the scriptures"
«Arrêtez!» Kamala l'interrompit
"Stop!" Kamala interrupted him
«Vous êtes capable de lire et d'écrire?»
"You're able to read and write?"
«Certainement, je peux le faire, beaucoup de gens le peuvent»
"Certainly, I can do this, many people can"
«La plupart des gens ne le peuvent pas», a répondu Kamala.
"Most people can't," Kamala replied
«Je suis aussi de ceux qui ne peuvent pas le faire»
"I am also one of those who can't do it"
«C'est très bien que vous sachiez lire et écrire»
"It is very good that you're able to read and write"
«Vous trouverez également une utilisation pour les sorts magiques»
"you will also find use for the magic spells"
À ce moment, une femme de chambre est entrée en courant
In this moment, a maid came running in
Elle murmura un message à l'oreille de sa maîtresse
she whispered a message into her mistress's ear
«Il y a un visiteur pour moi» s'exclame Kamala

"There's a visitor for me" exclaimed Kamala
«Dépêche-toi et va-t'en, Siddhartha»
"Hurry and get yourself away, Siddhartha"
«Personne ne peut vous voir ici, souvenez-vous de ça!»
"nobody may see you in here, remember this!"
«Demain, je te reverrai»
"Tomorrow, I'll see you again"
Kamala ordonna à sa femme de chambre de donner des vêtements blancs à Siddhartha
Kamala ordered her maid to give Siddhartha white garments
puis Siddhartha s'est retrouvé traîné par la femme de chambre
and then Siddhartha found himself being dragged away by the maid
il a été amené dans une maison de jardin hors de vue de tout chemin
he was brought into a garden-house out of sight of any paths
Puis il a été conduit dans les buissons du jardin
then he was led into the bushes of the garden
On l'a exhorté à sortir du jardin dès que possible
he was urged to get himself out of the garden as soon as possible
et on lui a dit qu'il ne devait pas être vu
and he was told he must not be seen
Il a fait ce qu'on lui avait dit
he did as he had been told
Il était habitué à la forêt
he was accustomed to the forest
Il a donc réussi à sortir sans faire de bruit
so he managed to get out without making a sound

Il est retourné à la ville avec les vêtements enroulés sous le bras.
he returned to the city carrying the rolled up garments under his arm
À l'auberge, où séjournent les voyageurs, il se positionne près de la porte

At the inn, where travellers stay, he positioned himself by the door
Sans mots, il a demandé de la nourriture
without words he asked for food
Sans un mot, il accepta un morceau de gâteau de riz
without a word he accepted a piece of rice-cake
Il réfléchit à la façon dont il avait toujours supplié
he thought about how he had always begged
«Peut-être que dès demain, je ne demanderai plus de nourriture à personne»
"Perhaps as soon as tomorrow I will ask no one for food any more"
Soudain, l'orgueil s'est enflammé en lui
Suddenly, pride flared up in him
Il n'était plus Samana
He was no Samana any more
Il n'était plus approprié pour lui de mendier de la nourriture
it was no longer appropriate for him to beg for food
Il a donné le gâteau de riz à un chien
he gave the rice-cake to a dog
et cette nuit-là, il resta sans nourriture
and that night he remained without food
Siddhartha pensa à la ville
Siddhartha thought to himself about the city
«Simple est la vie que les gens mènent dans ce monde»
"Simple is the life which people lead in this world"
«Cette vie ne présente aucune difficulté»
"this life presents no difficulties"
«Tout était difficile et pénible quand j'étais Samana»
"Everything was difficult and toilsome when I was a Samana"
«En tant que Samana, tout était sans espoir»
"as a Samana everything was hopeless"
«Mais maintenant tout est facile»
"but now everything is easy"
«c'est facile comme la leçon de baiser de Kamala»
"it is easy like the lesson in kissing from Kamala"
«J'ai besoin de vêtements et d'argent, rien d'autre»

"I need clothes and money, nothing else"
«Ces objectifs sont petits et réalisables»
"these goals are small and achievable"
«De tels objectifs ne feront pas perdre le sommeil à une personne»
"such goals won't make a person lose any sleep"

le lendemain, il retourna chez Kamala
the next day he returned to Kamala's house
«Les choses se passent bien», lui a-t-elle crié.
"Things are working out well" she called out to him
«Ils vous attendent chez Kamaswami»
"They are expecting you at Kamaswami's"
«C'est le marchand le plus riche de la ville»
"he is the richest merchant of the city"
«S'il vous aime, il vous acceptera à son service»
"If he likes you, he'll accept you into his service"
«mais tu dois être intelligente, Samana brune»
"but you must be smart, brown Samana"
«D'autres lui ont parlé de toi»
"I had others tell him about you"
«Soyez poli envers lui, il est très puissant»
"Be polite towards him, he is very powerful"
«Mais je vous préviens, ne soyez pas trop modeste!»
"But I warn you, don't be too modest!"
«Je ne veux pas que tu deviennes son serviteur»
"I do not want you to become his servant"
«Tu deviendras son égal»
"you shall become his equal"
«sinon je ne serai pas satisfait de toi»
"or else I won't be satisfied with you"
«Kamaswami commence à vieillir et à devenir paresseux»
"Kamaswami is starting to get old and lazy"
«S'il vous aime, il vous confiera beaucoup»
"If he likes you, he'll entrust you with a lot"
Siddhartha la remercia et rit
Siddhartha thanked her and laughed

Elle a découvert qu'il n'avait pas mangé
she found out that he had not eaten
Alors elle lui a envoyé du pain et des fruits
so she sent him bread and fruits
«Vous avez eu de la chance», a-t-elle dit quand ils se sont séparés.
"You've been lucky" she said when they parted
«Je t'ouvre une porte après l'autre»
"I'm opening one door after another for you"
«Comment se fait-il? Avez-vous un sort?»
"How come? Do you have a spell?"
«Je t'ai dit que je savais penser, attendre et jeûner»
"I told you I knew how to think, to wait, and to fast"
«Mais vous pensiez que cela ne servait à rien»
"but you thought this was of no use"
«Mais c'est utile pour beaucoup de choses»
"But it is useful for many things"
«Kamala, tu verras que les stupides Samanas sont bons à apprendre»
"Kamala, you'll see that the stupid Samanas are good at learning"
«Vous verrez qu'ils sont capables de faire beaucoup de jolies choses dans la forêt»
"you'll see they are able to do many pretty things in the forest"
«Des choses dont les gens comme vous ne sont pas capables»
"things which the likes of you aren't capable of"
«Avant-hier, j'étais encore un mendiant hirsute»
"The day before yesterday, I was still a shaggy beggar"
«pas plus tard qu'hier, j'ai embrassé Kamala»
"as recently as yesterday I have kissed Kamala"
«Et bientôt je serai marchand et j'aurai de l'argent»
"and soon I'll be a merchant and have money"
«et j'aurai toutes ces choses sur lesquelles vous insistez»
"and I'll have all those things you insist upon"
«Eh bien oui», a-t-elle admis, «mais où seriez-vous sans moi?»
"Well yes," she admitted, "but where would you be without

me?"

«Que seriez-vous, si Kamala ne vous aidait pas?»
"What would you be, if Kamala wasn't helping you?"

«Chère Kamala» dit Siddhartha
"Dear Kamala" said Siddhartha

et il se redressa jusqu'à sa pleine hauteur
and he straightened up to his full height

«Quand je suis venu à toi dans ton jardin, j'ai fait le premier pas»
"when I came to you into your garden, I did the first step"

«C'était ma résolution d'apprendre l'amour de cette très belle femme»
"It was my resolution to learn love from this most beautiful woman"

«Ce moment-là, j'avais pris cette résolution»
"that moment I had made this resolution"

«et je savais que je l'exécuterais»
"and I knew I would carry it out"

«Je savais que tu m'aiderais»
"I knew that you would help me"

«au premier coup d'œil à l'entrée du jardin, je le savais déjà»
"at your first glance at the entrance of the garden I already knew it"

«Mais si je n'avais pas voulu?» demanda Kamala.
"But what if I hadn't been willing?" asked Kamala

«Tu étais disposé» répondit Siddhartha
"You were willing" replied Siddhartha

«Quand vous jetez une pierre dans l'eau, elle prend le parcours le plus rapide vers le fond»
"When you throw a rock into water, it takes the fastest course to the bottom"

«C'est comme ça quand Siddhartha a un but»
"This is how it is when Siddhartha has a goal"

«Siddhartha ne fait rien ; il attend, il pense, il jeûne»
"Siddhartha does nothing; he waits, he thinks, he fasts"

«Mais il traverse les choses du monde comme un rocher dans l'eau»

"but he passes through the things of the world like a rock through water"
«Il est passé dans l'eau sans rien faire»
"he passed through the water without doing anything"
«Il est attiré au fond de l'eau»
"he is drawn to the bottom of the water"
«Il se laisse tomber au fond de l'eau»
"he lets himself fall to the bottom of the water"
«Son but l'attire vers elle»
"His goal attracts him towards it"
«Il ne laisse rien entrer dans son âme qui pourrait s'opposer au but»
"he doesn't let anything enter his soul which might oppose the goal"
«C'est ce que Siddhartha a appris parmi les Samanas»
"This is what Siddhartha has learned among the Samanas"
«C'est ce que les imbéciles appellent la magie»
"This is what fools call magic"
«Ils pensent que c'est fait par des démons»
"they think it is done by daemons"
«Mais rien n'est fait par les démons»
"but nothing is done by daemons"
«Il n'y a pas de démons dans ce monde»
"there are no daemons in this world"
«Tout le monde peut faire de la magie, s'il le souhaite»
"Everyone can perform magic, should they choose to"
«Chacun peut atteindre ses objectifs s'il est capable de penser»
"everyone can reach his goals if he is able to think"
«Chacun peut atteindre ses objectifs s'il est capable d'attendre»
"everyone can reach his goals if he is able to wait"
«Tout le monde peut atteindre ses objectifs s'il est capable de jeûner»
"everyone can reach his goals if he is able to fast"
Kamala l'écouta ; Elle aimait sa voix
Kamala listened to him; she loved his voice

Elle aimait le regard de ses yeux
she loved the look from his eyes
«Peut-être que c'est comme tu dis, ami»
"Perhaps it is as you say, friend"
«Mais peut-être y a-t-il une autre explication»
"But perhaps there is another explanation"
«Siddhartha est un bel homme»
"Siddhartha is a handsome man"
«Son regard plaît aux femmes»
"his glance pleases the women"
«La bonne fortune vient vers lui à cause de cela»
"good fortune comes towards him because of this"
D'un seul baiser, Siddhartha fait ses adieux
With one kiss, Siddhartha bid his farewell
«J'aimerais qu'il en soit ainsi, mon professeur»
"I wish that it should be this way, my teacher"
«Je souhaite que mon regard te plaise»
"I wish that my glance shall please you"
«Je souhaite que tu m'apportes toujours la bonne fortune»
"I wish that that you always bring me good fortune"

Avec les Gens Enfantins
With the Childlike People

Siddhartha est allé à Kamaswami le marchand
Siddhartha went to Kamaswami the merchant
Il a été dirigé dans une maison riche
he was directed into a rich house
Les serviteurs le conduisirent entre des tapis précieux dans une chambre
servants led him between precious carpets into a chamber
dans la chambre était l'endroit où il attendait le maître de la maison
in the chamber was where he awaited the master of the house
Kamaswami entra rapidement dans la pièce
Kamaswami entered swiftly into the room
C'était un homme qui bougeait doucement
he was a smoothly moving man
Il avait les cheveux très gris et des yeux très intelligents et prudents
he had very gray hair and very intelligent, cautious eyes
et il avait une bouche gourmande
and he had a greedy mouth
Poliment, l'hôte et l'invité se sont salués
Politely, the host and the guest greeted one another
«On m'a dit que tu étais un brahmane» commença le marchand.
"I have been told that you were a Brahman" the merchant began
«On m'a dit que vous êtes un homme instruit»
"I have been told that you are a learned man"
«Et on m'a aussi dit autre chose»
"and I have also been told something else"
«Vous cherchez à être au service d'un commerçant»
"you seek to be in the service of a merchant"
«Pourriez-vous être devenu démuni, Brahman, pour que vous cherchiez à servir?»
"Might you have become destitute, Brahman, so that you seek

to serve?"
«Non, dit Siddhartha, je ne suis pas devenu démuni.»
"No," said Siddhartha, "I have not become destitute"
«Je n'ai jamais été démuni», a ajouté Siddhartha
"nor have I ever been destitute" added Siddhartha
«Tu devrais savoir que je viens des Samanas»
"You should know that I'm coming from the Samanas"
«Je vis avec eux depuis longtemps»
"I have lived with them for a long time"
«Vous venez des Samanas»
"you are coming from the Samanas"
«Comment pourriez-vous être autre chose que démuni?»
"how could you be anything but destitute?"
«Les Samanas ne sont-ils pas entièrement dépourvus de biens?»
"Aren't the Samanas entirely without possessions?"
«Je suis sans biens, si c'est ce que vous voulez dire», dit Siddhartha
"I am without possessions, if that is what you mean" said Siddhartha
«Mais je suis volontairement sans biens»
"But I am without possessions voluntarily"
«et donc je ne suis pas démuni»
"and therefore I am not destitute"
«Mais de quoi avez-vous l'intention de vivre, étant sans biens?»
"But what are you planning to live of, being without possessions?"
«Je n'y ai pas encore pensé, monsieur»
"I haven't thought of this yet, sir"
«Depuis plus de trois ans, je suis sans biens»
"For more than three years, I have been without possessions"
«et je n'ai jamais pensé à ce que je devrais vivre»
"and I have never thought about of what I should live"
«Vous avez donc vécu des possessions des autres»
"So you've lived of the possessions of others"
«Vraisemblablement, c'est comme ça?»

"Presumable, this is how it is?"
«Eh bien, les marchands vivent aussi de ce que les autres possèdent»
"Well, merchants also live of what other people own"
«Bien dit,» accorda le marcheur
"Well said," granted the marchent
«Mais il ne prendrait rien d'une autre personne pour rien»
"But he wouldn't take anything from another person for nothing"
«il donnerait sa marchandise en retour», a déclaré Kamaswami.
"he would give his merchandise in return" said Kamaswami
«Il semble donc que ce soit en effet»
"So it seems to be indeed"
«Tout le monde prend, tout le monde donne, telle est la vie»
"Everyone takes, everyone gives, such is life"
«Mais si cela ne vous dérange pas que je pose la question, j'ai une question»
"But if you don't mind me asking, I have a question"
«Étant sans biens, qu'aimeriez-vous donner?»
"being without possessions, what would you like to give?"
«Chacun donne ce qu'il a»
"Everyone gives what he has"
«Le guerrier donne de la force»
"The warrior gives strength"
«Le commerçant donne de la marchandise»
"the merchant gives merchandise"
«L'enseignant donne des enseignements»
"the teacher gives teachings"
«L'agriculteur donne du riz»
"the farmer gives rice"
«Le pêcheur donne du poisson»
"the fisher gives fish"
«Oui, en effet. Et qu'est-ce que tu as à donner?»
"Yes indeed. And what is it that you've got to give?"
«Qu'est-ce que tu as appris?»
"What is it that you've learned?"

«Qu'est-ce que tu es capable de faire?»
"what you're able to do?"
«Je peux penser. Je peux attendre. Je peux jeûner»
"I can think. I can wait. I can fast"
«C'est tout?» demanda Kamaswami
"That's everything?" asked Kamaswami
«Je crois que c'est tout ce qu'il y a!»
"I believe that is everything there is!"
«Et à quoi ça sert?»
"And what's the use of that?"
«Par exemple; jeûne. À quoi cela sert-il?»
"For example; fasting. What is it good for?"
«C'est très bon, monsieur»
"It is very good, sir"
«Il y a des moments où une personne n'a rien à manger»
"there are times a person has nothing to eat"
«Alors le jeûne est la chose la plus intelligente qu'il puisse faire»
"then fasting is the smartest thing he can do"
«Il fut un temps où Siddhartha n'avait pas appris à jeûner»
"there was a time where Siddhartha hadn't learned to fast"
«À cette époque, il devait accepter n'importe quel type de service»
"in this time he had to accept any kind of service"
«Parce que la faim l'obligerait à accepter le service»
"because hunger would force him to accept the service"
«Mais comme ça, Siddhartha peut attendre calmement»
"But like this, Siddhartha can wait calmly"
«Il ne connaît pas l'impatience, il ne connaît pas d'urgence»
"he knows no impatience, he knows no emergency"
«Pendant longtemps, il peut laisser la faim l'assiéger»
"for a long time he can allow hunger to besiege him"
«Et il peut rire de la faim»
"and he can laugh about the hunger"
«Voilà, monsieur, à quoi sert le jeûne»
"This, sir, is what fasting is good for"
«Tu as raison, Samana» reconnut Kamaswami

"You're right, Samana" acknowledged Kamaswami
«Attendez un instant» demanda-t-il à son invité
"Wait for a moment" he asked of his guest
Kamaswami quitta la pièce et revint avec un parchemin
Kamaswami left the room and returned with a scroll
il tendit le rouleau à Siddhartha et lui demanda de le lire
he handed Siddhartha the scroll and asked him to read it
Siddhartha regarda le rouleau qui lui était tendu
Siddhartha looked at the scroll handed to him
Sur le parchemin un contrat de vente avait été écrit
on the scroll a sales-contract had been written
Il commença à lire le contenu du rouleau
he began to read out the scroll's contents
Kamaswami était très satisfait de Siddhartha
Kamaswami was very pleased with Siddhartha
«Voudriez-vous écrire quelque chose pour moi sur ce morceau de papier?»
"would you write something for me on this piece of paper?"
Il lui tendit un morceau de papier et un stylo.
He handed him a piece of paper and a pen
Siddhartha a écrit et a retourné le papier
Siddhartha wrote, and returned the paper
Kamaswami a lu : «Écrire, c'est bien, penser c'est mieux»
Kamaswami read, "Writing is good, thinking is better"
«Être intelligent, c'est bien, être patient c'est mieux»
"Being smart is good, being patient is better"
«C'est excellent comment vous êtes capable d'écrire» le marchand l'a félicité
"It is excellent how you're able to write" the merchant praised him
«Beaucoup de choses dont nous devrons encore discuter les uns avec les autres»
"Many a thing we will still have to discuss with one another"
«Pour aujourd'hui, je vous demande d'être mon invité»
"For today, I'm asking you to be my guest"
«S'il vous plaît, venez vivre dans cette maison»
"please come to live in this house"

Siddhartha remercie Kamaswami et accepte son offre
Siddhartha thanked Kamaswami and accepted his offer
Il habite désormais chez le concessionnaire
he lived in the dealer's house from now on
On lui apporta des vêtements et des chaussures
Clothes were brought to him, and shoes
et chaque jour, un serviteur lui préparait un bain
and every day, a servant prepared a bath for him

Deux fois par jour, un repas copieux était servi
Twice a day, a plentiful meal was served
mais Siddhartha ne mangeait qu'une fois par jour
but Siddhartha only ate once a day
et il ne mangeait ni viande, ni vin
and he ate neither meat, nor did he drink wine
Kamaswami lui a parlé de son métier
Kamaswami told him about his trade
Il lui montra les marchandises et les salles de stockage
he showed him the merchandise and storage-rooms
Il lui a montré comment les calculs étaient effectués
he showed him how the calculations were done
Siddhartha a appris beaucoup de nouvelles choses
Siddhartha got to know many new things
Il entendait beaucoup et parlait peu
he heard a lot and spoke little
mais il n'a pas oublié les paroles de Kamala
but he did not forget Kamala's words
Il n'a donc jamais été inféodé au marchand
so he was never subservient to the merchant
il l'a forcé à le traiter comme un égal
he forced him to treat him as an equal
Peut-être l'a-t-il forcé à le traiter comme un égal
perhaps he forced him to treat him as even more than an equal
Kamaswami menait ses affaires avec soin
Kamaswami conducted his business with care
et il était très passionné par son entreprise
and he was very passionate about his business

mais Siddhartha considérait tout cela comme s'il s'agissait d'un jeu
but Siddhartha looked upon all of this as if it was a game
Il s'est efforcé d'apprendre les règles du jeu avec précision
he tried hard to learn the rules of the game precisely
Mais le contenu du jeu n'a pas touché son cœur
but the contents of the game did not touch his heart
Il n'était pas resté longtemps dans la maison de Kamaswami
He had not been in Kamaswami's house for long
mais bientôt il prit part aux affaires de son propriétaire
but soon he took part in his landlord's business

chaque jour, il visitait la belle Kamala
every day he visited beautiful Kamala
Kamala avait une heure prévue pour leurs réunions
Kamala had an hour appointed for their meetings
Elle portait de jolis vêtements et de belles chaussures
she was wearing pretty clothes and fine shoes
Et bientôt il lui apporta aussi des cadeaux
and soon he brought her gifts as well
Il a beaucoup appris de sa bouche rouge et intelligente
Much he learned from her red, smart mouth
Il a beaucoup appris de sa main tendre et souple
Much he learned from her tender, supple hand
en ce qui concerne l'amour, Siddhartha était encore un garçon
regarding love, Siddhartha was still a boy
et il avait tendance à plonger aveuglément dans l'amour
and he had a tendency to plunge into love blindly
Il est tombé dans la luxure comme dans un puits sans fond
he fell into lust like into a bottomless pit
Elle lui a enseigné à fond, en commençant par les bases
she taught him thoroughly, starting with the basics
Le plaisir ne peut être pris sans donner du plaisir
pleasure cannot be taken without giving pleasure
Chaque geste, chaque caresse, chaque toucher, chaque regard

every gesture, every caress, every touch, every look
Chaque tache du corps, aussi petite soit-elle, avait son secret
every spot of the body, however small it was, had its secret
Les secrets apporteraient le bonheur à ceux qui les connaissent
the secrets would bring happiness to those who know them
Les amants ne doivent pas se séparer l'un de l'autre après avoir célébré l'amour
lovers must not part from one another after celebrating love
ils ne doivent pas se séparer sans que l'un admire l'autre
they must not part without one admiring the other
Ils doivent être aussi vaincus qu'ils ont été victorieux
they must be as defeated as they have been victorious
Aucun amant ne devrait commencer à en avoir marre ou à s'ennuyer
neither lover should start feeling fed up or bored
ils ne devraient pas avoir le mauvais sentiment d'avoir été abusifs
they should not get the evil feeling of having been abusive
et ils ne devraient pas avoir l'impression d'avoir été maltraités
and they should not feel like they have been abused
Merveilleuses heures qu'il a passées avec la belle et intelligente artiste
Wonderful hours he spent with the beautiful and smart artist
Il est devenu son élève, son amant, son ami
he became her student, her lover, her friend
Ici avec Kamala était la valeur et le but de sa vie actuelle
Here with Kamala was the worth and purpose of his present life
son but n'était pas avec les affaires de Kamaswami
his purpose was not with the business of Kamaswami

Siddhartha a reçu des lettres et des contrats importants
Siddhartha received important letters and contracts
Kamaswami a commencé à discuter de toutes les affaires importantes avec lui

Kamaswami began discussing all important affairs with him
Il a vite vu que Siddhartha savait peu de choses sur le riz et la laine.
He soon saw that Siddhartha knew little about rice and wool
mais il a vu qu'il avait agi d'une manière heureuse
but he saw that he acted in a fortunate manner
et Siddhartha le surpassa en calme et en équanimité
and Siddhartha surpassed him in calmness and equanimity
Il l'a surpassé dans l'art de comprendre des personnes jusque-là inconnues
he surpassed him in the art of understanding previously unknown people
Kamaswami a parlé de Siddhartha à un ami
Kamaswami spoke about Siddhartha to a friend
«Ce Brahman n'est pas un vrai marchand»
"This Brahman is no proper merchant"
«Il ne sera jamais marchand»
"he will never be a merchant"
«Pour les affaires, il n'y a jamais de passion dans son âme»
"for business there is never any passion in his soul"
«Mais il a une qualité mystérieuse en lui»
"But he has a mysterious quality about him"
«Cette qualité apporte le succès à elle seule»
"this quality brings success about all by itself"
«ça pourrait être d'une bonne étoile de sa naissance»
"it could be from a good Star of his birth"
«ou cela pourrait être quelque chose qu'il a appris parmi les Samanas»
"or it could be something he has learned among Samanas"
«Il semble toujours jouer simplement avec nos affaires»
"He always seems to be merely playing with our business-affairs"
«Son entreprise ne devient jamais complètement une partie de lui»
"his business never fully becomes a part of him"
«Ses affaires ne règnent jamais sur lui»
"his business never rules over him"

«Il n'a jamais peur de l'échec»
"he is never afraid of failure"
«Il n'est jamais bouleversé par une perte»
"he is never upset by a loss"
L'ami a avisé le commerçant
The friend advised the merchant
«Donnez-lui un tiers des bénéfices qu'il fait pour vous»
"Give him a third of the profits he makes for you"
«mais qu'il soit aussi responsable quand il y a des pertes»
"but let him also be liable when there are losses"
«Alors, il deviendra plus zélé»
"Then, he'll become more zealous"
Kamaswami était curieux et a suivi les conseils
Kamaswami was curious, and followed the advice
Mais Siddhartha se souciait peu des pertes ou des profits
But Siddhartha cared little about loses or profits
Quand il faisait un profit, il l'acceptait avec équanimité
When he made a profit, he accepted it with equanimity
Quand il faisait des pertes, il en riait
when he made losses, he laughed it off
Il semblait en effet, comme s'il ne se souciait pas de l'entreprise
It seemed indeed, as if he did not care about the business
À un moment donné, il s'est rendu dans un village
At one time, he travelled to a village
Il s'y est rendu pour acheter une grande récolte de riz
he went there to buy a large harvest of rice
Mais quand il est arrivé, le riz avait déjà été vendu.
But when he got there, the rice had already been sold
Un autre marchand était arrivé au village avant lui
another merchant had gotten to the village before him
Néanmoins, Siddhartha est resté plusieurs jours dans ce village
Nevertheless, Siddhartha stayed for several days in that village
Il a traité les fermiers pour boire un verre
he treated the farmers for a drink

Il a donné des pièces de cuivre à leurs enfants
he gave copper-coins to their children
Il s'est joint à la célébration d'un mariage
he joined in the celebration of a wedding
et il est revenu extrêmement satisfait de son voyage
and he returned extremely satisfied from his trip
Kamaswami était en colère parce que Siddhartha avait perdu du temps et de l'argent
Kamaswami was angry that Siddhartha had wasted time and money
Siddhartha répondit : «Arrête de gronder, cher ami !»
Siddhartha answered "Stop scolding, dear friend!"
«Rien n'a jamais été obtenu en réprimandant»
"Nothing was ever achieved by scolding"
«Si une perte s'est produite, laissez-moi supporter cette perte»
"If a loss has occurred, let me bear that loss"
«Je suis très satisfait de ce voyage»
"I am very satisfied with this trip"
«J'ai appris à connaître de nombreux types de personnes»
"I have gotten to know many kinds of people"
«un brahmane est devenu mon ami»
"a Brahman has become my friend"
«Les enfants se sont assis sur mes genoux»
"children have sat on my knees"
«Les agriculteurs m'ont montré leurs champs»
"farmers have shown me their fields"
«Personne ne savait que j'étais marchand»
"nobody knew that I was a merchant"
«C'est très bien», s'est exclamé Kamaswami avec indignation.
"That's all very nice," exclaimed Kamaswami indignantly
«Mais en fait, vous êtes un commerçant après tout»
"but in fact, you are a merchant after all"
«Ou n'aviez-vous voyagé que pour vous amuser?»
"Or did you have only travel for your amusement?"
«Bien sûr, j'ai voyagé pour mon amusement» dit Siddhartha

en riant.
"of course I have travelled for my amusement" Siddhartha laughed
«Pour quoi d'autre aurais-je voyagé?»
"For what else would I have travelled?"
«J'ai appris à connaître des gens et des lieux»
"I have gotten to know people and places"
«J'ai reçu de la gentillesse et de la confiance»
"I have received kindness and trust"
«J'ai trouvé des amitiés dans ce village»
"I have found friendships in this village"
«Si j'avais été Kamaswami, je serais rentré agacé»
"if I had been Kamaswami, I would have travelled back annoyed"
«J'aurais été pressé dès que mon achat a échoué»
"I would have been in hurry as soon as my purchase failed"
«Et le temps et l'argent auraient effectivement été perdus»
"and time and money would indeed have been lost"
«Mais comme ça, j'ai eu quelques bons jours»
"But like this, I've had a few good days"
«J'ai appris de mon séjour là-bas»
"I've learned from my time there"
«Et j'ai eu de la joie de l'expérience»
"and I have had joy from the experience"
«Je ne me suis pas fait de mal ni à moi-même ni aux autres par contrariété et précipitation»
"I've neither harmed myself nor others by annoyance and hastiness"
«Si jamais je reviens, des gens amicaux m'accueilleront»
"if I ever return friendly people will welcome me"
«Si je retourne faire des affaires, des gens sympathiques m'accueilleront aussi»
"if I return to do business friendly people will welcome me too"
«Je me félicite de ne pas avoir montré de hâte ou de mécontentement»
"I praise myself for not showing any hurry or displeasure"

«Alors, laisse les choses telles qu'elles sont, mon ami»
"So, leave it as it is, my friend"
«Et ne vous faites pas de mal en gronchant»
"and don't harm yourself by scolding"
«Si vous voyez Siddhartha se faire du mal, alors parlez-moi»
"If you see Siddhartha harming himself, then speak with me"
«et Siddhartha suivra son propre chemin»
"and Siddhartha will go on his own path"
«Mais d'ici là, contentons-nous les uns des autres»
"But until then, let's be satisfied with one another"
les tentatives du marchand pour convaincre Siddhartha étaient vaines
the merchant's attempts to convince Siddhartha were futile
il ne pouvait pas faire manger son pain à Siddhartha
he could not make Siddhartha eat his bread
Siddhartha mangeait son propre pain
Siddhartha ate his own bread
Ou plutôt, ils mangeaient tous les deux le pain des autres
or rather, they both ate other people's bread
Siddhartha n'a jamais écouté les inquiétudes de Kamaswami
Siddhartha never listened to Kamaswami's worries
et Kamaswami avait beaucoup de soucis qu'il voulait partager
and Kamaswami had many worries he wanted to share
il y avait des transactions commerciales en cours qui risquaient d'échouer
there were business-deals going on in danger of failing
Les expéditions de marchandises semblaient avoir été perdues
shipments of merchandise seemed to have been lost
Les débiteurs semblaient incapables de payer
debtors seemed to be unable to pay
Kamaswami n'a jamais pu convaincre Siddhartha de prononcer des mots d'inquiétude
Kamaswami could never convince Siddhartha to utter words of worry
Kamaswami ne pouvait pas mettre Siddhartha en colère

envers les affaires
Kamaswami could not make Siddhartha feel anger towards business
Il n'arrivait pas à lui faire prendre des rides sur le front
he could not get him to to have wrinkles on the forehead
il ne pouvait pas faire mal dormir Siddhartha
he could not make Siddhartha sleep badly

un jour, Kamaswami a essayé de parler avec Siddhartha
one day, Kamaswami tried to speak with Siddhartha
«Siddhartha, tu n'as rien appris de nouveau»
"Siddhartha, you have failed to learn anything new"
mais encore une fois, Siddhartha a ri de cela
but again, Siddhartha laughed at this
«Pourriez-vous s'il vous plaît ne pas me moquer avec de telles blagues»
"Would you please not kid me with such jokes"
«Ce que j'ai appris de vous, c'est combien coûte un panier de poisson»
"What I've learned from you is how much a basket of fish costs"
«et j'ai appris combien d'intérêts peuvent être facturés sur l'argent prêté»
"and I learned how much interest may be charged on loaned money"
«Ce sont vos domaines d'expertise»
"These are your areas of expertise"
«Je n'ai pas appris à penser de toi, mon cher Kamaswami»
"I haven't learned to think from you, my dear Kamaswami"
«Tu devrais être celui qui cherche à apprendre de moi»
"you ought to be the one seeking to learn from me"
En effet, son âme n'était pas avec le commerce
Indeed his soul was not with the trade
L'entreprise était assez bonne pour lui fournir de l'argent pour Kamala
The business was good enough to provide him with money for Kamala

Et cela lui a valu beaucoup plus que ce dont il avait besoin
and it earned him much more than he needed
Outre Kamala, la curiosité de Siddhartha était avec les gens
Besides Kamala, Siddhartha's curiosity was with the people
leurs entreprises, leur artisanat, leurs soucis et leurs plaisirs
their businesses, crafts, worries, and pleasures
Toutes ces choses lui étaient étrangères
all these things used to be alien to him
Leurs actes de folie étaient aussi lointains que la lune
their acts of foolishness used to be as distant as the moon
Il a facilement réussi à parler à chacun d'entre eux
he easily succeeded in talking to all of them
Il pouvait vivre avec chacun d'eux
he could live with all of them
et il pouvait continuer à apprendre de chacun d'eux
and he could continue to learn from all of them
mais il y avait quelque chose qui le séparait d'eux
but there was something which separated him from them
Il pouvait sentir une division entre lui et le peuple
he could feel a divide between him and the people
ce facteur de séparation était qu'il était un Samana
this separating factor was him being a Samana
Il a vu l'humanité traverser la vie d'une manière enfantine
He saw mankind going through life in a childlike manner
À bien des égards, ils vivaient comme les animaux vivent
in many ways they were living the way animals live
Il aimait et méprisait aussi leur mode de vie
he loved and also despised their way of life
Il les a vus travailler et souffrir
He saw them toiling and suffering
Ils devenaient gris pour des choses indignes de ce prix
they were becoming gray for things unworthy of this price
Ils faisaient des choses pour l'argent et les petits plaisirs
they did things for money and little pleasures
Ils ont fait des choses pour être légèrement honorés
they did things for being slightly honoured
Il les a vus se gronder et s'insulter

he saw them scolding and insulting each other
Il les a vus se plaindre de la douleur
he saw them complaining about pain
douleurs auxquelles un Samana ne ferait que sourire
pains at which a Samana would only smile
et il les vit souffrir de privations
and he saw them suffering from deprivations
privations qu'un Samana ne ressentirait pas
deprivations which a Samana would not feel
Il était ouvert à tout ce que ces gens lui apportaient.
He was open to everything these people brought his way
Welcome était le marchand qui lui offrait du linge à vendre
welcome was the merchant who offered him linen for sale
Bienvenue était le débiteur qui cherchait un autre prêt
welcome was the debtor who sought another loan
Welcome était le mendiant qui lui racontait l'histoire de sa pauvreté
welcome was the beggar who told him the story of his poverty
le mendiant qui n'était pas à moitié aussi pauvre que n'importe quel Samana
the beggar who was not half as poor as any Samana
Il ne traitait pas différemment le riche marchand et son serviteur.
He did not treat the rich merchant and his servant different
Il a laissé le vendeur de rue le tromper lors de l'achat de bananes
he let street-vendor cheat him when buying bananas
Kamaswami se plaignait souvent auprès de lui de ses soucis.
Kamaswami would often complain to him about his worries
ou il lui ferait des reproches au sujet de ses affaires
or he would reproach him about his business
Il écoutait avec curiosité et bonheur
he listened curiously and happily
Mais il était intrigué par son ami
but he was puzzled by his friend
Il a essayé de le comprendre
he tried to understand him

Et il a admis qu'il avait raison, jusqu'à un certain point
and he admitted he was right, up to a certain point
nombreux étaient ceux qui demandaient Siddhartha
there were many who asked for Siddhartha
Beaucoup voulaient faire affaire avec lui
many wanted to do business with him
Il y en avait beaucoup qui voulaient le tromper
there were many who wanted to cheat him
Beaucoup voulaient tirer un secret de lui
many wanted to draw some secret out of him
beaucoup voulaient faire appel à sa sympathie
many wanted to appeal to his sympathy
Beaucoup voulaient obtenir ses conseils
many wanted to get his advice
Il a donné des conseils à ceux qui le voulaient
He gave advice to those who wanted it
Il a pitié de ceux qui avaient besoin de pitié
he pitied those who needed pity
Il faisait des cadeaux à ceux qui aimaient les cadeaux
he made gifts to those who liked presents
Il a laissé certains le tromper un peu
he let some cheat him a bit
Ce jeu auquel tout le monde jouait occupait ses pensées
this game which all people played occupied his thoughts
il pensait à ce jeu autant qu'il l'avait fait pour les dieux
he thought about this game just as much as he had about the Gods
Au fond de sa poitrine, il sentit une voix mourante
deep in his chest he felt a dying voice
Cette voix l'admonesta doucement
this voice admonished him quietly
et il percevait à peine la voix à l'intérieur de lui-même
and he hardly perceived the voice inside of himself
Et puis, pendant une heure, il a pris conscience de quelque chose
And then, for an hour, he became aware of something
Il a pris conscience de la vie étrange qu'il menait

he became aware of the strange life he was leading
Il s'est rendu compte que cette vie n'était qu'un jeu
he realized this life was only a game
Parfois, il ressentait du bonheur et de la joie
at times he would feel happiness and joy
Mais la vraie vie lui passait encore à côté
but real life was still passing him by
et il passait sans le toucher
and it was passing by without touching him
Siddhartha a joué avec ses affaires
Siddhartha played with his business-deals
Siddhartha a trouvé de l'amusement dans les gens autour de lui
Siddhartha found amusement in the people around him
mais en ce qui concerne son cœur, il n'était pas avec eux
but regarding his heart, he was not with them
La source a couru quelque part, loin de lui
The source ran somewhere, far away from him
Il a couru et couru de manière invisible
it ran and ran invisibly
Cela n'avait plus rien à voir avec sa vie
it had nothing to do with his life any more
À plusieurs reprises, il a eu peur à cause de telles pensées.
at several times he became scared on account of such thoughts
Il souhaitait pouvoir participer à tous ces jeux enfantins
he wished he could participate in all of these childlike games
Il voulait vraiment vivre
he wanted to really live
Il voulait vraiment jouer dans leur théâtre
he wanted to really act in their theatre
Il voulait vraiment profiter de leurs plaisirs
he wanted to really enjoy their pleasures
Et il voulait vivre, au lieu de rester là en tant que spectateur
and he wanted to live, instead of just standing by as a spectator

Mais encore et encore, il est revenu à la belle Kamala

But again and again, he came back to beautiful Kamala
Il a appris l'art de l'amour
he learned the art of love
et il pratiquait le culte de la luxure
and he practised the cult of lust
la luxure, dans laquelle donner et recevoir ne font plus qu'un
lust, in which giving and taking becomes one
Il a bavardé avec elle et a appris d'elle
he chatted with her and learned from her
Il lui a donné des conseils, et il a reçu ses conseils
he gave her advice, and he received her advice
Elle le comprenait mieux que Govinda ne le comprenait
She understood him better than Govinda used to understand him
elle lui ressemblait plus que Govinda ne l'avait été
she was more similar to him than Govinda had been
«Tu es comme moi», lui dit-il.
"You are like me," he said to her
«Vous êtes différent de la plupart des gens»
"you are different from most people"
«Tu es Kamala, rien d'autre»
"You are Kamala, nothing else"
«Et à l'intérieur de vous, il y a une paix et un refuge»
"and inside of you, there is a peace and refuge"
«Un refuge où vous pouvez aller à toute heure de la journée»
"a refuge to which you can go at every hour of the day"
«Vous pouvez être à la maison avec vous-même»
"you can be at home with yourself"
«Je peux le faire aussi»
"I can do this too"
«Peu de gens ont cet endroit»
"Few people have this place"
«Et pourtant, ils pourraient tous l'avoir»
"and yet all of them could have it"
«Tout le monde n'est pas intelligent», a déclaré Kamala.
"Not all people are smart" said Kamala

«Non,» dit Siddhartha, «ce n'est pas la raison»
"No," said Siddhartha, "that's not the reason why"
«Kamaswami est aussi intelligent que moi»
"Kamaswami is just as smart as I am"
«Mais il n'a pas de refuge en lui-même»
"but he has no refuge in himself"
«D'autres l'ont, bien qu'ils aient l'esprit d'enfants»
"Others have it, although they have the minds of children"
«La plupart des gens, Kamala, sont comme une feuille qui tombe»
"Most people, Kamala, are like a falling leaf"
«une feuille qui est soufflée et qui tourne dans les airs»
"a leaf which is blown and is turning around through the air"
«une feuille qui vacille et tombe au sol»
"a leaf which wavers, and tumbles to the ground"
«Mais d'autres, quelques-uns, sont comme les étoiles»
"But others, a few, are like stars"
«Ils suivent un cours fixe»
"they go on a fixed course"
«Aucun vent ne les atteint»
"no wind reaches them"
«En eux-mêmes, ils ont leur loi et leur cours»
"in themselves they have their law and their course"
«Parmi tous les savants que j'ai rencontrés, il y en avait un de ce genre»
"Among all the learned men I have met, there was one of this kind"
«C'était un vrai parfait»
"he was a truly perfected one"
«Je ne pourrai jamais l'oublier»
"I'll never be able to forget him"
«C'est ce Gotama, l'exalté»
"It is that Gotama, the exalted one"
«Des milliers d'adeptes écoutent ses enseignements chaque jour»
"Thousands of followers are listening to his teachings every day"

«Ils suivent ses instructions toutes les heures»
"they follow his instructions every hour"
«Mais ce sont tous des feuilles qui tombent»
"but they are all falling leaves"
«Ils n'ont pas en eux-mêmes des enseignements et une loi»
"not in themselves they have teachings and a law"
Kamala le regarda avec un sourire
Kamala looked at him with a smile
«Encore une fois, vous parlez de lui», a-t-elle dit.
"Again, you're talking about him," she said
«Encore une fois, tu as les pensées d'un Samana»
"again, you're having a Samana's thoughts"
Siddhartha ne dit rien, et ils jouèrent le jeu de l'amour
Siddhartha said nothing, and they played the game of love
un des trente ou quarante jeux différents que Kamala connaissait
one of the thirty or forty different games Kamala knew
Son corps était souple comme celui d'un jaguar
Her body was flexible like that of a jaguar
flexible comme l'arc d'un chasseur
flexible like the bow of a hunter
celui qui avait appris d'elle à faire l'amour
he who had learned from her how to make love
Il connaissait de nombreuses formes de luxure
he was knowledgeable of many forms of lust
Celui qui a appris d'elle connaissait beaucoup de secrets
he that learned from her knew many secrets
Pendant longtemps, elle a joué avec Siddhartha
For a long time, she played with Siddhartha
Elle l'a séduit et l'a rejeté
she enticed him and rejected him
Elle l'a forcé et l'a embrassé
she forced him and embraced him
Elle appréciait ses compétences magistrales
she enjoyed his masterful skills
jusqu'à ce qu'il soit vaincu et reposé épuisé à ses côtés
until he was defeated and rested exhausted by her side

La courtisane se pencha sur lui
The courtesan bent over him
Elle regarda longuement son visage
she took a long look at his face
Elle regarda ses yeux, qui s'étaient fatigués
she looked at his eyes, which had grown tired
«Tu es le meilleur amant que j'ai jamais vu» dit-elle pensivement
"You are the best lover I have ever seen" she said thoughtfully
«Tu es plus fort que les autres, plus souple, plus volontaire»
"You're stronger than others, more supple, more willing"
«Tu as bien appris mon art, Siddhartha»
"You've learned my art well, Siddhartha"
«À un moment donné, quand je serai plus âgé, je voudrais porter ton enfant»
"At some time, when I'll be older, I'd want to bear your child"
«Et pourtant, ma chérie, tu es restée une Samana»
"And yet, my dear, you've remained a Samana"
«Et malgré cela, tu ne m'aimes pas»
"and despite this, you do not love me"
«Il n'y a personne que vous aimez»
"there is nobody that you love"
«N'est-ce pas?» demanda Kamala
"Isn't it so?" asked Kamala
«Cela pourrait très bien être le cas», a déclaré Siddhartha fatigué.
"It might very well be so," Siddhartha said tiredly
«Je suis comme toi, parce que tu n'aimes pas non plus»
"I am like you, because you also do not love"
«Sinon, comment pourriez-vous pratiquer l'amour comme un métier?»
"how else could you practise love as a craft?"
«Peut-être que les gens de notre espèce ne peuvent pas aimer»
"Perhaps, people of our kind can't love"
«Les gens enfantins peuvent aimer, c'est leur secret»
"The childlike people can love, that's their secret"

Sansara

Pendant longtemps, Siddhartha avait vécu dans le monde de la luxure
For a long time, Siddhartha had lived in the world of lust
Il vivait de cette façon cependant, sans en faire partie
he lived this way though, without being a part of it
il avait tué cela quand il avait été un Samana
he had killed off when he had been a Samana
Mais maintenant, ils s'étaient réveillés à nouveau
but now they had awoken again
Il avait goûté à la richesse, à la luxure et au pouvoir
he had tasted riches, lust, and power
pendant longtemps, il était resté un Samana dans son cœur.
for a long time he had remained a Samana in his heart
Kamala, étant intelligente, s'en était rendu compte tout à fait juste.
Kamala, being smart, had realized this quite right
La pensée, l'attente et le jeûne guidaient toujours sa vie
thinking, waiting, and fasting still guided his life
Les gens enfantins lui restaient étrangers
the childlike people remained alien to him
et il est resté étranger aux gens enfantins
and he remained alien to the childlike people
Les années passèrent; Entouré par la belle vie
Years passed by; surrounded by the good life
Siddhartha sentit à peine les années s'estomper
Siddhartha hardly felt the years fading away
Il était devenu riche et possédait sa propre maison
He had become rich and possessed a house of his own
Il avait même ses propres serviteurs
he even had his own servants
Il avait un jardin avant la ville, au bord de la rivière
he had a garden before the city, by the river
Les gens l'aimaient et venaient à lui pour de l'argent ou des conseils

The people liked him and came to him for money or advice
mais il n'y avait personne près de lui, sauf Kamala
but there was nobody close to him, except Kamala
L'état lumineux d'être éveillé
the bright state of being awake
le sentiment qu'il avait éprouvé au plus fort de sa jeunesse
the feeling which he had experienced at the height of his youth
en ces jours après le sermon de Gotama
in those days after Gotama's sermon
après la séparation d'avec Govinda
after the separation from Govinda
L'attente tendue de la vie
the tense expectation of life
L'état fier d'être seul
the proud state of standing alone
être sans enseignement ni enseignants
being without teachings or teachers
la volonté souple d'écouter la voix divine dans son propre cœur
the supple willingness to listen to the divine voice in his own heart
Toutes ces choses étaient lentement devenues un souvenir
all these things had slowly become a memory
Le souvenir avait été fugace, lointain et silencieux
the memory had been fleeting, distant, and quiet
La Sainte Source, qui était proche, ne murmurait plus que
the holy source, which used to be near, now only murmured
La Source Sainte, qui murmurait en lui-même
the holy source, which used to murmur within himself
Néanmoins, beaucoup de choses qu'il avait apprises des Samanas
Nevertheless, many things he had learned from the Samanas
il avait appris de Gotama
he had learned from Gotama
il avait appris de son père le Brahman
he had learned from his father the Brahman

Son père était resté longtemps dans son être.
his father had remained within his being for a long time
une vie modérée, la joie de penser, des heures de méditation
moderate living, the joy of thinking, hours of meditation
la connaissance secrète de soi; son entité éternelle
the secret knowledge of the self; his eternal entity
le soi qui n'est ni corps ni conscience
the self which is neither body nor consciousness
Beaucoup d'une partie de cela qu'il avait encore
Many a part of this he still had
mais une partie après l'autre avait été submergée
but one part after another had been submerged
et finalement chaque partie a pris la poussière
and eventually each part gathered dust
Un tour de potier, une fois en mouvement, tournera longtemps
a potter's wheel, once in motion, will turn for a long time
il ne perd de sa vigueur que lentement
it loses its vigour only slowly
et il ne s'arrête qu'après le temps
and it comes to a stop only after time
L'âme de Siddhartha n'avait cessé de tourner la roue de l'ascétisme
Siddhartha's soul had kept on turning the wheel of asceticism
La roue de la pensée n'avait cessé de tourner pendant longtemps
the wheel of thinking had kept turning for a long time
La roue de la différenciation tournait encore depuis longtemps
the wheel of differentiation had still turned for a long time
mais il tournait lentement et avec hésitation
but it turned slowly and hesitantly
et il était sur le point de s'arrêter
and it was close to coming to a standstill
Lentement, comme l'humidité qui pénètre dans la tige mourante d'un arbre
Slowly, like humidity entering the dying stem of a tree

remplir lentement la tige et la faire pourrir
filling the stem slowly and making it rot
le monde et la paresse étaient entrés dans l'âme de Siddhartha
the world and sloth had entered Siddhartha's soul
Lentement, il remplissait son âme et la rendait lourde
slowly it filled his soul and made it heavy
Cela a fatigué son âme et l'a endormie
it made his soul tired and put it to sleep
D'autre part, ses sens étaient devenus vivants
On the other hand, his senses had become alive
Il y avait beaucoup de choses que ses sens avaient apprises
there was much his senses had learned
Il y avait beaucoup de choses que ses sens avaient expérimentées
there was much his senses had experienced
Siddhartha avait appris à commercer
Siddhartha had learned to trade
Il avait appris à utiliser son pouvoir sur les gens
he had learned how to use his power over people
Il avait appris à s'amuser avec une femme
he had learned how to enjoy himself with a woman
Il avait appris à porter de beaux vêtements
he had learned how to wear beautiful clothes
Il avait appris à donner des ordres aux serviteurs
he had learned how to give orders to servants
Il avait appris à se baigner dans des eaux parfumées
he had learned how to bathe in perfumed waters
Il avait appris à manger avec tendresse et soigneusement préparée
He had learned how to eat tenderly and carefully prepared food
Il mangeait même du poisson, de la viande et de la volaille
he even ate fish, meat, and poultry
épices, bonbons et vin, ce qui provoque la paresse et l'oubli
spices and sweets and wine, which causes sloth and forgetfulness

Il avait appris à jouer aux dés et sur un échiquier
He had learned to play with dice and on a chess-board
Il avait appris à regarder les danseuses
he had learned to watch dancing girls
Il a appris à se faire transporter dans une chaise de berline
he learned to have himself carried about in a sedan-chair
Il a appris à dormir sur un lit moelleux
he learned to sleep on a soft bed
Mais il se sentait toujours différent des autres
But still he felt different from others
Il se sentait toujours supérieur aux autres
he still felt superior to the others
Il les regardait toujours avec une certaine moquerie
he always watched them with some mockery
Il y avait toujours un certain dédain moqueur dans ce qu'il ressentait pour eux.
there was always some mocking disdain to how he felt about them
le même mépris qu'un Samana ressent pour les peuples du monde
the same disdain a Samana feels for the people of the world

Kamaswami était malade et se sentait agacé
Kamaswami was ailing and felt annoyed
il s'est senti insulté par Siddhartha
he felt insulted by Siddhartha
et il était contrarié par ses soucis de marchand
and he was vexed by his worries as a merchant
Siddhartha avait toujours regardé ces choses avec moquerie
Siddhartha had always watched these things with mockery
mais sa moquerie était devenue plus fatiguée
but his mockery had become more tired
Sa supériorité était devenue plus silencieuse
his superiority had become more quiet
aussi lentement imperceptible que la saison des pluies qui passe
as slowly imperceptible as the rainy season passing by

lentement, Siddhartha avait pris quelque chose des manières enfantines
slowly, Siddhartha had assumed something of the childlike people's ways
Il avait acquis un peu de leur puérilité
he had gained some of their childishness
et il avait gagné un peu de leur peur
and he had gained some of their fearfulness
Et pourtant, plus il devenait comme eux, plus il les enviait.
And yet, the more be become like them the more he envied them
Il les enviait pour la seule chose qui lui manquait
He envied them for the one thing that was missing from him
l'importance qu'ils ont pu attacher à leur vie
the importance they were able to attach to their lives
la quantité de passion dans leurs joies et leurs peurs
the amount of passion in their joys and fears
Le bonheur effrayant mais doux d'être constamment amoureux
the fearful but sweet happiness of being constantly in love
Ces gens étaient amoureux d'eux-mêmes tout le temps
These people were in love with themselves all of the time
Les femmes aimaient leurs enfants, avec des honneurs ou de l'argent
women loved their children, with honours or money
les hommes s'aimaient avec des plans ou des espoirs
the men loved themselves with plans or hopes
Mais il n'a pas appris cela d'eux.
But he did not learn this from them
Il n'a pas appris la joie des enfants
he did not learn the joy of children
et il n'a pas appris leur folie
and he did not learn their foolishness
Ce qu'il a surtout appris, ce sont leurs choses désagréables
what he mostly learned were their unpleasant things
et il méprisait ces choses
and he despised these things

le matin, après avoir eu de la compagnie
in the morning, after having had company
De plus en plus, il est resté longtemps au lit
more and more he stayed in bed for a long time
Il se sentait incapable de penser et était fatigué
he felt unable to think, and was tired
il est devenu en colère et impatient quand Kamaswami l'a ennuyé avec ses soucis
he became angry and impatient when Kamaswami bored him with his worries
Il a ri trop fort quand il a perdu une partie de dés
he laughed just too loud when he lost a game of dice
Son visage était toujours plus intelligent et plus spirituel que les autres
His face was still smarter and more spiritual than others
mais son visage riait rarement
but his face rarely laughed anymore
Lentement, son visage a pris d'autres traits
slowly, his face assumed other features
Les traits que l'on retrouve souvent sur les visages des riches
the features often found in the faces of rich people
caractéristiques du mécontentement, de la maladivité, de la mauvaise humeur
features of discontent, of sickliness, of ill-humour
caractéristiques de la paresse et d'un manque d'amour
features of sloth, and of a lack of love
la maladie de l'âme que les riches ont
the disease of the soul which rich people have
Lentement, cette maladie s'est emparée de lui
Slowly, this disease grabbed hold of him
comme une fine brume, la fatigue s'est emparée de Siddhartha
like a thin mist, tiredness came over Siddhartha
Lentement, cette brume devenait un peu plus dense chaque jour
slowly, this mist got a bit denser every day
C'est devenu un peu plus trouble chaque mois

it got a bit murkier every month
Et chaque année, il devenait un peu plus lourd
and every year it got a bit heavier
Les robes vieillissent avec le temps
dresses become old with time
Les vêtements perdent leur belle couleur avec le temps
clothes lose their beautiful colour over time
ils ont des taches, des rides, usés aux coutures
they get stains, wrinkles, worn off at the seams
Ils commencent à montrer des taches usées ici et là
they start to show threadbare spots here and there
c'est ainsi qu'était la nouvelle vie de Siddhartha
this is how Siddhartha's new life was
la vie qu'il avait commencée après sa séparation d'avec Govinda
the life which he had started after his separation from Govinda
sa vie avait vieilli et perdu de la couleur
his life had grown old and lost colour
Il y avait moins de splendeur au fil des années
there was less splendour to it as the years passed by
Sa vie accumulait des rides et des taches
his life was gathering wrinkles and stains
et caché au fond, la déception et le dégoût attendaient
and hidden at bottom, disappointment and disgust were waiting
ils montraient leur laideur
they were showing their ugliness
Siddhartha n'a pas remarqué ces choses
Siddhartha did not notice these things
Il se souvenait de la voix brillante et fiable à l'intérieur de lui
he remembered the bright and reliable voice inside of him
Il remarqua que la voix était devenue silencieuse
he noticed the voice had become silent
la voix qui s'était réveillée en lui à ce moment-là
the voice which had awoken in him at that time

La voix qui l'avait guidé dans ses meilleurs moments
the voice that had guided him in his best times
Il avait été capturé par le monde
he had been captured by the world
Il avait été capturé par la luxure, la convoitise, la paresse
he had been captured by lust, covetousness, sloth
et finalement il avait été capturé par son vice le plus méprisé
and finally he had been captured by his most despised vice
Le vice dont il se moquait le plus
the vice which he mocked the most
Le plus insensé de tous les vices
the most foolish one of all vices
Il avait laissé entrer la cupidité dans son cœur
he had let greed into his heart
Les biens, les possessions et les richesses l'avaient finalement capturé.
Property, possessions, and riches also had finally captured him
Avoir des choses n'était plus un jeu pour lui
having things was no longer a game to him
Ses biens étaient devenus une chaîne et un fardeau
his possessions had become a shackle and a burden
Cela s'était passé d'une manière étrange et sournoise
It had happened in a strange and devious way
Siddhartha avait obtenu ce vice du jeu de dés
Siddhartha had gotten this vice from the game of dice
il avait cessé d'être un Samana dans son cœur
he had stopped being a Samana in his heart
Et puis il a commencé à jouer le jeu pour de l'argent
and then he began to play the game for money
D'abord, il a rejoint le jeu avec un sourire
first he joined the game with a smile
À cette époque, il ne jouait que de manière décontractée.
at this time he only played casually
Il voulait se joindre aux coutumes des gens enfantins
he wanted to join the customs of the childlike people
Mais maintenant, il jouait avec une rage et une passion

croissantes.
but now he played with an increasing rage and passion
Il était un joueur redouté parmi les autres marchands
He was a feared gambler among the other merchants
Ses enjeux étaient si audacieux que peu osaient l'affronter.
his stakes were so audacious that few dared to take him on
Il a joué le jeu en raison d'une douleur au cœur
He played the game due to a pain of his heart
Perdre et gaspiller son argent misérable lui apportait une joie en colère
losing and wasting his wretched money brought him an angry joy
Il ne pouvait démontrer son dédain pour la richesse d'aucune autre manière
he could demonstrate his disdain for wealth in no other way
Il ne pouvait pas se moquer du faux dieu des marchands d'une meilleure façon.
he could not mock the merchants' false god in a better way
Il a donc joué avec des enjeux élevés
so he gambled with high stakes
Il se haïssait impitoyablement et se moquait de lui-même
he mercilessly hated himself and mocked himself
Il en a gagné des milliers, en a jeté des milliers
he won thousands, threw away thousands
Il a perdu de l'argent, des bijoux, une maison à la campagne
he lost money, jewellery, a house in the country
Il l'a gagné à nouveau, puis il a perdu à nouveau
he won it again, and then he lost again
Il aimait la peur qu'il ressentait en lançant les dés
he loved the fear he felt while he was rolling the dice
Il aimait se sentir inquiet de perdre ce qu'il jouait
he loved feeling worried about losing what he gambled
Il a toujours voulu amener cette peur à un niveau légèrement supérieur
he always wanted to get this fear to a slightly higher level
Il n'a ressenti quelque chose comme du bonheur que lorsqu'il a ressenti cette peur.

he only felt something like happiness when he felt this fear
C'était quelque chose comme une intoxication
it was something like an intoxication
quelque chose comme une forme de vie élevée
something like an elevated form of life
quelque chose de plus lumineux au milieu de sa vie terne
something brighter in the midst of his dull life
Et après chaque grande perte, son esprit était fixé sur de nouvelles richesses
And after each big loss, his mind was set on new riches
Il exerça le métier avec plus de zèle.
he pursued the trade more zealously
Il a forcé ses débiteurs à payer plus strictement
he forced his debtors more strictly to pay
parce qu'il voulait continuer à jouer
because he wanted to continue gambling
Il voulait continuer à gaspiller
he wanted to continue squandering
Il voulait continuer à démontrer son dédain de la richesse
he wanted to continue demonstrating his disdain of wealth
Siddhartha a perdu son calme lorsque des pertes se sont produites
Siddhartha lost his calmness when losses occurred
Il a perdu patience lorsqu'il n'a pas été payé à temps
he lost his patience when he was not paid on time
Il a perdu sa gentillesse envers les mendiants
he lost his kindness towards beggars
Il a joué des dizaines de milliers de roupies à un coup de dés
He gambled away tens of thousands at one roll of the dice
Il est devenu plus strict et plus mesquin dans ses affaires.
he became more strict and more petty in his business
Parfois, il rêvait la nuit d'argent!
occasionally, he was dreaming at night about money!
Chaque fois qu'il se réveillait de ce vilain sortilège, il continuait à fuir
whenever he woke up from this ugly spell, he continued fleeing

Chaque fois qu'il trouvait son visage dans le miroir pour avoir vieilli, il trouvait un nouveau jeu
whenever he found his face in the mirror to have aged, he found a new game
Chaque fois que l'embarras et le dégoût l'envahit, il engourdissait son esprit.
whenever embarrassment and disgust came over him, he numbed his mind
Il engourdissait son esprit avec du sexe et du vin
he numbed his mind with sex and wine
et de là, il s'enfuit dans l'envie de s'entasser et d'obtenir des biens.
and from there he fled back into the urge to pile up and obtain possessions
Dans ce cycle inutile, il a couru
In this pointless cycle he ran
De sa vie, il est devenu fatigué, vieux et malade.
fromt his life he grow tired, old, and ill

Puis vint le moment où un rêve l'avertit
Then the time came when a dream warned him
Il avait passé les heures de la soirée avec Kamala
He had spent the hours of the evening with Kamala
Il avait été dans son beau jardin d'agrément
he had been in her beautiful pleasure-garden
Ils étaient assis sous les arbres, parlant
They had been sitting under the trees, talking
et Kamala avait dit des mots réfléchis
and Kamala had said thoughtful words
Des mots derrière lesquels se cachaient une tristesse et une fatigue
words behind which a sadness and tiredness lay hidden
Elle lui avait demandé de lui parler de Gotama
She had asked him to tell her about Gotama
elle ne pouvait pas l'entendre assez
she could not hear enough of him
Elle aimait la clarté de ses yeux

she loved how clear his eyes were
Elle aimait à quel point sa bouche était calme et belle
she loved how still and beautiful his mouth was
Elle aimait la gentillesse de son sourire
she loved the kindness of his smile
Elle aimait à quel point sa marche avait été paisible
she loved how peaceful his walk had been
Pendant longtemps, il a dû lui parler du Bouddha exalté.
For a long time, he had to tell her about the exalted Buddha
et Kamala avait soupiré, et avait parlé
and Kamala had sighed, and spoke
«Un jour, peut-être bientôt, je suivrai aussi ce Bouddha»
"One day, perhaps soon, I'll also follow that Buddha"
«Je lui donnerai mon jardin d'agrément en cadeau»
"I'll give him my pleasure-garden for a gift"
«et je prendrai refuge dans ses enseignements»
"and I will take my refuge in his teachings"
Mais après cela, elle l'avait réveillé
But after this, she had aroused him
Elle l'avait attaché à elle en train de faire l'amour
she had tied him to her in the act of making love
avec une ferveur douloureuse, mordante et en larmes
with painful fervour, biting and in tears
C'était comme si elle voulait presser la dernière goutte sucrée de ce vin
it was as if she wanted to squeeze the last sweet drop out of this vain
Jamais auparavant cela n'était devenu aussi étrangement clair pour Siddhartha
Never before had it become so strangely clear to Siddhartha
Il sentait à quel point la luxure était proche de la mort
he felt how close lust was akin to death
il s'allongea à ses côtés, et le visage de Kamala était près de lui
he laid by her side, and Kamala's face was close to him
sous ses yeux et à côté des coins de sa bouche
under her eyes and next to the corners of her mouth

C'était aussi clair que jamais
it was as clear as never before
On pouvait y lire une inscription effrayante
there read a fearful inscription
une inscription de petites lignes et de légères rainures
an inscription of small lines and slight grooves
Une inscription rappelant l'automne et la vieillesse
an inscription reminiscent of autumn and old age
Ici et là, des cheveux gris parmi ses cheveux noirs
here and there, gray hairs among his black ones
Siddhartha lui-même, qui n'avait que la quarantaine, a remarqué la même chose.
Siddhartha himself, who was only in his forties, noticed the same thing
La fatigue était écrite sur le beau visage de Kamala
Tiredness was written on Kamala's beautiful face
fatigue de marcher sur un long chemin
tiredness from walking a long path
Un chemin qui n'a pas de destination heureuse
a path which has no happy destination
fatigue et début de flétrissement
tiredness and the beginning of withering
peur de la vieillesse, de l'automne et de devoir mourir
fear of old age, autumn, and having to die
Avec un soupir, il lui avait fait ses adieux
With a sigh, he had bid his farewell to her
l'âme pleine de réticences, et pleine d'angoisse cachée
the soul full of reluctance, and full of concealed anxiety

Siddhartha avait passé la nuit dans sa maison avec des danseuses
Siddhartha had spent the night in his house with dancing girls
il a agi comme s'il était supérieur à eux
he acted as if he was superior to them
Il a agi de manière supérieure envers les confrères de sa caste
he acted superior towards the fellow-members of his caste

Mais ce n'était plus vrai
but this was no longer true
Il avait bu beaucoup de vin ce soir-là
he had drunk much wine that night
et il s'est couché longtemps après minuit
and he went to bed a long time after midnight
fatigué et pourtant excité, proche des pleurs et du désespoir
tired and yet excited, close to weeping and despair
Pendant longtemps, il a cherché à dormir, mais c'était en vain
for a long time he sought to sleep, but it was in vain
Son cœur était plein de misère
his heart was full of misery
Il pensait qu'il ne pouvait plus supporter
he thought he could not bear any longer
Il était plein d'un dégoût, qu'il sentait pénétrer tout son corps
he was full of a disgust, which he felt penetrating his entire body
comme le goût tiède et répugnant du vin
like the lukewarm repulsive taste of the wine
La musique terne était un peu trop joyeuse
the dull music was a little too happy
Le sourire des danseuses était un peu trop doux
the smile of the dancing girls was a little too soft
L'odeur de leurs cheveux et de leurs seins était un peu trop douce
the scent of their hair and breasts was a little too sweet
Mais plus que toute autre chose, il était dégoûté par lui-même
But more than by anything else, he was disgusted by himself
Il était dégoûté par ses cheveux parfumés
he was disgusted by his perfumed hair
Il était dégoûté par l'odeur du vin qui sortait de sa bouche
he was disgusted by the smell of wine from his mouth
Il était dégoûté par l'apathie de sa peau
he was disgusted by the listlessness of his skin

Comme quand quelqu'un qui a mangé et bu beaucoup trop
Like when someone who has eaten and drunk far too much
ils le vomissent à nouveau avec une douleur atroce
they vomit it back up again with agonising pain
mais ils se sentent soulagés par les vomissements
but they feel relieved by the vomiting
Cet homme sans sommeil voulait se libérer de ces plaisirs
this sleepless man wished to free himself of these pleasures
Il voulait se débarrasser de ces habitudes
he wanted to be rid of these habits
Il voulait échapper à toute cette vie inutile
he wanted to escape all of this pointless life
et il voulait s'échapper de lui-même
and he wanted to escape from himself
Ce n'est qu'à la lumière du matin qu'il s'était légèrement endormi
it wasn't until the light of the morning when he had slightly fallen sleep
Les premières activités dans la rue commençaient déjà
the first activities in the street were already beginning
Pendant quelques instants, il avait trouvé un soupçon de sommeil
for a few moments he had found a hint of sleep
Dans ces moments-là, il avait un rêve
In those moments, he had a dream
Kamala possédait un petit oiseau chanteur rare dans une cage dorée
Kamala owned a small, rare singing bird in a golden cage
Il lui chantait toujours le matin
it always sung to him in the morning
Mais alors il rêva que cet oiseau était devenu muet
but then he dreamt this bird had become mute
Depuis que cela a attiré son attention, il a marché devant la cage
since this arose his attention, he stepped in front of the cage
Il regarda l'oiseau à l'intérieur de la cage
he looked at the bird inside the cage

Le petit oiseau était mort et gisait raide sur le sol.
the small bird was dead, and lay stiff on the ground
Il sortit l'oiseau mort de sa cage
He took the dead bird out of its cage
Il prit un moment pour peser l'oiseau mort dans sa main
he took a moment to weigh the dead bird in his hand
puis l'a jeté, dans la rue
and then threw it away, out in the street
Au même moment, il s'est senti terriblement choqué
in the same moment he felt terribly shocked
Son cœur lui faisait mal comme s'il avait jeté toute valeur
his heart hurt as if he had thrown away all value
Tout ce qui était bon avait été à l'intérieur de cet oiseau mort
everything good had been inside of this dead bird
Partant de ce rêve, il se sentit enveloppé par une profonde tristesse
Starting up from this dream, he felt encompassed by a deep sadness
tout lui semblait sans valeur
everything seemed worthless to him
Sans valeur et inutile était la façon dont il avait traversé la vie
worthless and pointless was the way he had been going through life
rien de ce qui était vivant n'a été laissé entre ses mains
nothing which was alive was left in his hands
Rien de ce qui était délicieux d'une manière ou d'une autre ne pouvait être conservé
nothing which was in some way delicious could be kept
Rien qui vaille la peine d'être gardé ne resterait
nothing worth keeping would stay
seul, il se tenait là, vide comme un naufragé sur le rivage
alone he stood there, empty like a castaway on the shore

L'esprit sombre, Siddhartha se rendit dans son jardin d'agrément
With a gloomy mind, Siddhartha went to his pleasure-garden
Il ferma la porte à clé et s'assit sous un manguier.
he locked the gate and sat down under a mango-tree
Il sentait la mort dans son cœur et l'horreur dans sa poitrine
he felt death in his heart and horror in his chest
Il sentit comment tout mourait et se desséchait en lui
he sensed how everything died and withered in him
De temps en temps, il rassemblait ses pensées dans son esprit
By and by, he gathered his thoughts in his mind
Une fois de plus, il a parcouru tout le chemin de sa vie
once again, he went through the entire path of his life
Il a commencé par les premiers jours dont il se souvenait
he started with the first days he could remember
Quand y a-t-il jamais eu un moment où il avait ressenti un vrai bonheur?
When was there ever a time when he had felt a true bliss?
Oh oui, plusieurs fois il avait vécu une telle chose
Oh yes, several times he had experienced such a thing
Dans ses années de garçon, il avait eu un goût de bonheur
In his years as a boy he had had a taste of bliss
il avait ressenti du bonheur dans son cœur quand il avait obtenu les éloges des brahmanes
he had felt happiness in his heart when he obtained praise from the Brahmans
«Il y a un chemin devant celui qui s'est distingué»
"There is a path in front of the one who has distinguished himself"
Il avait ressenti la béatitude en récitant les versets saints
he had felt bliss reciting the holy verses
Il avait ressenti le bonheur de se disputer avec les savants
he had felt bliss disputing with the learned ones
Il avait ressenti la béatitude quand il était assistant dans les offrandes
he had felt bliss when he was an assistant in the offerings

Puis, il l'avait senti dans son cœur
Then, he had felt it in his heart
«Il y a un chemin devant vous»
"There is a path in front of you"
«Vous êtes destinés à ce chemin»
"you are destined for this path"
«Les dieux vous attendent»
"the gods are awaiting you"
Et de nouveau, en tant que jeune homme, il avait ressenti le bonheur
And again, as a young man, he had felt bliss
quand ses pensées le séparaient de ceux qui pensaient aux mêmes choses
when his thoughts separated him from those thinking on the same things
quand il luttait dans la douleur dans le but de Brahman
when he wrestled in pain for the purpose of Brahman
quand chaque connaissance obtenue ne faisait qu'allumer en lui une soif nouvelle
when every obtained knowledge only kindled new thirst in him
Au milieu de la douleur, il a ressenti la même chose
in the midst of the pain he felt this very same thing
«Allez-y! On fait appel à vous!»
"Go on! You are called upon!"
Il avait entendu cette voix quand il avait quitté sa maison
He had heard this voice when he had left his home
il entendit entendre cette voix quand il avait choisi la vie d'un Samana
he heard heard this voice when he had chosen the life of a Samana
et de nouveau il entendit cette voix quand il quitta les Samanas
and again he heard this voice when left the Samanas
Il avait entendu la voix quand il était allé voir le Parfait
he had heard the voice when he went to see the perfected one
et quand il s'était éloigné du parfait, il avait entendu la voix

and when he had gone away from the perfected one, he had heard the voice

Il avait entendu la voix quand il était entré dans l'incertain
he had heard the voice when he went into the uncertain

Depuis combien de temps n'entendait-il plus cette voix?
For how long had he not heard this voice any more?

Depuis combien de temps n'avait-il plus atteint la hauteur?
for how long had he reached no height any more?

À quel point la manière dont il a traversé la vie était-elle égale et ennuyeuse?
how even and dull was the manner in which he went through life?

pendant de longues années sans objectif élevé
for many long years without a high goal

il avait été sans soif ni élévation
he had been without thirst or elevation

Il s'était contenté de petits plaisirs lubriques
he had been content with small lustful pleasures

Et pourtant, il n'a jamais été satisfait !
and yet he was never satisfied!

Pendant toutes ces années, il s'était efforcé de devenir comme les autres.
For all of these years he had tried hard to become like the others

Il aspirait à être l'une des personnes enfantines
he longed to be one of the childlike people

Mais il ne savait pas que c'était ce qu'il voulait vraiment
but he didn't know that that was what he really wanted

Sa vie avait été beaucoup plus misérable et plus pauvre que la leur
his life had been much more miserable and poorer than theirs

parce que leurs objectifs et leurs soucis n'étaient pas les siens
because their goals and worries were not his

le monde entier du peuple Kamaswami n'avait été qu'un jeu pour lui
the entire world of the Kamaswami-people had only been a

game to him
Leur vie était une danse qu'il regardait
their lives were a dance he would watch
Ils ont joué une comédie avec laquelle il pouvait s'amuser
they performed a comedy he could amuse himself with
Seule Kamala lui avait été chère et précieuse
Only Kamala had been dear and valuable to him
Mais avait-elle encore de la valeur pour lui?
but was she still valuable to him?
Avait-il encore besoin d'elle?
Did he still need her?
Ou avait-elle encore besoin de lui?
Or did she still need him?
N'ont-ils pas joué à un jeu sans fin?
Did they not play a game without an ending?
Était-il nécessaire de vivre pour cela?
Was it necessary to live for this?
Non, ce n'était pas nécessaire!
No, it was not necessary!
Le nom de ce jeu était Sansara
The name of this game was Sansara
Un jeu pour enfants qui était peut-être agréable à jouer une fois
a game for children which was perhaps enjoyable to play once
Peut-être qu'il pourrait être joué deux fois
maybe it could be played twice
Peut-être pourriez-vous y jouer dix fois
perhaps you could play it ten times
Mais devriez-vous y jouer pour toujours et à jamais?
but should you play it for ever and ever?
Ensuite, Siddhartha savait que le jeu était terminé.
Then, Siddhartha knew that the game was over
Il savait qu'il ne pouvait plus y jouer
he knew that he could not play it any more
Des frissons couraient sur son corps et à l'intérieur de lui
Shivers ran over his body and inside of him
il sentait que quelque chose était mort

he felt that something had died

Toute la journée, il s'assit sous le manguier.
That entire day, he sat under the mango-tree
Il pensait à son père
he was thinking of his father
il pensait à Govinda
he was thinking of Govinda
et il pensait à Gotama
and he was thinking of Gotama
A-t-il dû les quitter pour devenir Kamaswami?
Did he have to leave them to become a Kamaswami?
Il était toujours assis là quand la nuit était tombée
He was still sitting there when the night had fallen
Il aperçut les étoiles et pensa en lui-même
he caught sight of the stars, and thought to himself
«Me voici assis sous mon manguier dans mon jardin d'agrément»
"Here I'm sitting under my mango-tree in my pleasure-garden"
Il sourit un peu à lui-même
He smiled a little to himself
Était-il vraiment nécessaire de posséder un jardin?
was it really necessary to own a garden?
N'était-ce pas un jeu stupide?
was it not a foolish game?
Avait-il besoin de posséder un manguier?
did he need to own a mango-tree?
Il a également mis fin à cette
He also put an end to this
Cela est également mort en lui
this also died in him
Il se leva et fit ses adieux au manguier
He rose and bid his farewell to the mango-tree
Il fit ses adieux au jardin d'agrément
he bid his farewell to the pleasure-garden
Comme il avait été sans nourriture ce jour-là, il ressentait

une forte faim
Since he had been without food this day, he felt strong hunger
et il pensa à sa maison en ville
and he thought of his house in the city
Il pensa à sa chambre et à son lit
he thought of his chamber and bed
Il a pensé à la table avec les repas dessus
he thought of the table with the meals on it
Il sourit fatigué, se secoua et fit ses adieux à ces choses.
He smiled tiredly, shook himself, and bid his farewell to these things
À la même heure de la nuit, Siddhartha quitta son jardin
In the same hour of the night, Siddhartha left his garden
Il a quitté la ville et n'est jamais revenu
he left the city and never came back

Pendant longtemps, Kamaswami a demandé à des gens de le chercher.
For a long time, Kamaswami had people look for him
Ils pensaient qu'il était tombé entre les mains de voleurs
they thought he had fallen into the hands of robbers
Kamala n'avait personne pour le chercher
Kamala had no one look for him
Elle n'a pas été étonnée par sa disparition
she was not astonished by his disappearance
Ne s'y attendait-elle pas toujours?
Did she not always expect it?
N'était-il pas un Samana?
Was he not a Samana?
Un homme qui n'était chez lui nulle part, un pèlerin
a man who was at home nowhere, a pilgrim
Elle avait ressenti cela la dernière fois qu'ils avaient été ensemble
she had felt this the last time they had been together
Elle était heureuse malgré toute la douleur de la perte
she was happy despite all the pain of the loss
Elle était heureuse d'avoir été avec lui une dernière fois

she was happy she had been with him one last time
Elle était heureuse de l'avoir tiré si affectueusement vers son cœur
she was happy she had pulled him so affectionately to her heart
Elle était heureuse de s'être sentie complètement possédée et pénétrée par lui
she was happy she had felt completely possessed and penetrated by him
Quand elle a reçu la nouvelle, elle est allée à la fenêtre
When she received the news, she went to the window
À la fenêtre, elle tenait un oiseau chanteur rare
at the window she held a rare singing bird
L'oiseau a été retenu captif dans une cage dorée
the bird was held captive in a golden cage
Elle ouvrit la porte de la cage
She opened the door of the cage
Elle a sorti l'oiseau et l'a laissé voler
she took the bird out and let it fly
Pendant longtemps, elle l'a regardé
For a long time, she gazed after it
A partir de ce jour, elle ne reçoit plus de visiteurs
From this day on, she received no more visitors
et elle a gardé sa maison fermée à clé
and she kept her house locked
Mais après un certain temps, elle a pris conscience qu'elle était enceinte.
But after some time, she became aware that she was pregnant
elle était enceinte depuis la dernière fois qu'elle était avec Siddhartha
she was pregnant from the last time she was with Siddhartha

Au bord de la Rivière
By the River

Siddhartha a marché à travers la forêt
Siddhartha walked through the forest
Il était déjà loin de la ville
he was already far from the city
et il ne savait rien d'autre qu'une chose
and he knew nothing but one thing
Il n'y avait pas de retour en arrière pour lui
there was no going back for him
La vie qu'il avait vécue pendant de nombreuses années était terminée
the life that he had lived for many years was over
Il avait goûté à toute cette vie
he had tasted all of this life
Il avait tout aspiré de cette vie
he had sucked everything out of this life
jusqu'à ce qu'il en soit dégoûté
until he was disgusted with it
L'oiseau chanteur dont il avait rêvé était mort
the singing bird he had dreamt of was dead
Et l'oiseau dans son cœur était mort aussi
and the bird in his heart was dead too
il avait été profondément empêtré dans Sansara
he had been deeply entangled in Sansara
Il avait aspiré le dégoût et la mort dans son corps
he had sucked up disgust and death into his body
comme une éponge aspire l'eau jusqu'à ce qu'elle soit pleine
like a sponge sucks up water until it is full
Il était plein de misère et de mort
he was full of misery and death
Il n'y avait plus rien dans ce monde qui aurait pu l'attirer
there was nothing left in this world which could have attracted him
Rien n'aurait pu lui donner de la joie ou du réconfort
nothing could have given him joy or comfort

Il souhaitait passionnément ne plus rien savoir de lui-même
he passionately wished to know nothing about himself anymore
Il voulait se reposer et être mort
he wanted to have rest and be dead
Il aurait souhaité qu'il y ait un éclair pour le frapper à mort!
he wished there was a lightning-bolt to strike him dead!
S'il n'y avait qu'un tigre pour le dévorer!
If there only was a tiger to devour him!
S'il n'y avait qu'un vin vénéneux qui engourdirait ses sens
If there only was a poisonous wine which would numb his senses
un vin qui lui apportait l'oubli et le sommeil
a wine which brought him forgetfulness and sleep
un vin dont il ne se réveillerait pas
a wine from which he wouldn't awake from
Y avait-il encore une sorte de saleté avec laquelle il ne s'était pas souillé?
Was there still any kind of filth he had not soiled himself with?
Y avait-il un péché ou un acte insensé qu'il n'avait pas commis?
was there a sin or foolish act he had not committed?
Y avait-il une morosité de l'âme qu'il ne connaissait pas?
was there a dreariness of the soul he didn't know?
Y avait-il quelque chose qu'il n'avait pas apporté à lui-même?
was there anything he had not brought upon himself?
Était-il encore possible d'être en vie?
Was it still at all possible to be alive?
Était-il possible d'inspirer encore et encore?
Was it possible to breathe in again and again?
Pouvait-il encore expirer?
Could he still breathe out?
Était-il capable de supporter la faim?
was he able to bear hunger?
Y avait-il un moyen de manger à nouveau?

was there any way to eat again?
Était-il possible de dormir à nouveau?
was it possible to sleep again?
Pourrait-il coucher à nouveau avec une femme?
could he sleep with a woman again?
Ce cycle ne s'était-il pas épuisé?
had this cycle not exhausted itself?
Les choses n'ont-elles pas été menées à leur terme?
were things not brought to their conclusion?

Siddhartha atteignit la grande rivière dans la forêt
Siddhartha reached the large river in the forest
C'était la même rivière qu'il a traversée quand il était encore un jeune homme
it was the same river he crossed when he had still been a young man
c'était la même rivière qu'il traversait depuis la ville de Gotama
it was the same river he crossed from the town of Gotama
Il se souvenait d'un passeur qui l'avait emmené de l'autre côté de la rivière
he remembered a ferryman who had taken him over the river
Au bord de cette rivière, il s'arrêta et, hésitant, il se tint sur la rive.
By this river he stopped, and hesitantly he stood at the bank
La fatigue et la faim l'avaient affaibli
Tiredness and hunger had weakened him
«Pourquoi devrais-je marcher?»
"what should I walk on for?"
«Vers quel but restait-il à faire?»
"to what goal was there left to go?"
Non, il n'y avait plus d'objectifs
No, there were no more goals
Il ne restait plus qu'un désir douloureux de se débarrasser de ce rêve
there was nothing left but a painful yearning to shake off this dream

Il aspirait à cracher ce vin rassis
he yearned to spit out this stale wine
Il voulait mettre fin à cette vie misérable et honteuse
he wanted to put an end to this miserable and shameful life
un cocotier courbé sur la rive de la rivière
a coconut-tree bent over the bank of the river
Siddhartha s'appuya contre son tronc avec son épaule
Siddhartha leaned against its trunk with his shoulder
Il embrassa le tronc d'un bras
he embraced the trunk with one arm
et il baissa les yeux dans l'eau verte
and he looked down into the green water
L'eau coulait sous lui
the water ran under him
Il baissa les yeux et se trouva entièrement rempli du désir de lâcher prise.
he looked down and found himself to be entirely filled with the wish to let go
Il voulait se noyer dans ces eaux
he wanted to drown in these waters
L'eau reflétait un vide effrayant sur lui
the water reflected a frightening emptiness back at him
L'eau répondait au terrible vide dans son âme
the water answered to the terrible emptiness in his soul
Oui, il était arrivé à la fin
Yes, he had reached the end
Il ne lui restait plus rien, si ce n'est de s'anéantir
There was nothing left for him, except to annihilate himself
Il voulait briser l'échec dans lequel il avait façonné sa vie
he wanted to smash the failure into which he had shaped his life
Il voulait jeter sa vie devant les pieds de dieux rieurs moqueurs
he wanted to throw his life before the feet of mockingly laughing gods
C'était le grand vomissement qu'il avait désiré; mort
This was the great vomiting he had longed for; death

l'écrasement en morceaux de la forme qu'il détestait
the smashing to bits of the form he hated
Qu'il soit la nourriture des poissons et des crocodiles
Let him be food for fishes and crocodiles
Siddhartha le chien, un fou
Siddhartha the dog, a lunatic
un corps dépravé et pourri; Une âme affaiblie et maltraitée !
a depraved and rotten body; a weakened and abused soul!
Qu'il soit coupé en morceaux par les démons
let him be chopped to bits by the daemons
Avec un visage déformé, il regarda dans l'eau
With a distorted face, he stared into the water
Il a vu le reflet de son visage et lui a craché dessus
he saw the reflection of his face and spat at it
Dans une profonde fatigue, il retira son bras du tronc de l'arbre
In deep tiredness, he took his arm away from the trunk of the tree
Il se retourna un peu, afin de se laisser tomber droit
he turned a bit, in order to let himself fall straight down
afin de finalement se noyer dans la rivière
in order to finally drown in the river
Les yeux fermés, il glissa vers la mort
With his eyes closed, he slipped towards death
Puis, hors des zones reculées de son âme, un son s'est levé
Then, out of remote areas of his soul, a sound stirred up
Un son remué des temps passés de sa vie maintenant fatiguée
a sound stirred up out of past times of his now weary life
C'était un mot singulier, une seule syllabe
It was a singular word, a single syllable
sans réfléchir, il se parlait la voix à lui-même
without thinking he spoke the voice to himself
il a brouillé le début et la fin de toutes les prières des brahmanes
he slurred the beginning and the end of all prayers of the Brahmans

il a parlé le saint Om
he spoke the holy Om
«que ce qui est parfait» ou «l'achèvement»
"that what is perfect" or "the completion"
Et dans l'instant, il a réalisé la folie de ses actions
And in the moment he realized the foolishness of his actions
le son d'Om toucha l'oreille de Siddhartha
the sound of Om touched Siddhartha's ear
Son esprit dormant s'est soudainement réveillé
his dormant spirit suddenly woke up
Siddhartha a été profondément choqué
Siddhartha was deeply shocked
Il a vu que c'était comme ça que les choses étaient avec lui
he saw this was how things were with him
Il était tellement condamné qu'il avait pu chercher la mort
he was so doomed that he had been able to seek death
Il s'était tellement égaré qu'il souhaitait la fin
he had lost his way so much that he wished the end
Le souhait d'un enfant avait pu grandir en lui
the wish of a child had been able to grow in him
Il avait voulu trouver le repos en annihilant son corps !
he had wished to find rest by annihilating his body!
Toute l'agonie de ces derniers temps
all the agony of recent times
toutes les réalisations qui donnent à réfléchir que sa vie avait créées
all sobering realizations that his life had created
tout le désespoir qu'il avait ressenti
all the desperation that he had felt
Ces choses n'ont pas provoqué ce moment
these things did not bring about this moment
quand l'Om est entré dans sa conscience, il a pris conscience de lui-même
when the Om entered his consciousness he became aware of himself
Il s'est rendu compte de sa misère et de son erreur
he realized his misery and his error

Om! Il s'est parlé à lui-même
Om! he spoke to himself
Om! et encore une fois, il connaissait Brahman
Om! and again he knew about Brahman
Om! Il connaissait l'indestructibilité de la vie
Om! he knew about the indestructibility of life
Om! Il connaissait tout ce qui est divin, qu'il avait oublié
Om! he knew about all that is divine, which he had forgotten
Mais ce n'était qu'un moment qui défilait devant lui
But this was only a moment that flashed before him
Au pied du cocotier, Siddhartha s'effondra
By the foot of the coconut-tree, Siddhartha collapsed
il a été frappé par la fatigue
he was struck down by tiredness
marmonnant «Om», il posa sa tête sur la racine de l'arbre
mumbling "Om", he placed his head on the root of the tree
et il est tombé dans un sommeil profond
and he fell into a deep sleep
Son sommeil était profond, et sans rêves
Deep was his sleep, and without dreams
depuis longtemps, il n'avait plus connu un tel sommeil
for a long time he had not known such a sleep any more

Quand il s'est réveillé après de nombreuses heures, il avait l'impression que dix ans s'étaient écoulés
When he woke up after many hours, he felt as if ten years had passed
Il entendit l'eau couler tranquillement
he heard the water quietly flowing
Il ne savait pas où il était
he did not know where he was
et il ne savait pas qui l'avait amené ici
and he did not know who had brought him here
Il ouvrit les yeux et regarda avec étonnement
he opened his eyes and looked with astonishment
Il y avait des arbres et le ciel au-dessus de lui
there were trees and the sky above him

Il se souvenait où il était et comment il était arrivé ici
he remembered where he was and how he got here
Mais il lui a fallu beaucoup de temps pour cela
But it took him a long while for this
le passé lui semblait avoir été recouvert d'un voile
the past seemed to him as if it had been covered by a veil
infiniment lointain, infiniment lointain, infiniment vide de sens
infinitely distant, infinitely far away, infinitely meaningless
Il savait seulement que sa vie antérieure avait été abandonnée
He only knew that his previous life had been abandoned
Cette vie passée lui semblait être une très vieille incarnation antérieure
this past life seemed to him like a very old, previous incarnation
Cette vie passée ressemblait à une pré-naissance de son moi présent
this past life felt like a pre-birth of his present self
plein de dégoût et de misère, il avait eu l'intention de jeter sa vie
full of disgust and wretchedness, he had intended to throw his life away
Il avait repris ses esprits près d'une rivière, sous un cocotier.
he had come to his senses by a river, under a coconut-tree
le mot sacré «Om» était sur ses lèvres
the holy word "Om" was on his lips
Il s'était endormi et s'était maintenant réveillé
he had fallen asleep and had now woken up
Il regardait le monde comme un homme nouveau
he was looking at the world as a new man
Doucement, il se prononça le mot «Om» à lui-même.
Quietly, he spoke the word "Om" to himself
le «Om» qu'il parlait quand il s'était endormi
the "Om" he was speaking when he had fallen asleep
son sommeil ne ressemblait à rien de plus qu'une longue récitation méditative de «Om»

his sleep felt like nothing more than a long meditative recitation of "Om"
tout son sommeil avait été une pensée de «Om»
all his sleep had been a thinking of "Om"
une submersion et une entrée complète dans «Om»
a submergence and complete entering into "Om"
un aller dans le parfait et l'achevé
a going into the perfected and completed
Quel merveilleux sommeil cela avait été!
What a wonderful sleep this had been!
Il n'avait jamais été aussi rafraîchi par le sommeil
he had never before been so refreshed by sleep
Peut-être était-il vraiment mort
Perhaps, he really had died
Peut-être s'était-il noyé et renaissait-il dans un nouveau corps?
maybe he had drowned and was reborn in a new body?
Mais non, il se connaissait lui-même et qui il était
But no, he knew himself and who he was
Il connaissait ses mains et ses pieds
he knew his hands and his feet
Il connaissait l'endroit où il gisait
he knew the place where he lay
Il connaissait ce moi dans sa poitrine
he knew this self in his chest
Siddhartha l'excentrique, l'étrange
Siddhartha the eccentric, the weird one
mais ce Siddhartha fut néanmoins transformé
but this Siddhartha was nevertheless transformed
Il était étrangement bien reposé et éveillé
he was strangely well rested and awake
et il était joyeux et curieux
and he was joyful and curious

Siddhartha se redressa et regarda autour de lui
Siddhartha straightened up and looked around
Puis il a vu une personne assise en face de lui

then he saw a person sitting opposite to him
Un moine en robe jaune avec un crâne rasé
a monk in a yellow robe with a shaven head
Il était assis dans la position de réfléchir
he was sitting in the position of pondering
Il a observé l'homme, qui n'avait ni cheveux sur la tête ni barbe.
He observed the man, who had neither hair on his head nor a beard
Il ne l'avait pas observé longtemps quand il reconnut ce moine
he had not observed him for long when he recognised this monk
c'était Govinda, l'ami de sa jeunesse
it was Govinda, the friend of his youth
Govinda, qui avait pris refuge auprès du Bouddha exalté
Govinda, who had taken his refuge with the exalted Buddha
Comme Siddhartha, Govinda avait également vieilli
Like Siddhartha, Govinda had also aged
mais son visage portait toujours les mêmes traits
but his face still bore the same features
son visage exprimait toujours le zèle et la fidélité
his face still expressed zeal and faithfulness
Vous pouviez voir qu'il cherchait toujours, mais timidement
you could see he was still searching, but timidly
Govinda sentit son regard, ouvrit les yeux et le regarda.
Govinda sensed his gaze, opened his eyes, and looked at him
Siddhartha vit que Govinda ne le reconnaissait pas
Siddhartha saw that Govinda did not recognise him
Govinda était heureux de le trouver réveillé
Govinda was happy to find him awake
Apparemment, il était assis ici depuis longtemps
apparently, he had been sitting here for a long time
Il attendait qu'il se réveille
he had been waiting for him to wake up
Il a attendu, bien qu'il ne le connaisse pas
he waited, although he did not know him

«J'ai dormi», dit Siddhartha
"I have been sleeping" said Siddhartha
« Comment es-tu arrivée ici? »
"However did you get here?"
«Tu as dormi» répondit Govinda
"You have been sleeping" answered Govinda
«Ce n'est pas bon de dormir dans de tels endroits»
"It is not good to be sleeping in such places"
«Les serpents et les animaux de la forêt ont leurs chemins ici»
"snakes and the animals of the forest have their paths here"
«Moi, oh monsieur, je suis un disciple de l'exalté Gotama»
"I, oh sir, am a follower of the exalted Gotama"
«J'étais en pèlerinage sur ce chemin»
"I was on a pilgrimage on this path"
«Je t'ai vu allongé et dormant dans un endroit où il est dangereux de dormir»
"I saw you lying and sleeping in a place where it is dangerous to sleep"
«Par conséquent, j'ai cherché à vous réveiller»
"Therefore, I sought to wake you up"
«mais j'ai vu que ton sommeil était très profond»
"but I saw that your sleep was very deep"
«Alors je suis resté en retrait de mon groupe»
"so I stayed behind from my group"
«Et je me suis assis avec toi jusqu'à ce que tu te réveilles»
"and I sat with you until you woke up"
«Et puis, semble-t-il, je me suis endormi moi-même»
"And then, so it seems, I have fallen asleep myself"
«Moi, qui voulais garder ton sommeil, je me suis endormi»
"I, who wanted to guard your sleep, fell asleep"
«Mal, je t'ai servi»
"Badly, I have served you"
«La fatigue m'avait submergé»
"tiredness had overwhelmed me"
«Mais puisque tu es réveillé, laisse-moi aller rattraper mes frères»

"But since you're awake, let me go to catch up with my brothers"

«Je te remercie, Samana, d'avoir veillé sur mon sommeil» dit Siddhartha

"I thank you, Samana, for watching out over my sleep" spoke Siddhartha

«Vous êtes amicaux, vous les disciples de l'exalté»

"You're friendly, you followers of the exalted one"

«Maintenant, vous pouvez aller vers eux»

"Now you may go to them"

«J'y vais, monsieur. Puissiez-vous toujours être en bonne santé»

"I'm going, sir. May you always be in good health"

«Je te remercie, Samana»

"I thank you, Samana"

Govinda fit le geste d'une salutation et dit «Adieu»

Govinda made the gesture of a salutation and said "Farewell"

«Adieu, Govinda» dit Siddhartha

"Farewell, Govinda" said Siddhartha

Le moine s'arrêta comme frappé par la foudre

The monk stopped as if struck by lightning

«Permettez-moi de vous demander, monsieur, d'où tirez-vous mon nom?»

"Permit me to ask, sir, from where do you know my name?"

Siddhartha sourit, «Je te connais, oh Govinda, de la hutte de ton père»

Siddhartha smiled, "I know you, oh Govinda, from your father's hut"

«Et je te connais de l'école des brahmanes»

"and I know you from the school of the Brahmans"

«et je te connais par les offrandes»

"and I know you from the offerings"

«et je te connais de notre promenade aux Samanas»

"and I know you from our walk to the Samanas"

«Et je te connais depuis que tu t'es réfugié auprès du Très-Haut»

"and I know you from when you took refuge with the exalted

one"

«Tu es Siddhartha,» s'exclama Govinda à haute voix, «Maintenant, je te reconnais»

"You're Siddhartha," Govinda exclaimed loudly, "Now, I recognise you"

«Je ne comprends pas comment je n'ai pas pu te reconnaître tout de suite»

"I don't comprehend how I couldn't recognise you right away"

«Siddhartha, ma joie est grande de te revoir»

"Siddhartha, my joy is great to see you again"

«Cela me donne aussi de la joie de vous revoir», a déclaré Siddhartha

"It also gives me joy, to see you again" spoke Siddhartha

«Tu as été le gardien de mon sommeil»

"You've been the guard of my sleep"

«Encore une fois, je vous remercie pour cela»

"again, I thank you for this"

«mais je n'aurais pas eu besoin de garde»

"but I wouldn't have required any guard"

«Où vas-tu, oh ami?»

"Where are you going to, oh friend?"

«Je ne vais nulle part», répondit Govinda

"I'm going nowhere," answered Govinda

«Nous, les moines, sommes toujours en voyage»

"We monks are always travelling"

«Chaque fois que ce n'est pas la saison des pluies, nous nous déplaçons d'un endroit à un autre»

"whenever it is not the rainy season, we move from one place to another"

«Nous vivons selon les règles des enseignements qui nous sont transmis»

"we live according to the rules of the teachings passed on to us"

«Nous acceptons l'aumône, puis nous passons à autre chose»

"we accept alms, and then we move on"

«C'est toujours comme ça»

"It is always like this"

«Mais toi, Siddhartha, où vas-tu?»
"But you, Siddhartha, where are you going to?"
«Pour moi, c'est comme avec toi»
"for me it is as it is with you"
«Je ne vais nulle part; Je ne fais que voyager»
"I'm going nowhere; I'm just travelling"
«Je suis aussi en pèlerinage»
"I'm also on a pilgrimage"
Govinda a dit «Vous dites que vous êtes en pèlerinage, et je vous crois»
Govinda spoke "You say you're on a pilgrimage, and I believe you"
«Mais, pardonnez-moi, oh Siddhartha, vous ne ressemblez pas à un pèlerin»
"But, forgive me, oh Siddhartha, you do not look like a pilgrim"
«Vous portez les vêtements d'un homme riche»
"You're wearing a rich man's garments"
«Vous portez les chaussures d'un gentleman distingué»
"you're wearing the shoes of a distinguished gentleman"
«Et tes cheveux, avec le parfum du parfum, ne sont pas des cheveux de pèlerin»
"and your hair, with the fragrance of perfume, is not a pilgrim's hair"
«tu n'as pas les cheveux d'un Samana»
"you do not have the hair of a Samana"
«Tu as raison, ma chérie»
"you are right, my dear"
«Vous avez bien observé les choses»
"you have observed things well"
«Vos yeux vifs voient tout»
"your keen eyes see everything"
«Mais je ne t'ai pas dit que j'étais un Samana»
"But I haven't said to you that I was a Samana"
«J'ai dit que j'étais en pèlerinage»
"I said I'm on a pilgrimage"
«Et c'est ainsi, je suis en pèlerinage»

"And so it is, I'm on a pilgrimage"
«Vous êtes en pèlerinage», dit Govinda
"You're on a pilgrimage" said Govinda
«Mais peu iraient en pèlerinage dans de tels vêtements»
"But few would go on a pilgrimage in such clothes"
«Peu de gens voleraient dans de telles chaussures»
"few would pilger in such shoes"
«Et peu de pèlerins ont de tels cheveux»
"and few pilgrims have such hair"
«Je n'ai jamais rencontré un tel pèlerin»
"I have never met such a pilgrim"
«Et je suis pèlerin depuis de nombreuses années»
"and I have been a pilgrim for many years"
«Je te crois, mon cher Govinda»
"I believe you, my dear Govinda"
«Mais maintenant, aujourd'hui, vous avez rencontré un pèlerin comme ça»
"But now, today, you've met a pilgrim just like this"
«Un pèlerin portant ce genre de chaussures et de vêtements»
"a pilgrim wearing these kinds of shoes and garment"
«Souviens-toi, ma chérie, le monde des apparences n'est pas éternel»
"Remember, my dear, the world of appearances is not eternal"
«Nos chaussures et nos vêtements sont tout sauf éternels»
"our shoes and garments are anything but eternal"
«Nos cheveux et nos corps ne sont pas éternels non plus»
"our hair and bodies are not eternal either"
Je porte des vêtements d'homme riche»
I'm wearing a rich man's clothes"
«Vous avez vu cela tout à fait juste»
"you've seen this quite right"
«Je les porte, parce que j'ai été un homme riche»
"I'm wearing them, because I have been a rich man"
«Et je porte mes cheveux comme les gens mondains et lubriques»
"and I'm wearing my hair like the worldly and lustful people"
«Parce que j'ai été l'un d'entre eux»

"because I have been one of them"
«Et qu'es-tu maintenant, Siddhartha?» Govinda a demandé
"And what are you now, Siddhartha?" Govinda asked
«Je ne le sais pas, tout comme toi»
"I don't know it, just like you"
«J'étais un homme riche, et maintenant je ne suis plus un homme riche»
"I was a rich man, and now I am not a rich man anymore"
«Et ce que je serai demain, je ne sais pas»
"and what I'll be tomorrow, I don't know"
«Vous avez perdu vos richesses?» demanda Govinda
"You've lost your riches?" asked Govinda
«J'ai perdu mes richesses, ou ils m'ont perdu»
"I've lost my riches, or they have lost me"
«Mes richesses m'ont échappé d'une manière ou d'une autre»
"My riches somehow happened to slip away from me"
«La roue des manifestations physiques tourne vite, Govinda»
"The wheel of physical manifestations is turning quickly, Govinda"
«Où est Siddhartha le Brahman?»
"Where is Siddhartha the Brahman?"
«Où est Siddhartha le Samana?»
"Where is Siddhartha the Samana?"
«Où est Siddhartha l'homme riche?»
"Where is Siddhartha the rich man?"
«Les choses non éternelles changent rapidement, Govinda, tu le sais»
"Non-eternal things change quickly, Govinda, you know it"
Govinda a regardé l'ami de sa jeunesse pendant un long moment
Govinda looked at the friend of his youth for a long time
Il le regarda avec un doute dans les yeux
he looked at him with doubt in his eyes
Après cela, il lui a donné la salutation que l'on utiliserait sur un gentleman

After that, he gave him the salutation which one would use on a gentleman
et il continua son chemin, et continua son pèlerinage
and he went on his way, and continued his pilgrimage
Avec un visage souriant, Siddhartha le regarda partir
With a smiling face, Siddhartha watched him leave
Il l'aimait encore, cet homme fidèle et craintif
he loved him still, this faithful, fearful man
Comment aurait-il pu ne pas aimer tout le monde et tout en ce moment?
how could he not have loved everybody and everything in this moment?
à l'heure glorieuse qui a suivi son merveilleux sommeil, rempli d'Om!
in the glorious hour after his wonderful sleep, filled with Om!
L'enchantement, qui s'était produit à l'intérieur de lui dans son sommeil
The enchantment, which had happened inside of him in his sleep
Cet enchantement était tout ce qu'il aimait
this enchantment was everything that he loved
Il était plein d'amour joyeux pour tout ce qu'il voyait
he was full of joyful love for everything he saw
C'était exactement sa maladie avant
exactly this had been his sickness before
Il n'avait pas été capable d'aimer quelqu'un ou quoi que ce soit
he had not been able to love anybody or anything
Avec un visage souriant, Siddhartha regarda le moine partir
With a smiling face, Siddhartha watched the leaving monk

Le sommeil l'avait beaucoup fortifié
The sleep had strengthened him a lot
Mais la faim lui causa une grande douleur
but hunger gave him great pain
À ce moment-là, il n'avait pas mangé depuis deux jours
by now he had not eaten for two days

Il était loin le temps où il pouvait résister à une telle faim
the times were long past when he could resist such hunger
Avec tristesse, et pourtant aussi avec un sourire, il pensa à ce moment
With sadness, and yet also with a smile, he thought of that time
À cette époque, se souvenait-il, il s'était vanté de trois choses à Kamala.
In those days, so he remembered, he had boasted of three things to Kamala
Il avait été capable de réaliser trois exploits nobles et invincibles
he had been able to do three noble and undefeatable feats
Il était capable de jeûner, d'attendre et de réfléchir
he was able to fast, wait, and think
C'étaient ses biens; sa puissance et sa force
These had been his possessions; his power and strength
Au cours des années occupées et laborieuses de sa jeunesse, il avait appris ces trois exploits.
in the busy, laborious years of his youth, he had learned these three feats
Et maintenant, ses exploits l'avaient abandonné
And now, his feats had abandoned him
Aucun de ses exploits n'était plus le sien
none of his feats were his any more
ni jeûner, ni attendre, ni penser
neither fasting, nor waiting, nor thinking
Il les avait abandonnés pour les choses les plus misérables
he had given them up for the most wretched things
Qu'est-ce qui s'estompe le plus rapidement?
what is it that fades most quickly?
la luxure sensuelle, la belle vie et les richesses!
sensual lust, the good life, and riches!
Sa vie avait en effet été étrange
His life had indeed been strange
Et maintenant, semblait-il, il était vraiment devenu une personne enfantine

And now, so it seemed, he had really become a childlike person

Siddhartha réfléchit à sa situation
Siddhartha thought about his situation
Penser était difficile pour lui maintenant
Thinking was hard for him now
Il n'avait pas vraiment envie de penser
he did not really feel like thinking
mais il s'est forcé à réfléchir
but he forced himself to think
«Toutes ces choses périssant le plus facilement m'ont échappé»
"all these most easily perishing things have slipped from me"
«Encore une fois, maintenant je suis ici sous le soleil»
"again, now I'm standing here under the sun"
«Je suis ici comme un petit enfant»
"I am standing here just like a little child"
«rien n'est à moi, je n'ai aucune capacité»
"nothing is mine, I have no abilities"
«Il n'y a rien que je puisse apporter»
"there is nothing I could bring about"
«Je n'ai rien appris de ma vie»
"I have learned nothing from my life"
«Comme tout cela est merveilleux!»
"How wondrous all of this is!"
«C'est merveilleux que je ne sois plus jeune»
"it's wondrous that I'm no longer young"
«Mes cheveux sont déjà à moitié gris et mes forces s'estompent»
"my hair is already half gray and my strength is fading"
«Et maintenant je recommence au début, comme un enfant!»
"and now I'm starting again at the beginning, as a child!"
Encore une fois, il devait sourire à lui-même
Again, he had to smile to himself
Oui, son destin avait été étrange!
Yes, his fate had been strange!
Les choses se détérioraient avec lui

Things were going downhill with him
Et maintenant, il faisait à nouveau face au monde nu et stupide
and now he was again facing the world naked and stupid
Mais il ne pouvait pas se sentir triste à ce sujet
But he could not feel sad about this
Non, il a même ressenti une grande envie de rire
no, he even felt a great urge to laugh
Il ressentait le besoin de rire de lui-même
he felt an urge to laugh about himself
Il ressentait le besoin de rire de ce monde étrange et stupide
he felt an urge to laugh about this strange, foolish world
« Les choses se dégradent avec toi ! » se dit-il
"Things are going downhill with you!" he said to himself
et il a ri de sa situation
and he laughed about his situation
Pendant qu'il le disait, il jeta un coup d'œil à la rivière
as he was saying it he happened to glance at the river
et il a aussi vu la rivière descendre
and he also saw the river going downhill
C'était chanter et être heureux de tout
it was singing and being happy about everything
Il aimait cela, et gentiment il souriait à la rivière
He liked this, and kindly he smiled at the river
N'était-ce pas la rivière dans laquelle il avait eu l'intention de se noyer ?
Was this not the river in which he had intended to drown himself?
dans le passé, il y a cent ans
in past times, a hundred years ago
Ou avait-il rêvé cela ?
or had he dreamed this?
« Merveilleuse, c'était vraiment ma vie », pensa-t-il
"Wondrous indeed was my life" he thought
« Ma vie a pris des détours merveilleux »
"my life has taken wondrous detours"
« Quand j'étais enfant, je ne m'occupais que des dieux et des

offrandes»
"As a boy, I only dealt with gods and offerings"
«Dans ma jeunesse, je ne traitais que de l'ascétisme»
"As a youth, I only dealt with asceticism"
«J'ai passé mon temps à réfléchir et à méditer»
"I spent my time in thinking and meditation"
«Je cherchais Brahman
"I was searching for Brahman
«et j'adorais l'éternel dans l'Atman»
"and I worshipped the eternal in the Atman"
«Mais quand j'étais jeune, je suivais les pénitents»
"But as a young man, I followed the penitents"
«Je vivais dans la forêt et je souffrais de la chaleur et du gel»
"I lived in the forest and suffered heat and frost"
«C'est là que j'ai appris à vaincre la faim»
"there I learned how to overcome hunger"
«Et j'ai appris à mon corps à devenir mort»
"and I taught my body to become dead"
«Merveilleusement, peu de temps après, la perspicacité est venue vers moi»
"Wonderfully, soon afterwards, insight came towards me"
«perspicacité sous la forme des enseignements du grand Bouddha»
"insight in the form of the great Buddha's teachings"
«J'ai ressenti la connaissance de l'unité du monde»
"I felt the knowledge of the oneness of the world"
«Je l'ai senti tourner en moi comme mon propre sang»
"I felt it circling in me like my own blood"
«Mais j'ai aussi dû quitter Bouddha et la grande connaissance»
"But I also had to leave Buddha and the great knowledge"
«J'y suis allé et j'ai appris l'art de l'amour avec Kamala»
"I went and learned the art of love with Kamala"
« J'ai appris à commercer et à faire des affaires avec Kamaswami »
"I learned trading and business with Kamaswami"
«J'ai accumulé de l'argent et je l'ai gaspillé à nouveau»

"I piled up money, and wasted it again"
«J'ai appris à aimer mon estomac et à plaire à mes sens»
"I learned to love my stomach and please my senses"
«J'ai dû passer de nombreuses années à perdre mon esprit»
"I had to spend many years losing my spirit"
«et j'ai dû désapprendre à penser à nouveau»
"and I had to unlearn thinking again"
«Là, j'avais oublié l'unité»
"there I had forgotten the oneness"
«N'est-ce pas comme si j'étais passé lentement d'un homme à un enfant»?
"Isn't it just as if I had turned slowly from a man into a child"?
«D'un penseur à une personne enfantine»
"from a thinker into a childlike person"
«Et pourtant, ce chemin a été très bon»
"And yet, this path has been very good"
«Et pourtant, l'oiseau dans ma poitrine n'est pas mort»
"and yet, the bird in my chest has not died"
«Quel chemin cela a-t-il été!»
"what a path has this been!"
«J'ai dû passer par tant de stupidité»
"I had to pass through so much stupidity"
«J'ai dû passer par tellement de vices»
"I had to pass through so much vice"
«J'ai dû faire tellement d'erreurs»
"I had to make so many errors"
«J'ai dû ressentir tellement de dégoût et de déception»
"I had to feel so much disgust and disappointment"
«J'ai dû faire tout cela pour redevenir un enfant»
"I had to do all this to become a child again"
«et puis je pourrais recommencer»
"and then I could start over again"
«Mais c'était la bonne façon de le faire»
"But it was the right way to do it"
«Mon cœur lui dit oui et mes yeux lui sourient»
"my heart says yes to it and my eyes smile to it"
«J'ai dû faire l'expérience du désespoir»

"I've had to experience despair"
«J'ai dû mombrer dans la plus stupide de toutes les pensées»
"I've had to sink down to the most foolish of all thoughts"
«J'ai dû penser aux pensées suicidaires»
"I've had to think to the thoughts of suicide"
«Ce n'est qu'alors que je pourrais faire l'expérience de la grâce divine»
"only then would I be able to experience divine grace"
«Ce n'est qu'alors que j'ai pu entendre Om à nouveau»
"only then could I hear Om again"
«Ce n'est qu'alors que je pourrais dormir correctement et me réveiller à nouveau»
"only then would I be able to sleep properly and awake again"
«Je devais devenir un imbécile, pour retrouver Atman en moi»
"I had to become a fool, to find Atman in me again"
«Je devais pécher, pour pouvoir revivre»
"I had to sin, to be able to live again"
«Où mon chemin pourrait-il me mener d'autre?»
"Where else might my path lead me to?"
«C'est stupide, ce chemin, il se déplace en boucles»
"It is foolish, this path, it moves in loops"
«Peut-être que ça tourne en rond»
"perhaps it is going around in a circle"
«Laissez ce chemin aller où il veut»
"Let this path go where it likes"
«Où que ce chemin aille, je veux le suivre»
"where ever this path goes, I want to follow it"
Il sentit la joie rouler comme des vagues dans sa poitrine
he felt joy rolling like waves in his chest
Il demanda à son cœur : «D'où avez-vous obtenu ce bonheur?»
he asked his heart, "from where did you get this happiness?"
«Est-ce que cela vient peut-être de ce long et bon sommeil?»
"does it perhaps come from that long, good sleep?"
«Le sommeil qui m'a fait tant de bien»
"the sleep which has done me so much good"

«Ou cela vient-il du mot Om, que j'ai dit?»
"or does it come from the word Om, which I said?"
«Ou est-ce que cela vient du fait que je me suis échappé?»
"Or does it come from the fact that I have escaped?"
«Est-ce que ce bonheur vient de se tenir comme un enfant sous le ciel?»
"does this happiness come from standing like a child under the sky?"
«Oh comme c'est bon d'avoir fui»
"Oh how good is it to have fled"
«C'est génial d'être devenu libre!»
"it is great to have become free!"
«Comme l'air est propre et beau ici»
"How clean and beautiful the air here is"
«L'air est bon à respirer»
"the air is good to breath"
«où je me suis enfui de tout sentait les onguents»
"where I ran away from everything smelled of ointments"
«épices, vin, excès, paresse»
"spices, wine, excess, sloth"
«Comme je détestais ce monde de riches»
"How I hated this world of the rich"
«Je détestais ceux qui se délectent de la bonne nourriture et les joueurs!»
"I hated those who revel in fine food and the gamblers!"
«Je me détestais d'être resté si longtemps dans ce monde terrible!
"I hated myself for staying in this terrible world for so long!
«Je me suis privé, empoisonné et torturé»
"I have deprived, poisoned, and tortured myself"
«Je me suis fait vieux et méchant!»
"I have made myself old and evil!"
«Non, je ne ferai plus jamais les choses que j'aimais tant faire»
"No, I will never again do the things I liked doing so much"
«Je ne vais pas me leurrer en pensant que Siddhartha était sage!»

"I won't delude myself into thinking that Siddhartha was wise!"
«Mais cette seule chose, je l'ai bien faite»
"But this one thing I have done well"
«Ceci que j'aime, cela je dois louer»
"this I like, this I must praise"
«J'aime qu'il y ait maintenant une fin à cette haine contre moi-même»
"I like that there is now an end to that hatred against myself"
«Il y a une fin à cette vie stupide et morne!»
"there is an end to that foolish and dreary life!"
«Je te loue, Siddhartha, après tant d'années de folie»
"I praise you, Siddhartha, after so many years of foolishness"
«Vous avez encore une idée»
"you have once again had an idea"
«Vous avez entendu l'oiseau dans votre poitrine chanter»
"you have heard the bird in your chest singing"
«Et vous avez suivi le chant de l'oiseau!»
"and you followed the song of the bird!"
Avec ces pensées, il se félicita lui-même
with these thoughts he praised himself
Il avait retrouvé de la joie en lui-même
he had found joy in himself again
Il écoutait curieusement son estomac gronder de faim
he listened curiously to his stomach rumbling with hunger
Il avait goûté et craché un morceau de souffrance et de misère
he had tasted and spat out a piece of suffering and misery
En ces temps et ces derniers jours, voici ce qu'il ressentait
in these recent times and days, this is how he felt
il l'avait dévoré jusqu'au désespoir et à la mort
he had devoured it up to the point of desperation and death
Comment tout s'était passé était bon
how everything had happened was good
il aurait pu rester avec Kamaswami beaucoup plus longtemps
he could have stayed with Kamaswami for much longer

Il aurait pu gagner plus d'argent, puis le gaspiller
he could have made more money, and then wasted it
Il aurait pu remplir son estomac et laisser son âme mourir de soif
he could have filled his stomach and let his soul die of thirst
Il aurait pu vivre dans cet enfer rembourré beaucoup plus longtemps
he could have lived in this soft upholstered hell much longer
Si cela ne s'était pas produit, il aurait continué cette vie
if this had not happened, he would have continued this life
Le moment de désespoir et de désespoir complets
the moment of complete hopelessness and despair
Le moment le plus extrême où il a plané au-dessus des eaux tumultueuses
the most extreme moment when he hung over the rushing waters
le moment où il était prêt à se détruire
the moment he was ready to destroy himself
le moment où il avait ressenti ce désespoir et ce profond dégoût
the moment he had felt this despair and deep disgust
il n'y avait pas succombé
he had not succumbed to it
L'oiseau était toujours vivant après tout
the bird was still alive after all
C'est pourquoi il ressentait de la joie et riait
this was why he felt joy and laughed
C'est pourquoi son visage souriait brillamment sous ses cheveux
this was why his face was smiling brightly under his hair
ses cheveux qui étaient maintenant devenus gris
his hair which had now turned gray
«C'est bon, pensa-t-il, de goûter à tout pour soi-même»
"It is good," he thought, "to get a taste of everything for oneself"
«Tout ce qu'il faut savoir»
"everything which one needs to know"

«La convoitise du monde et des richesses n'appartient pas aux bonnes choses»
"lust for the world and riches do not belong to the good things"
«J'ai déjà appris cela quand j'étais enfant»
"I have already learned this as a child"
«Je le sais depuis longtemps»
"I have known it for a long time"
«mais je ne l'avais pas vécu jusqu'à présent»
"but I hadn't experienced it until now"
«Et maintenant que je l'ai vécu, je le sais»
"And now that I I've experienced it I know it"
«Je ne le sais pas seulement dans ma mémoire, mais dans mes yeux, mon cœur et mon estomac»
"I don't just know it in my memory, but in my eyes, heart, and stomach"
«C'est bon pour moi de le savoir!»
"it is good for me to know this!"

Pendant longtemps, il a réfléchi à sa transformation
For a long time, he pondered his transformation
Il écoutait l'oiseau, alors qu'il chantait de joie
he listened to the bird, as it sang for joy
Cet oiseau n'était-il pas mort en lui?
Had this bird not died in him?
N'avait-il pas senti la mort de cet oiseau?
had he not felt this bird's death?
Non, quelque chose d'autre de l'intérieur de lui était mort
No, something else from within him had died
quelque chose qui aspirait à mourir était mort
something which yearned to die had died
N'était-ce pas cela qu'il avait l'intention de tuer?
Was it not this that he used to intend to kill?
N'était-ce pas son petit moi effrayé et fier qui était mort?
Was it not his his small, frightened, and proud self that had died?
Il avait lutté avec lui-même pendant tant d'années

he had wrestled with his self for so many years
le moi qui l'avait vaincu encore et encore
the self which had defeated him again and again
le moi qui était de retour après chaque meurtre
the self which was back again after every killing
Le moi qui interdisait la joie et ressentait la peur?
the self which prohibited joy and felt fear?
N'était-ce pas ce moi qui aujourd'hui était finalement arrivé à sa mort?
Was it not this self which today had finally come to its death?
Ici, dans la forêt, au bord de cette belle rivière
here in the forest, by this lovely river
N'était-ce pas à cause de cette mort, qu'il était maintenant comme un enfant?
Was it not due to this death, that he was now like a child?
si plein de confiance et de joie, sans peur
so full of trust and joy, without fear
Maintenant, Siddhartha a également eu une idée de la raison pour laquelle il avait combattu ce moi en vain
Now Siddhartha also got some idea of why he had fought this self in vain
il savait pourquoi il ne pouvait pas se battre lui-même en tant que Brahman
he knew why he couldn't fight his self as a Brahman
Trop de connaissances l'avaient retenu
Too much knowledge had held him back
Trop de versets saints, de règles sacrificielles et d'auto-châtiment
too many holy verses, sacrificial rules, and self-castigation
Toutes ces choses l'ont retenu
all these things held him back
Tant de choses à faire et à s'efforcer d'atteindre cet objectif!
so much doing and striving for that goal!
Il avait été plein d'arrogance
he had been full of arrogance
Il a toujours été le plus intelligent
he was always the smartest

Il travaillait toujours le plus
he was always working the most
Il avait toujours eu une longueur d'avance sur tous les autres
he had always been one step ahead of all others
Il a toujours été le connaisseur et spirituel
he was always the knowing and spiritual one
Il a toujours été considéré comme le prêtre ou le sage
he was always considered the priest or wise one
Son moi s'était retiré dans le rôle de prêtre, d'arrogance et de spiritualité.
his self had retreated into being a priest, arrogance, and spirituality
Là, il s'est assis fermement et a grandi tout ce temps
there it sat firmly and grew all this time
et il avait pensé qu'il pouvait le tuer en jeûnant
and he had thought he could kill it by fasting
Maintenant, il voyait sa vie telle qu'elle était devenue
Now he saw his life as it had become
Il vit que la voix secrète avait eu raison
he saw that the secret voice had been right
Aucun enseignant n'aurait jamais été capable d'apporter son salut
no teacher would ever have been able to bring about his salvation
Par conséquent, il devait aller dans le monde
Therefore, he had to go out into the world
Il a dû se perdre dans la luxure et le pouvoir
he had to lose himself to lust and power
Il a dû se perdre pour les femmes et l'argent
he had to lose himself to women and money
Il devait devenir marchand, joueur de dés, buveur
he had to become a merchant, a dice-gambler, a drinker
et il devait devenir une personne avide
and he had to become a greedy person
il devait le faire jusqu'à ce que le prêtre et Samana en lui soient morts
he had to do this until the priest and Samana in him was dead

Par conséquent, il devait continuer à supporter ces années laides
Therefore, he had to continue bearing these ugly years
Il a dû supporter le dégoût et les enseignements
he had to bear the disgust and the teachings
Il a dû supporter l'inutilité d'une vie morne et gâchée
he had to bear the pointlessness of a dreary and wasted life
Il a dû le conclure jusqu'à sa fin amère
he had to conclude it up to its bitter end
il devait le faire jusqu'à ce que Siddhartha le lubrique puisse aussi mourir
he had to do this until Siddhartha the lustful could also die
Il était mort et un nouveau Siddhartha s'était réveillé du sommeil
He had died and a new Siddhartha had woken up from the sleep
ce nouveau Siddhartha vieillirait aussi
this new Siddhartha would also grow old
Il devrait également mourir éventuellement
he would also have to die eventually
Siddhartha était encore mortel, comme toute forme physique
Siddhartha was still mortal, as is every physical form
Mais aujourd'hui, il était jeune et un enfant et plein de joie
But today he was young and a child and full of joy
Il pensait ces pensées à lui-même
He thought these thoughts to himself
Il écouta avec un sourire à son estomac
he listened with a smile to his stomach
Il écouta avec gratitude une abeille bourdonnante
he listened gratefully to a buzzing bee
Joyeusement, il regarda dans la rivière tumultueuse
Cheerfully, he looked into the rushing river
Il n'avait jamais autant aimé une eau que celle-ci
he had never before liked a water as much as this one
Il n'avait jamais perçu la voix aussi forte
he had never before perceived the voice so stronger
Il n'avait jamais compris aussi fortement la parabole de l'eau

en mouvement
he had never understood the parable of the moving water so strongly
Il n'avait jamais remarqué à quel point la rivière bougeait magnifiquement
he had never before noticed how beautifully the river moved
Il lui semblait, comme si la rivière avait quelque chose de spécial à lui dire
It seemed to him, as if the river had something special to tell him
quelque chose qu'il ne savait pas encore, qui l'attendait toujours
something he did not know yet, which was still awaiting him
Dans cette rivière, Siddhartha avait eu l'intention de se noyer
In this river, Siddhartha had intended to drown himself
dans cette rivière, le vieux Siddhartha, fatigué et désespéré, s'était noyé aujourd'hui
in this river the old, tired, desperate Siddhartha had drowned today
Mais le nouveau Siddhartha ressentait un amour profond pour cette eau tumultueuse
But the new Siddhartha felt a deep love for this rushing water
et il a décidé pour lui-même, de ne pas le quitter très bientôt
and he decided for himself, not to leave it very soon

Le Passeur
The Ferryman

«Au bord de cette rivière, je veux rester», pensa Siddhartha
"By this river I want to stay," thought Siddhartha
«C'est la même rivière que j'ai traversée il y a longtemps»
"it is the same river which I have crossed a long time ago"
«J'étais en route vers les gens comme des enfants»
"I was on my way to the childlike people"
«Un passeur sympathique m'avait guidé à travers la rivière»
"a friendly ferryman had guided me across the river"
«C'est lui que je veux aller»
"he is the one I want to go to"
«Partant de sa hutte, mon chemin m'a conduit à une nouvelle vie»
"starting out from his hut, my path led me to a new life"
«Un chemin qui avait vieilli et qui est maintenant mort»
"a path which had grown old and is now dead"
«Mon chemin actuel commencera aussi là !»
"my present path shall also take its start there!"
Tendrement, il regarda dans l'eau tumultueuse
Tenderly, he looked into the rushing water
Il regarda dans les lignes vertes transparentes tracées par l'eau
he looked into the transparent green lines the water drew
Les lignes cristallines d'eau étaient riches en secrets
the crystal lines of water were rich in secrets
Il a vu des perles brillantes s'élever des profondeurs
he saw bright pearls rising from the deep
bulles d'air silencieuses flottant sur la surface réfléchissante
quiet bubbles of air floating on the reflecting surface
Le bleu du ciel représenté dans les bulles
the blue of the sky depicted in the bubbles
La rivière le regarda avec mille yeux
the river looked at him with a thousand eyes
La rivière avait les yeux verts et les yeux blancs
the river had green eyes and white eyes

La rivière avait des yeux de cristal et des yeux bleu ciel
the river had crystal eyes and sky-blue eyes
Il aimait beaucoup cette eau, elle le ravissait
he loved this water very much, it delighted him
Il était reconnaissant envers l'eau
he was grateful to the water
Dans son cœur, il entendit la voix parler
In his heart he heard the voice talking
«J'adore cette eau! Restez près d'elle!»
"Love this water! Stay near it!"
«Apprenez de l'eau!» lui ordonna sa voix
"Learn from the water!" hiw voice commanded him
Oh oui, il voulait en tirer des leçons
Oh yes, he wanted to learn from it
Il voulait écouter l'eau
he wanted to listen to the water
Celui qui comprendrait les secrets de cette eau
He who would understand this water's secrets
Il comprendrait aussi beaucoup d'autres choses
he would also understand many other things
C'est ainsi qu'il lui semblait
this is how it seemed to him
Mais de tous les secrets de la rivière, aujourd'hui il n'en a vu qu'un seul
But out of all secrets of the river, today he only saw one
Ce secret a touché son âme
this secret touched his soul
Cette eau coulait et coulait, sans cesse
this water ran and ran, incessantly
L'eau coulait, mais néanmoins elle était toujours là
the water ran, but nevertheless it was always there
L'eau était toujours, en tout temps, la même
the water always, at all times, was the same
Et en même temps, c'était nouveau à chaque instant
and at the same time it was new in every moment
Celui qui pourrait saisir cela serait grand
he who could grasp this would be great

mais il ne le comprenait pas ou ne le saisissait pas
but he didn't understand or grasp it
il n'en sentait qu'une certaine idée émouvante.
he only felt some idea of it stirring
C'était comme un souvenir lointain, une voix divine
it was like a distant memory, a divine voices

Siddhartha se leva alors que le fonctionnement de la faim dans son corps devenait insupportable
Siddhartha rose as the workings of hunger in his body became unbearable
Dans un état second, il s'éloigna de la ville
In a daze he walked further away from the city
Il remonta la rivière le long du chemin près de la rive
he walked up the river along the path by the bank
il écoutait le courant de l'eau
he listened to the current of the water
Il écoutait la faim grondante dans son corps
he listened to the rumbling hunger in his body
Quand il a atteint le ferry, le bateau venait d'arriver
When he reached the ferry, the boat was just arriving
le même passeur qui avait autrefois transporté le jeune Samana de l'autre côté de la rivière
the same ferryman who had once transported the young Samana across the river
il se tenait dans le bateau et Siddhartha le reconnut
he stood in the boat and Siddhartha recognised him
Il avait également beaucoup vieilli
he had also aged very much
Le passeur était étonné de voir un homme aussi élégant marcher à pied
the ferryman was astonished to see such an elegant man walking on foot
«Voulez-vous me transporter?» demanda-t-il
"Would you like to ferry me over?" he asked
Il l'a pris dans son bateau et l'a poussé hors de la rive
he took him into his boat and pushed it off the bank

«C'est une belle vie que vous avez choisie pour vous-même» a parlé le passager
"It's a beautiful life you have chosen for yourself" the passenger spoke
«Ça doit être beau de vivre de cette eau tous les jours»
"It must be beautiful to live by this water every day"
«Et ça doit être beau de naviguer dessus sur le fleuve»
"and it must be beautiful to cruise on it on the river"
Avec un sourire, l'homme à la rame se déplaça d'un côté à l'autre
With a smile, the man at the oar moved from side to side
«C'est aussi beau que vous le dites, monsieur»
"It is as beautiful as you say, sir"
«Mais chaque vie et chaque travail ne sont-ils pas beaux?»
"But isn't every life and all work beautiful?"
«C'est peut-être vrai» répondit Siddhartha
"This may be true" replied Siddhartha
«Mais je t'envie pour ta vie»
"But I envy you for your life"
«Ah, tu arrêterais bientôt d'en profiter»
"Ah, you would soon stop enjoying it"
«Ce n'est pas du travail pour les gens qui portent de beaux vêtements»
"This is no work for people wearing fine clothes"
Siddhartha rit de l'observation
Siddhartha laughed at the observation
«Une fois auparavant, on m'a regardé aujourd'hui à cause de mes vêtements»
"Once before, I have been looked upon today because of my clothes"
«On m'a regardé avec méfiance»
"I have been looked upon with distrust"
«Ils sont une nuisance pour moi»
"they are a nuisance to me"
«Ne voudriez-vous pas, passeur, accepter ces vêtements»
"Wouldn't you, ferryman, like to accept these clothes"
«Parce que tu dois savoir, je n'ai pas d'argent pour payer ton

billet»

"because you must know, I have no money to pay your fare"

«Vous plaisantez, monsieur,» dit le passeur en riant.

"You're joking, sir," the ferryman laughed

«Je ne plaisante pas, ami»

"I'm not joking, friend"

«Une fois auparavant, tu m'as transporté sur cette eau dans ton bateau»

"once before you have ferried me across this water in your boat"

«Vous l'avez fait pour la récompense immatérielle d'une bonne action»

"you did it for the immaterial reward of a good deed"

«Transportez-moi de l'autre côté de la rivière et acceptez mes vêtements pour cela»

"ferry me across the river and accept my clothes for it"

«Et avez-vous, monsieur, l'intention de continuer à voyager sans vêtements?»

"And do you, sir, intent to continue travelling without clothes?"

«Ah, surtout, je ne voudrais pas continuer à voyager du tout»

"Ah, most of all I wouldn't want to continue travelling at all"

«Je préférerais que tu me donnes un vieux pagne»

"I would rather you gave me an old loincloth"

«J'aimerais que tu me gardes avec toi comme assistant»

"I would like it if you kept me with you as your assistant"

«ou plutôt, j'aimerais que vous m'acceptiez comme stagiaire»

"or rather, I would like if you accepted me as your trainee"

«Parce que je vais d'abord devoir apprendre à manier le bateau»

"because first I'll have to learn how to handle the boat"

Pendant longtemps, le passeur a regardé l'étranger

For a long time, the ferryman looked at the stranger

Il cherchait dans sa mémoire cet homme étrange

he was searching in his memory for this strange man

«Maintenant, je te reconnais», a-t-il finalement dit

"Now I recognise you," he finally said
«À une époque, tu as dormi dans ma hutte»
"At one time, you've slept in my hut"
«C'était il y a longtemps, peut-être plus de vingt ans»
"this was a long time ago, possibly more than twenty years"
«Et tu as été transporté de l'autre côté de la rivière par moi»
"and you've been ferried across the river by me"
«Ce jour-là, nous nous sommes séparés comme de bons amis»
"that day we parted like good friends"
«N'as-tu pas été un Samana?»
"Haven't you been a Samana?"
«Je ne peux plus penser à ton nom»
"I can't think of your name any more"
«Je m'appelle Siddhartha et j'étais un Samana»
"My name is Siddhartha, and I was a Samana"
«J'étais encore un Samana quand tu m'as vu pour la dernière fois»
"I had still been a Samana when you last saw me"
«Alors sois le bienvenu, Siddhartha. Je m'appelle Vasudeva»
"So be welcome, Siddhartha. My name is Vasudeva"
«Vous serez, alors je l'espère, mon invité aujourd'hui aussi»
"You will, so I hope, be my guest today as well"
«Et tu peux dormir dans ma hutte»
"and you may sleep in my hut"
«Et vous pouvez me dire, d'où vous venez»
"and you may tell me, where you're coming from"
«Et vous pouvez me dire pourquoi ces beaux vêtements sont une telle nuisance pour vous»
"and you may tell me why these beautiful clothes are such a nuisance to you"
Ils avaient atteint le milieu de la rivière
They had reached the middle of the river
Vasudeva a poussé la rame avec plus de force
Vasudeva pushed the oar with more strength
afin de surmonter le
in order to overcome the current

Il travaillait calmement, les bras musclés
He worked calmly, with brawny arms
Ses yeux étaient fixés sur l'avant du bateau
his eyes were fixed in on the front of the boat
Siddhartha s'assit et le regarda
Siddhartha sat and watched him
il se souvenait de son temps en tant que Samana
he remembered his time as a Samana
Il se souvint à quel point l'amour pour cet homme avait remué dans son cœur
he remembered how love for this man had stirred in his heart
Avec gratitude, il a accepté l'invitation de Vasudeva
Gratefully, he accepted Vasudeva's invitation
Quand ils eurent atteint la rive, il l'aida à attacher le bateau aux pieux
When they had reached the bank, he helped him to tie the boat to the stakes
Après cela, le passeur lui a demandé d'entrer dans la cabane.
after this, the ferryman asked him to enter the hut
il lui offrit du pain et de l'eau, et Siddhartha mangea avec un plaisir avide
he offered him bread and water, and Siddhartha ate with eager pleasure
et il mangeait aussi avec un plaisir avide des mangues que Vasudeva lui offrait
and he also ate with eager pleasure of the mango fruits Vasudeva offered him

Après, c'était presque l'heure du coucher du soleil
Afterwards, it was almost the time of the sunset
Ils se sont assis sur un journal près de la banque
they sat on a log by the bank
Siddhartha a raconté au passeur d'où il venait
Siddhartha told the ferryman about where he originally came from
Il lui a parlé de sa vie telle qu'il l'avait vue aujourd'hui
he told him about his life as he had seen it today

la façon dont il l'avait vu à cette heure de désespoir
the way he had seen it in that hour of despair
L'histoire de sa vie a duré tard dans la nuit
the tale of his life lasted late into the night
Vasudeva a écouté avec beaucoup d'attention
Vasudeva listened with great attention
En écoutant attentivement, il laissa tout entrer dans son esprit
Listening carefully, he let everything enter his mind
Lieu de naissance et enfance, tout cet apprentissage
birthplace and childhood, all that learning
toute cette recherche, toute joie, toute détresse
all that searching, all joy, all distress
C'était l'une des plus grandes vertus du passeur
This was one of the greatest virtues of the ferryman
Comme quelques-uns, il savait écouter
like only a few, he knew how to listen
Il n'avait pas à dire un mot
he did not have to speak a word
mais l'orateur sentit comment Vasudeva laissait ses mots entrer dans son esprit
but the speaker sensed how Vasudeva let his words enter his mind
Son esprit était calme, ouvert et attendait
his mind was quiet, open, and waiting
Il n'a pas perdu un seul mot
he did not lose a single word
Il n'attendit pas un seul mot avec impatience
he did not await a single word with impatience
Il n'a pas ajouté ses louanges ou ses réprimandes
he did not add his praise or rebuke
Il écoutait simplement, et rien d'autre
he was just listening, and nothing else
Siddhartha a ressenti quelle chance heureuse c'est d'avouer à un tel auditeur
Siddhartha felt what a happy fortune it is to confess to such a listener

Il s'est senti chanceux d'enterrer dans son cœur sa propre vie
he felt fortunate to bury in his heart his own life
Il a enterré sa propre recherche et sa souffrance
he buried his own search and suffering
il a raconté l'histoire de la vie de Siddhartha
he told the tale of Siddhartha's life
Quand il parlait de l'arbre au bord de la rivière
when he spoke of the tree by the river
quand il a parlé de sa chute profonde
when he spoke of his deep fall
quand il parlait du saint Om
when he spoke of the holy Om
quand il a parlé de la façon dont il avait ressenti un tel amour pour la rivière
when he spoke of how he had felt such a love for the river
Le passeur écoutait ces choses avec deux fois plus d'attention
the ferryman listened to these things with twice as much attention
il était entièrement et complètement absorbé par elle
he was entirely and completely absorbed by it
Il écoutait les yeux fermés
he was listening with his eyes closed
quand Siddhartha se tut, un long silence se produisit
when Siddhartha fell silent a long silence occurred
puis Vasudeva a parlé «C'est comme je le pensais»
then Vasudeva spoke "It is as I thought"
«La rivière vous a parlé»
"The river has spoken to you"
«La rivière est aussi votre amie»
"the river is your friend as well"
«La rivière vous parle aussi»
"the river speaks to you as well"
«C'est bien, c'est très bien»
"That is good, that is very good"
«Reste avec moi, Siddhartha, mon ami»
"Stay with me, Siddhartha, my friend"

«J'avais une femme»
"I used to have a wife"
«Son lit était à côté du mien»
"her bed was next to mine"
«Mais elle est morte il y a longtemps»
"but she has died a long time ago"
«Pendant longtemps, j'ai vécu seul»
"for a long time, I have lived alone"
«Maintenant, tu vivras avec moi»
"Now, you shall live with me"
«Il y a assez d'espace et de nourriture pour nous deux»
"there is enough space and food for both of us"
«Je vous remercie», dit Siddhartha
"I thank you," said Siddhartha
«Je vous remercie et j'accepte»
"I thank you and accept"
«Et je vous remercie aussi pour cela, Vasudeva»
"And I also thank you for this, Vasudeva"
«Je vous remercie de m'avoir si bien écouté»
"I thank you for listening to me so well"
«Les gens qui savent écouter sont rares»
"people who know how to listen are rare"
«Je n'ai pas rencontré une seule personne qui le savait aussi bien que vous»
"I have not met a single person who knew it as well as you do"
«J'apprendrai aussi de vous à cet égard»
"I will also learn in this respect from you"
«Vous l'apprendrez», a déclaré Vasudeva
"You will learn it," spoke Vasudeva
«Mais tu ne l'apprendras pas de moi»
"but you will not learn it from me"
«La rivière m'a appris à écouter»
"The river has taught me to listen"
«Vous apprendrez aussi à écouter de la rivière»
"you will learn to listen from the river as well"
«Il sait tout, la rivière»
"It knows everything, the river"

«Tout peut être appris de la rivière»
"everything can be learned from the river"
«Tu vois, tu as déjà appris ça de l'eau aussi»
"See, you've already learned this from the water too"
«Vous avez appris qu'il est bon de s'efforcer vers le bas»
"you have learned that it is good to strive downwards"
«Vous avez appris à couler et à chercher la profondeur»
"you have learned to sink and to seek depth"
«Le riche et élégant Siddhartha devient le serviteur d'un rameur»
"The rich and elegant Siddhartha is becoming an oarsman's servant"
«le savant Brahman Siddhartha devient passeur»
"the learned Brahman Siddhartha becomes a ferryman"
«Cela vous a aussi été dit par la rivière»
"this has also been told to you by the river"
«Vous en apprendrez aussi l'autre chose»
"You'll learn the other thing from it as well"
Siddhartha a parlé après une longue pause
Siddhartha spoke after a long pause
«Qu'est-ce que je vais apprendre d'autre, Vasudeva?»
"What other things will I learn, Vasudeva?"
Vasudeva se leva. «Il est tard», a-t-il dit
Vasudeva rose. "It is late," he said
et Vasudeva a proposé d'aller dormir
and Vasudeva proposed going to sleep
«Je ne peux pas te dire cette autre chose, oh ami»
"I can't tell you that other thing, oh friend"
«Vous apprendrez l'autre chose, ou peut-être le savez-vous déjà»
"You'll learn the other thing, or perhaps you know it already"
«Tu vois, je ne suis pas un homme instruit»
"See, I'm no learned man"
«Je n'ai pas de compétence particulière pour parler»
"I have no special skill in speaking"
«Je n'ai pas non plus de compétence particulière en matière de réflexion»

"I also have no special skill in thinking"
«Tout ce que je suis capable de faire, c'est d'écouter et d'être pieux»
"All I'm able to do is to listen and to be godly"
«Je n'ai rien appris d'autre»
"I have learned nothing else"
«Si j'étais capable de le dire et de l'enseigner, je serais peut-être un homme sage»
"If I was able to say and teach it, I might be a wise man"
«mais comme ça je ne suis qu'un passeur»
"but like this I am only a ferryman"
«Et c'est ma tâche de transporter les gens à travers la rivière»
"and it is my task to ferry people across the river"
«J'ai transporté plusieurs milliers de personnes»
"I have transported many thousands of people"
«Et pour tous, ma rivière n'a été qu'un obstacle»
"and to all of them, my river has been nothing but an obstacle"
«C'était quelque chose qui gênait leurs voyages»
"it was something that got in the way of their travels"
«Ils voyageaient pour chercher de l'argent et des affaires»
"they travelled to seek money and business"
«Ils voyageaient pour les mariages et les pèlerinages»
"they travelled for weddings and pilgrimages"
«Et la rivière obstruait leur chemin»
"and the river was obstructing their path"
«Le travail du passeur était de les faire franchir rapidement cet obstacle»
"the ferryman's job was to get them quickly across that obstacle"
«Mais pour certains parmi des milliers, quelques-uns, la rivière a cessé d'être un obstacle»
"But for some among thousands, a few, the river has stopped being an obstacle"
«Ils ont entendu sa voix et ils l'ont écoutée»
"they have heard its voice and they have listened to it"
«Et le fleuve est devenu sacré pour eux»
"and the river has become sacred to them"

«C'est devenu sacré pour eux comme c'est devenu sacré pour moi»
"it become sacred to them as it has become sacred to me"
«pour l'instant, reposons-nous, Siddhartha»
"for now, let us rest, Siddhartha"

Siddhartha est resté avec le passeur et a appris à conduire le bateau
Siddhartha stayed with the ferryman and learned to operate the boat
quand il n'y avait rien à faire au ferry, il travaillait avec Vasudeva dans la rizière.
when there was nothing to do at the ferry, he worked with Vasudeva in the rice-field
Il ramassa du bois et arracha les fruits des bananiers.
he gathered wood and plucked the fruit off the banana-trees
Il a appris à construire une rame et à réparer le bateau
He learned to build an oar and how to mend the boat
Il a appris à tisser des paniers et a remboursé la cabane
he learned how to weave baskets and repaid the hut
Et il était joyeux à cause de tout ce qu'il a appris
and he was joyful because of everything he learned
Les jours et les mois passèrent rapidement
the days and months passed quickly
Mais plus que ce que Vasudeva pouvait lui apprendre, il a été instruit par la rivière
But more than Vasudeva could teach him, he was taught by the river
Sans cesse, il a appris de la rivière
Incessantly, he learned from the river
Surtout, il a appris à écouter
Most of all, he learned to listen
Il a appris à porter une attention particulière avec un cœur tranquille
he learned to pay close attention with a quiet heart
Il a appris à garder une âme ouverte et en attente
he learned to keep a waiting, open soul

Il a appris à écouter sans passion
he learned to listen without passion
Il a appris à écouter sans désir
he learned to listen without a wish
Il a appris à écouter sans jugement
he learned to listen without judgement
Il a appris à écouter sans opinion
he learned to listen without an opinion

D'une manière amicale, il a vécu côte à côte avec Vasudeva
In a friendly manner, he lived side by side with Vasudeva
De temps en temps, ils ont échangé quelques mots
occasionally they exchanged some words
Puis, longuement, ils ont réfléchi aux mots
then, at length, they thought about the words
Vasudeva n'était pas l'amie des mots
Vasudeva was no friend of words
Siddhartha a rarement réussi à le persuader de parler
Siddhartha rarely succeeded in persuading him to speak
«Avez-vous aussi appris ce secret de la rivière?»
"did you too learn that secret from the river?"
«Le secret qu'il n'y a pas de temps?»
"the secret that there is no time?"
Le visage de Vasudeva était rempli d'un sourire éclatant
Vasudeva's face was filled with a bright smile
«Oui, Siddhartha», dit-il.
"Yes, Siddhartha," he spoke
«J'ai appris que la rivière est partout à la fois»
"I learned that the river is everywhere at once"
«C'est à la source et à l'embouchure de la rivière»
"it is at the source and at the mouth of the river"
«C'est à la cascade et au ferry»
"it is at the waterfall and at the ferry"
«C'est aux rapides et dans la mer»
"it is at the rapids and in the sea"
«C'est dans les montagnes et partout à la fois»
"it is in the mountains and everywhere at once"

«et j'ai appris qu'il n'y a que le temps présent pour la rivière»
"and I learned that there is only the present time for the river"
«Il n'a pas l'ombre du passé»
"it does not have the shadow of the past"
«Et il n'a pas l'ombre de l'avenir»
"and it does not have the shadow of the future"
«Est-ce que c'est ce que vous voulez dire?» demanda-t-il
"is this what you mean?" he asked
«C'est ce que je voulais dire», a déclaré Siddhartha
"This is what I meant," said Siddhartha
«Et quand je l'ai appris, j'ai regardé ma vie»
"And when I had learned it, I looked at my life"
«Et ma vie était aussi une rivière»
"and my life was also a river"
«le garçon Siddhartha n'était séparé de l'homme Siddhartha que par une ombre»
"the boy Siddhartha was only separated from the man Siddhartha by a shadow"
«et une ombre sépara l'homme Siddhartha du vieil homme Siddhartha»
"and a shadow separated the man Siddhartha from the old man Siddhartha"
«Les choses sont séparées par une ombre, pas par quelque chose de réel»
"things are separated by a shadow, not by something real"
«De plus, les naissances précédentes de Siddhartha n'appartenaient pas au passé»
"Also, Siddhartha's previous births were not in the past"
«et sa mort et son retour à Brahma ne sont pas dans le futur»
"and his death and his return to Brahma is not in the future"
«Rien n'était, rien ne sera, mais tout est»
"nothing was, nothing will be, but everything is"
«Tout a existence et est présent»
"everything has existence and is present"
Siddhartha parlait avec extase
Siddhartha spoke with ecstasy

Cette illumination l'avait profondément ravi
this enlightenment had delighted him deeply
«N'était-ce pas tout le temps de souffrance?»
"was not all suffering time?"
«Toutes les formes de tourmentement n'étaient-elles pas une forme de temps?»
"were not all forms of tormenting oneself a form of time?"
«Tout n'était-il pas difficile et hostile à cause du temps?»
"was not everything hard and hostile because of time?"
«Tout le mal n'est-il pas vaincu quand on surmonte le temps?»
"is not everything evil overcome when one overcomes time?"
«Dès que le temps quitte l'esprit, est-ce que la souffrance part aussi?»
"as soon as time leaves the mind, does suffering leave too?"
Siddhartha avait parlé avec un plaisir extatique
Siddhartha had spoken in ecstatic delight
mais Vasudeva lui sourit vivement et hocha la tête en signe de confirmation
but Vasudeva smiled at him brightly and nodded in confirmation
silencieusement, il hocha la tête et passa sa main sur l'épaule de Siddhartha
silently he nodded and brushed his hand over Siddhartha's shoulder
puis il est retourné à son travail
and then he turned back to his work

Et Siddhartha a demandé à nouveau à Vasudeva une autre fois
And Siddhartha asked Vasudeva again another time
La rivière venait d'augmenter son débit pendant la saison des pluies
the river had just increased its flow in the rainy season
et il a fait un bruit puissant
and it made a powerful noise
«N'est-ce pas, oh ami, la rivière a beaucoup de voix?»

"Isn't it so, oh friend, the river has many voices?"
«N'est-ce pas la voix d'un roi et d'un guerrier?»
"Hasn't it the voice of a king and of a warrior?"
«N'est-ce pas la voix d'un taureau et d'un oiseau de la nuit?»
"Hasn't it the voice of of a bull and of a bird of the night?"
«N'est-ce pas la voix d'une femme qui accouche et d'un homme qui soupire?»
"Hasn't it the voice of a woman giving birth and of a sighing man?"
«Et n'a-t-il pas aussi mille autres voix?»
"and does it not also have a thousand other voices?"
«c'est comme vous dis-le est,» Vasudeva hocha la tête
"it is as you say it is," Vasudeva nodded
«Toutes les voix des créatures sont dans sa voix»
"all voices of the creatures are in its voice"
«Et savez-vous ...» Siddhartha a continué
"And do you know..." Siddhartha continued
«Quel mot dit-il quand vous réussissez à entendre toutes les voix à la fois?»
"what word does it speak when you succeed in hearing all of voices at once?"
Heureusement, le visage de Vasudeva souriait
Happily, Vasudeva's face was smiling
il se pencha vers Siddhartha et lui prononça le saint Om à l'oreille
he bent over to Siddhartha and spoke the holy Om into his ear
Et c'était la chose même que Siddhartha avait également entendue.
And this had been the very thing which Siddhartha had also been hearing

À maintes reprises, son sourire est devenu plus semblable à celui du passeur.
time after time, his smile became more similar to the ferryman's
Son sourire devint presque aussi brillant que celui du passeur.

his smile became almost just as bright as the ferryman's
C'était presque aussi brillant de bonheur
it was almost just as thoroughly glowing with bliss
Brillant de mille petites rides
shining out of thousand small wrinkles
Comme le sourire d'un enfant
just like the smile of a child
Tout comme le sourire d'un vieil homme
just like the smile of an old man
Beaucoup de voyageurs, voyant les deux passeurs, pensaient qu'ils étaient frères
Many travellers, seeing the two ferrymen, thought they were brothers
Souvent, ils s'asseyaient le soir ensemble près de la banque
Often, they sat in the evening together by the bank
Ils n'ont rien dit et ont tous deux écouté l'eau
they said nothing and both listened to the water
l'eau, qui n'était pas de l'eau pour eux
the water, which was not water to them
Ce n'était pas de l'eau, mais la voix de la vie
it wasn't water, but the voice of life
la voix de ce qui existe et de ce qui prend forme éternellement
the voice of what exists and what is eternally taking shape
Il arrivait de temps en temps que les deux pensaient à la même chose
it happened from time to time that both thought of the same thing
Ils ont pensé à une conversation de la veille
they thought of a conversation from the day before
Ils ont pensé à l'un de leurs voyageurs
they thought of one of their travellers
Ils pensaient à la mort et à leur enfance
they thought of death and their childhood
Ils ont entendu la rivière leur dire la même chose
they heard the river tell them the same thing
tous deux ravis de la même réponse à la même question

both delighted about the same answer to the same question
Il y avait quelque chose à propos des deux passeurs qui a été transmis à d'autres
There was something about the two ferrymen which was transmitted to others
C'était quelque chose que beaucoup de voyageurs ressentaient
it was something which many of the travellers felt
Les voyageurs regardaient parfois les visages des passeurs
travellers would occasionally look at the faces of the ferrymen
Et puis ils ont raconté l'histoire de leur vie
and then they told the story of their life
Ils ont confessé toutes sortes de mauvaises choses
they confessed all sorts of evil things
et ils ont demandé du réconfort et des conseils
and they asked for comfort and advice
Parfois, quelqu'un demandait la permission de rester une nuit
occasionally someone asked for permission to stay for a night
Ils voulaient aussi écouter la rivière
they also wanted to listen to the river
Il est également arrivé que des gens curieux soient venus
It also happened that curious people came
On leur avait dit qu'il y avait deux sages
they had been told that there were two wise men
ou on leur avait dit qu'il y avait deux sorciers
or they had been told there were two sorcerers
Les curieux ont posé beaucoup de questions
The curious people asked many questions
mais ils n'ont pas obtenu de réponses à leurs questions
but they got no answers to their questions
Ils n'ont trouvé ni sorciers ni sages
they found neither sorcerers nor wise men
Ils n'ont trouvé que deux petits vieillards amicaux, qui semblaient muets
they only found two friendly little old men, who seemed to be mute

Ils semblaient être devenus un peu étranges dans la forêt par eux-mêmes
they seemed to have become a bit strange in the forest by themselves
Et les curieux riaient de ce qu'ils avaient entendu
And the curious people laughed about what they had heard
Ils ont dit que les gens ordinaires répandaient bêtement des rumeurs vides de sens
they said common people were foolishly spreading empty rumours

Les années passaient, et personne ne les comptait
The years passed by, and nobody counted them
Puis, à un moment donné, des moines sont venus en pèlerinage
Then, at one time, monks came by on a pilgrimage
ils étaient des disciples de Gotama, le Bouddha
they were followers of Gotama, the Buddha
Ils ont demandé à être transportés de l'autre côté de la rivière
they asked to be ferried across the river
Ils leur ont dit qu'ils étaient pressés de retourner vers leur sage professeur
they told them they were in a hurry to get back to their wise teacher
La nouvelle s'était répandue que l'exalté était mortellement malade
news had spread the exalted one was deadly sick
Il mourrait bientôt de sa dernière mort humaine
he would soon die his last human death
afin de devenir un avec le salut
in order to become one with the salvation
Il ne fallut pas longtemps avant qu'un nouveau troupeau de moines arrive.
It was not long until a new flock of monks came
Ils étaient aussi en pèlerinage
they were also on their pilgrimage

la plupart des voyageurs ne parlaient de rien d'autre que de Gotama
most of the travellers spoke of nothing other than Gotama
Sa mort imminente était tout ce à quoi ils pensaient
his impending death was all they thought about
S'il y avait eu la guerre, autant voyageraient
if there had been war, just as many would travel
tout comme beaucoup viendraient au couronnement d'un roi
just as many would come to the coronation of a king
Ils se rassemblaient comme des fourmis en masse
they gathered like ants in droves
Ils affluaient, comme s'ils étaient entraînés par un sort magique
they flocked, like being drawn onwards by a magic spell
ils sont allés là où le grand Bouddha attendait sa mort
they went to where the great Buddha was awaiting his death
Le parfait d'une époque devait devenir un avec la gloire
the perfected one of an era was to become one with the glory
Souvent, Siddhartha pensait à cette époque du sage mourant
Often, Siddhartha thought in those days of the dying wise man
Le grand maître dont la voix avait réprimandé les nations
the great teacher whose voice had admonished nations
Celui qui avait réveillé des centaines de milliers de personnes
the one who had awoken hundreds of thousands
un homme dont il avait aussi entendu la voix une fois
a man whose voice he had also once heard
un professeur dont il avait aussi vu la sainte face avec respect
a teacher whose holy face he had also once seen with respect
Gentiment, il a pensé à lui
Kindly, he thought of him
Il a vu son chemin vers la perfection sous ses yeux
he saw his path to perfection before his eyes
Et il se souvint avec un sourire de ces paroles qu'il lui avait dites

and he remembered with a smile those words he had said to him
quand il était un jeune homme et a parlé à l'exalté
when he was a young man and spoke to the exalted one
Ils avaient été, lui semblait-il, des paroles fières et précieuses.
They had been, so it seemed to him, proud and precious words
Avec un sourire, il se souvint des mots
with a smile, he remembered the the words
il savait qu'il n'y avait plus rien entre Gotama et lui
he knew that there was nothing standing between Gotama and him any more
Il le savait depuis longtemps déjà
he had known this for a long time already
Bien qu'il était toujours incapable d'accepter ses enseignements
though he was still unable to accept his teachings
il n'y avait pas d'enseignement à une personne vraiment en quête
there was no teaching a truly searching person
Quelqu'un qui voulait vraiment trouver, pouvait accepter
someone who truly wanted to find, could accept
Mais celui qui avait trouvé la réponse pouvait approuver n'importe quel enseignement
But he who had found the answer could approve of any teaching
Chaque chemin, chaque objectif, ils étaient tous les mêmes
every path, every goal, they were all the same
Il n'y avait plus rien entre lui et tous les milliers d'autres.
there was nothing standing between him and all the other thousands any more
les milliers de personnes qui ont vécu dans ce qui est éternel
the thousands who lived in that what is eternal
Les milliers de personnes qui ont respiré ce qui est divin
the thousands who breathed what is divine

Un de ces jours, Kamala est également allée le voir.
On one of these days, Kamala also went to him
Elle était la plus belle des courtisanes
she used to be the most beautiful of the courtesans
Il y a longtemps, elle s'était retirée de sa vie antérieure
A long time ago, she had retired from her previous life
elle avait donné son jardin aux moines de Gotama en cadeau
she had given her garden to the monks of Gotama as a gift
Elle s'était réfugiée dans les enseignements
she had taken her refuge in the teachings
Elle était parmi les amis et les bienfaiteurs des pèlerins
she was among the friends and benefactors of the pilgrims
elle était avec Siddhartha, le garçon
she was together with Siddhartha, the boy
Siddhartha le garçon était son fils
Siddhartha the boy was her son
elle avait continué son chemin à cause de la nouvelle de la mort imminente de Gotama
she had gone on her way due to the news of the near death of Gotama
Elle était en vêtements simples et à pied
she was in simple clothes and on foot
et elle était avec son petit fils
and she was With her little son
Elle voyageait au bord de la rivière
she was travelling by the river
mais le garçon s'était vite fatigué
but the boy had soon grown tired
Il désirait rentrer chez lui
he desired to go back home
Il désirait se reposer et manger
he desired to rest and eat
Il est devenu désobéissant et a commencé à pleurnicher
he became disobedient and started whining
Kamala devait souvent se reposer avec lui
Kamala often had to take a rest with him
Il était habitué à obtenir ce qu'il voulait

he was accustomed to getting what he wanted
Elle devait le nourrir et le réconforter
she had to feed him and comfort him
Elle a dû le gronder pour son comportement
she had to scold him for his behaviour
Il ne comprenait pas pourquoi il devait faire ce pèlerinage épuisant
He did not comprehend why he had to go on this exhausting pilgrimage
Il ne savait pas pourquoi il devait se rendre dans un endroit inconnu
he did not know why he had to go to an unknown place
Il savait pourquoi il devait voir un saint étranger mourant
he did know why he had to see a holy dying stranger
«Et s'il mourait?» se plaignit-il.
"So what if he died?" he complained
Pourquoi cela devrait-il le concerner?
why should this concern him?
Les pèlerins s'approchaient du ferry de Vasudeva
The pilgrims were getting close to Vasudeva's ferry
le petit Siddhartha a de nouveau forcé sa mère à se reposer
little Siddhartha once again forced his mother to rest
Kamala était également devenue fatiguée
Kamala had also become tired
Pendant que le garçon mâchait une banane, elle s'accroupit sur le sol.
while the boy was chewing a banana, she crouched down on the ground
Elle ferma un peu les yeux et se reposa
she closed her eyes a bit and rested
Mais soudain, elle poussa un cri de gémissements
But suddenly, she uttered a wailing scream
Le garçon la regarda avec peur
the boy looked at her in fear
Il vit que son visage était devenu pâle d'horreur
he saw her face had grown pale from horror
et sous sa robe, un petit serpent noir s'enfuit

and from under her dress, a small, black snake fled
un serpent par lequel Kamala avait été mordue
a snake by which Kamala had been bitten
Précipitamment, ils ont tous deux couru le long du chemin, pour atteindre les gens
Hurriedly, they both ran along the path, to reach people
ils se sont approchés du ferry et Kamala s'est effondrée
they got near to the ferry and Kamala collapsed
Elle n'a pas pu aller plus loin
she was not able to go any further
Le garçon a commencé à pleurer misérablement
the boy started crying miserably
Ses cris n'ont été interrompus que lorsqu'il a embrassé sa mère.
his cries were only interrupted when he kissed his mother
Elle s'est également jointe à ses cris à l'aide
she also joined his loud screams for help
elle a crié jusqu'à ce que le son atteigne les oreilles de Vasudeva
she screamed until the sound reached Vasudeva's ears
Vasudeva est rapidement venu et a pris la femme sur ses bras
Vasudeva quickly came and took the woman on his arms
Il l'a portée dans le bateau et le garçon a couru
he carried her into the boat and the boy ran along
bientôt ils atteignirent la hutte, où Siddhartha se tenait près du poêle
soon they reached the hut, where Siddhartha stood by the stove
Il ne faisait qu'allumer le feu
he was just lighting the fire
Il leva les yeux et vit d'abord le visage du garçon
He looked up and first saw the boy's face
Cela lui rappelait merveilleusement quelque chose
it wondrously reminded him of something
comme un avertissement pour se souvenir de quelque chose qu'il avait oublié

like a warning to remember something he had forgotten
Puis il a vu Kamala, qu'il a immédiatement reconnue.
Then he saw Kamala, whom he instantly recognised
Elle gisait inconsciente dans les bras du passeur
she lay unconscious in the ferryman's arms
Maintenant, il savait que c'était son propre fils
now he knew that it was his own son
son fils dont le visage lui avait été un tel rappel
his son whose face had been such a warning reminder to him
et le cœur remua dans sa poitrine
and the heart stirred in his chest
La blessure de Kamala avait été lavée, mais était déjà devenue noire
Kamala's wound was washed, but had already turned black
et son corps était enflé
and her body was swollen
On lui a fait boire une potion de guérison
she was made to drink a healing potion
Sa conscience revint et elle s'allongea sur le lit de Siddhartha
Her consciousness returned and she lay on Siddhartha's bed
Siddhartha se tenait au-dessus de Kamala, qu'il aimait tant.
Siddhartha stood over Kamala, who he used to love so much
Cela lui semblait être un rêve
It seemed like a dream to her
Avec un sourire, elle regarda le visage de son amie
with a smile, she looked at her friend's face
Lentement, elle a réalisé sa situation
slowly she realized her situation
Elle se souvenait qu'elle avait été mordue
she remembered she had been bitten
et elle appela timidement son fils
and she timidly called for her son
«Il est avec toi, ne t'inquiète pas,» dit Siddhartha
"He's with you, don't worry," said Siddhartha
Kamala le regarda dans les yeux
Kamala looked into his eyes

Elle parlait avec une langue lourde, paralysée par le poison
She spoke with a heavy tongue, paralysed by the poison
«Tu es devenue vieille, ma chérie», dit-elle
"You've become old, my dear," she said
«Vous êtes devenu gris», a-t-elle ajouté.
"you've become gray," she added
«Mais tu es comme le jeune Samana, qui est venu sans vêtements»
"But you are like the young Samana, who came without clothes"
«Tu es comme le Samana qui est entré dans mon jardin avec des pieds poussiéreux»
"you're like the Samana who came into my garden with dusty feet"
«Tu lui ressembles beaucoup plus que tu ne l'étais quand tu m'as quitté»
"You are much more like him than you were when you left me"
«Dans les yeux, tu es comme lui, Siddhartha»
"In the eyes, you're like him, Siddhartha"
«Hélas, j'ai aussi vieilli»
"Alas, I have also grown old"
«Pourriez-vous encore me reconnaître?»
"could you still recognise me?"
Siddhartha sourit, «Instantanément, je t'ai reconnue, Kamala, ma chérie»
Siddhartha smiled, "Instantly, I recognised you, Kamala, my dear"
Kamala désigna son garçon
Kamala pointed to her boy
«L'avez-vous reconnu aussi?»
"Did you recognise him as well?"
«C'est ton fils», a-t-elle confirmé.
"He is your son," she confirmed
Ses yeux devinrent confus et se fermèrent
Her eyes became confused and fell shut
Le garçon pleura et Siddhartha le prit à genoux.

The boy wept and Siddhartha took him on his knees
Il le laissa pleurer et lui caressa les cheveux
he let him weep and petted his hair
à la vue du visage de l'enfant, une prière de Brahman lui vint à l'esprit
at the sight of the child's face, a Brahman prayer came to his mind
une prière qu'il avait apprise il y a longtemps
a prayer which he had learned a long time ago
une époque où il avait lui-même été un petit garçon
a time when he had been a little boy himself
Lentement, avec une voix chantante, il a commencé à parler
Slowly, with a singing voice, he started to speak
De son passé et de son enfance, les mots lui sont venus en écoulement
from his past and childhood, the words came flowing to him
Et avec cette chanson, le garçon est devenu calme
And with that song, the boy became calm
Il ne poussait que de temps en temps un sanglot
he was only now and then uttering a sob
et finalement il s'est endormi
and finally he fell asleep
Siddhartha le plaça sur le lit de Vasudeva
Siddhartha placed him on Vasudeva's bed
Vasudeva se tenait près du poêle et cuisait du riz
Vasudeva stood by the stove and cooked rice
Siddhartha lui jeta un coup d'œil, qu'il rendit avec un sourire
Siddhartha gave him a look, which he returned with a smile
«Elle va mourir», dit Siddhartha doucement
"She'll die," Siddhartha said quietly
Vasudeva savait que c'était vrai et hocha la tête
Vasudeva knew it was true, and nodded
Sur son visage amical courait la lumière du feu du poêle
over his friendly face ran the light of the stove's fire
une fois de plus, Kamala est revenue à la conscience
once again, Kamala returned to consciousness

La douleur du poison déforma son visage
the pain of the poison distorted her face
Les yeux de Siddhartha lisent la souffrance sur sa bouche
Siddhartha's eyes read the suffering on her mouth
De ses joues pâles, il pouvait voir qu'elle souffrait
from her pale cheeks he could see that she was suffering
Doucement, il lut la douleur dans ses yeux
Quietly, he read the pain in her eyes
attentivement, en attente, son esprit ne fait plus qu'un avec sa souffrance
attentively, waiting, his mind become one with her suffering
Kamala le sentit et son regard chercha ses yeux
Kamala felt it and her gaze sought his eyes
En le regardant, elle parla
Looking at him, she spoke
«Maintenant, je vois que tes yeux ont changé aussi»
"Now I see that your eyes have changed as well"
«Ils sont devenus complètement différents»
"They've become completely different"
«Qu'est-ce que je reconnais encore en toi qui est Siddhartha?
"what do I still recognise in you that is Siddhartha?
«C'est toi, et ce n'est pas toi»
"It's you, and it's not you"
Siddhartha ne dit rien, doucement ses yeux regardèrent les siens
Siddhartha said nothing, quietly his eyes looked at hers
«Vous y êtes parvenu?» demanda-t-elle.
"You have achieved it?" she asked
«Vous avez trouvé la paix?»
"You have found peace?"
Il sourit et posa sa main sur la sienne
He smiled and placed his hand on hers
«Je le vois» dit-elle
"I'm seeing it" she said
«Moi aussi, je trouverai la paix»
"I too will find peace"
«Vous l'avez trouvé,» dit Siddhartha dans un murmure.

"You have found it," Siddhartha spoke in a whisper
Kamala n'a jamais cessé de le regarder dans les yeux
Kamala never stopped looking into his eyes
Elle a pensé à son pèlerinage à Gotama
She thought about her pilgrimage to Gotama
le pèlerinage qu'elle voulait faire
the pilgrimage which she wanted to take
afin de voir le visage du parfait
in order to see the face of the perfected one
afin de respirer sa paix
in order to breathe his peace
mais elle l'avait maintenant trouvé dans un autre endroit
but she had now found it in another place
Et cela, elle pensait que c'était bien aussi
and this she thought that was good too
C'était aussi bon que si elle avait vu l'autre
it was just as good as if she had seen the other one
Elle voulait lui dire cela
She wanted to tell this to him
mais sa langue n'obéissait plus à sa volonté
but her tongue no longer obeyed her will
Sans parler, elle le regarda
Without speaking, she looked at him
Il vit la vie s'estomper de ses yeux
he saw the life fading from her eyes
La douleur finale remplissait ses yeux et les faisait s'assombrir
the final pain filled her eyes and made them grow dim
Le dernier frisson parcourait ses membres
the final shiver ran through her limbs
Son doigt ferma ses paupières
his finger closed her eyelids

Pendant longtemps, il s'assit et regarda son visage paisiblement mort.
For a long time, he sat and looked at her peacefully dead face
Pendant longtemps, il observa sa bouche

For a long time, he observed her mouth
sa vieille bouche fatiguée, avec ces lèvres qui étaient devenues minces
her old, tired mouth, with those lips, which had become thin
Il se souvint qu'il avait l'habitude de comparer cette bouche avec une figue fraîchement fissurée.
he remembered he used to compare this mouth with a freshly cracked fig
C'était au printemps de ses années
this was in the spring of his years
Pendant longtemps, il s'est assis et a lu le visage pâle
For a long time, he sat and read the pale face
Il a lu les rides fatiguées
he read the tired wrinkles
Il s'est rempli de cette vue
he filled himself with this sight
Il a vu son propre visage de la même manière
he saw his own face in the same manner
Il a vu que son visage était tout aussi blanc
he saw his face was just as white
Il vit que son visage était tout aussi éteint
he saw his face was just as quenched out
En même temps, il vit son visage et le sien jeune
at the same time he saw his face and hers being young
leurs visages aux lèvres rouges et aux yeux de feu
their faces with red lips and fiery eyes
le sentiment que les deux sont réels en même temps
the feeling of both being real at the same time
Le sentiment d'éternité remplissait complètement tous les aspects de son être
the feeling of eternity completely filled every aspect of his being
En cette heure, il se sentait plus profondément qu'il ne l'avait jamais ressenti auparavant.
in this hour he felt more deeply than than he had ever felt before
Il ressentait l'indestructibilité de chaque vie

he felt the indestructibility of every life
Il ressentait l'éternité de chaque instant
he felt the eternity of every moment
Quand il se leva, Vasudeva lui avait préparé du riz
When he rose, Vasudeva had prepared rice for him
Mais Siddhartha n'a pas mangé cette nuit-là
But Siddhartha did not eat that night
Dans l'étable, leur chèvre se tenait
In the stable their goat stood
Les deux vieillards se préparèrent des lits de paille
the two old men prepared beds of straw for themselves
Vasudeva s'allongea pour dormir
Vasudeva laid himself down to sleep
Mais Siddhartha est sorti et s'est assis devant la hutte.
But Siddhartha went outside and sat before the hut
Il écoutait le fleuve, entouré par le passé
he listened to the river, surrounded by the past
Il a été touché et encerclé par tous les moments de sa vie en même temps
he was touched and encircled by all times of his life at the same time
De temps en temps, il se levait et il se dirigeait vers la porte de la hutte.
occasionally he rose and he stepped to the door of the hut
il écoutait si le garçon dormait
he listened whether the boy was sleeping

avant que le soleil ne puisse être vu, Vasudeva est sorti de l'écurie
before the sun could be seen, Vasudeva came out of the stable
Il se dirigea vers son ami
he walked over to his friend
«Tu n'as pas dormi», dit-il
"You haven't slept," he said
«Non, Vasudeva. Je me suis assis ici»
"No, Vasudeva. I sat here"
«J'écoutais la rivière»

"I was listening to the river"
«La rivière m'a beaucoup appris»
"the river has told me a lot"
«Cela m'a profondément rempli de la pensée guérissante de l'unité»
"it has deeply filled me with the healing thought of oneness"
«Tu as connu la souffrance, Siddhartha»
"You've experienced suffering, Siddhartha"
«mais je vois qu'aucune tristesse n'est entrée dans ton cœur»
"but I see no sadness has entered your heart"
«Non, ma chérie, comment devrais-je être triste?»
"No, my dear, how should I be sad?"
«Moi, qui ai été riche et heureux»
"I, who have been rich and happy"
«Je suis devenu encore plus riche et plus heureux maintenant»
"I have become even richer and happier now"
«Mon fils m'a été donné»
"My son has been given to me"
«Ton fils sera le bienvenu chez moi aussi»
"Your son shall be welcome to me as well"
«Mais maintenant, Siddhartha, mettons-nous au travail»
"But now, Siddhartha, let's get to work"
«Il y a beaucoup à faire»
"there is much to be done"
«Kamala est morte sur le même lit sur lequel ma femme était morte»
"Kamala has died on the same bed on which my wife had died"
«Construisons la pile funéraire de Kamala sur la colline»
"Let us build Kamala's funeral pile on the hill"
«la colline sur laquelle se trouve la pile funéraire de ma femme»
"the hill on which I my wife's funeral pile is"
Pendant que le garçon dormait encore, ils ont construit la pile funéraire.
While the boy was still asleep, they built the funeral pile

Le Fils
The Son

Timide et en pleurs, le garçon avait assisté aux funérailles de sa mère.
Timid and weeping, the boy had attended his mother's funeral
sombre et timide, il avait écouté Siddhartha
gloomy and shy, he had listened to Siddhartha
Siddhartha l'a salué comme son fils
Siddhartha greeted him as his son
il l'a accueilli chez lui dans la cabane de Vasudeva
he welcomed him at his place in Vasudeva's hut
Pâle, il resta assis plusieurs jours près de la colline des morts
Pale, he sat for many days by the hill of the dead
il ne voulait pas manger
he did not want to eat
Il n'a regardé personne
he did not look at anyone
Il n'a pas ouvert son cœur
he did not open his heart
Il a rencontré son destin avec résistance et déni
he met his fate with resistance and denial
Siddhartha a épargné de lui donner des leçons
Siddhartha spared giving him lessons
et il le laissa faire ce qu'il voulait
and he let him do as he pleased
Siddhartha a honoré le deuil de son fils
Siddhartha honoured his son's mourning
Il a compris que son fils ne le connaissait pas
he understood that his son did not know him
Il a compris qu'il ne pouvait pas l'aimer comme un père
he understood that he could not love him like a father
Lentement, il a également compris que le garçon de onze ans était un garçon choyé.
Slowly, he also understood that the eleven-year-old was a pampered boy
Il a vu qu'il était le garçon d'une mère

he saw that he was a mother's boy
Il a vu qu'il avait grandi dans les habitudes des gens riches
he saw that he had grown up in the habits of rich people
Il était habitué à une nourriture plus fine et à un lit moelleux
he was accustomed to finer food and a soft bed
Il avait l'habitude de donner des ordres aux serviteurs
he was accustomed to giving orders to servants
L'enfant en deuil ne pouvait soudainement pas se contenter d'une vie parmi des étrangers
the mourning child could not suddenly be content with a life among strangers
Siddhartha a compris que l'enfant choyé ne serait pas volontairement dans la pauvreté
Siddhartha understood the pampered child would not willingly be in poverty
Il ne l'a pas forcé à faire ces choses.
He did not force him to do these these things
Siddhartha a fait de nombreuses tâches pour le garçon
Siddhartha did many chores for the boy
Il a toujours gardé le meilleur morceau du repas pour lui
he always saved the best piece of the meal for him
Lentement, il espérait le convaincre, par une patience amicale
Slowly, he hoped to win him over, by friendly patience
Riche et heureux, il s'était appelé lui-même, quand le garçon était venu à lui
Rich and happy, he had called himself, when the boy had come to him
Depuis lors, un certain temps s'était écoulé
Since then some time had passed
Mais le garçon restait un étranger et dans un tempérament sombre
but the boy remained a stranger and in a gloomy disposition
Il affichait un cœur fier et obstinément désobéissant
he displayed a proud and stubbornly disobedient heart
il ne voulait pas faire de travail
he did not want to do any work

Il n'a pas rendu hommage aux vieillards
he did not pay his respect to the old men
il a volé les arbres fruitiers de Vasudeva
he stole from Vasudeva's fruit-trees
Son fils ne lui avait pas apporté le bonheur et la paix
his son had not brought him happiness and peace
Le garçon lui avait apporté souffrance et inquiétude
the boy had brought him suffering and worry
Siddhartha commença lentement à comprendre cela
slowly Siddhartha began to understand this
Mais il l'aimait indépendamment de la souffrance qu'il lui apportait.
But he loved him regardless of the suffering he brought him
Il préférait la souffrance et les soucis de l'amour au bonheur et à la joie sans le garçon
he preferred the suffering and worries of love over happiness and joy without the boy
à partir du moment où le jeune Siddhartha était dans la hutte, les vieillards avaient divisé le travail
from when young Siddhartha was in the hut the old men had split the work
Vasudeva avait de nouveau repris le travail du passeur.
Vasudeva had again taken on the job of the ferryman
et Siddhartha, pour être avec son fils, faisait le travail dans la hutte et le champ
and Siddhartha, in order to be with his son, did the work in the hut and the field

pendant de longs mois, Siddhartha a attendu que son fils le comprenne
for long months Siddhartha waited for his son to understand him
Il attendait qu'il accepte son amour
he waited for him to accept his love
et il attendit que son fils lui rende peut-être son amour
and he waited for his son to perhaps reciprocate his love
Pendant de longs mois, Vasudeva a attendu, regardant

For long months Vasudeva waited, watching
Il a attendu et n'a rien dit
he waited and said nothing
Un jour, le jeune Siddhartha tourmenta beaucoup son père
One day, young Siddhartha tormented his father very much
Il avait cassé ses deux bols de riz
he had broken both of his rice-bowls
Vasudeva prit son ami à part et lui parla
Vasudeva took his friend aside and talked to him
«Pardonnez-moi», dit-il à Siddhartha
"Pardon me," he said to Siddhartha
«d'un cœur amical, je te parle»
"from a friendly heart, I'm talking to you"
«Je vois que tu te tourmentes»
"I'm seeing that you are tormenting yourself"
«Je vois que tu es en deuil»
"I'm seeing that you're in grief"
«Ton fils, ma chérie, t'inquiète»
"Your son, my dear, is worrying you"
«Et il m'inquiète aussi»
"and he is also worrying me"
«Ce jeune oiseau est habitué à une vie différente»
"That young bird is accustomed to a different life"
«Il a l'habitude de vivre dans un nid différent»
"he is used to living in a different nest"
«Il n'a pas, comme vous, fui les richesses et la ville»
"he has not, like you, run away from riches and the city"
«il n'était pas dégoûté et n'en avait pas marre de la vie à Sansara»
"he was not disgusted and fed up with the life in Sansara"
«Il a dû faire toutes ces choses contre sa volonté»
"he had to do all these things against his will"
«Il a dû laisser tout cela derrière lui»
"he had to leave all this behind"
«J'ai demandé à la rivière, oh ami»
"I asked the river, oh friend"
«Plusieurs fois, j'ai demandé à la rivière»

"many times I have asked the river"
«Mais la rivière rit de tout cela»
"But the river laughs at all of this"
«Il se moque de moi et il se moque de vous»
"it laughs at me and it laughs at you"
«La rivière tremble de rire à notre folie»
"the river is shaking with laughter at our foolishness"
«L'eau veut rejoindre l'eau comme les jeunes veulent rejoindre les jeunes»
"Water wants to join water as youth wants to join youth"
«Votre fils n'est pas là où il peut prospérer»
"your son is not in the place where he can prosper"
«Vous aussi devriez demander à la rivière»
"you too should ask the river"
«Vous aussi devriez l'écouter!»
"you too should listen to it!"
Troublé, Siddhartha regarda son visage amical
Troubled, Siddhartha looked into his friendly face
Il regarda les nombreuses rides dans lesquelles il y avait une gaieté incessante
he looked at the many wrinkles in which there was incessant cheerfulness
«Comment pourrais-je me séparer de lui?» dit-il doucement, honteux
"How could I part with him?" he said quietly, ashamed
«Donnez-moi un peu plus de temps, ma chérie»
"Give me some more time, my dear"
«Tu vois, je me bats pour lui»
"See, I'm fighting for him"
«Je cherche à gagner son cœur»
"I'm seeking to win his heart"
«Avec amour et avec une patience amicale, j'ai l'intention de le capturer»
"with love and with friendly patience I intend to capture it"
«Un jour, la rivière lui parlera aussi»
"One day, the river shall also talk to him"
«Il est aussi appelé»

"he also is called upon"
Le sourire de Vasudeva s'épanouit plus chaleureusement
Vasudeva's smile flourished more warmly
«Oh oui, lui aussi est appelé»
"Oh yes, he too is called upon"
«Lui aussi est de la vie éternelle»
"he too is of the eternal life"
«Mais est-ce que nous, vous et moi, savons ce qu'il est appelé à faire?»
"But do we, you and me, know what he is called upon to do?"
«Nous savons quel chemin prendre et quelles actions accomplir»
"we know what path to take and what actions to perform"
«Nous savons quelle douleur nous devons endurer»
"we know what pain we have to endure"
«Mais sait-il ces choses?»
"but does he know these things?"
«Pas petit, sa douleur sera»
"Not a small one, his pain will be"
«Après tout, son cœur est fier et dur»
"after all, his heart is proud and hard"
«Les gens comme ça doivent souffrir et se tromper beaucoup»
"people like this have to suffer and err a lot"
«Ils doivent faire beaucoup d'injustice»
"they have to do much injustice"
«Et ils se sont accablés de beaucoup de péché»
"and they have burden themselves with much sin"
«Dis-moi, ma chérie», demanda-t-il à Siddhartha
"Tell me, my dear," he asked of Siddhartha
«Vous ne prenez pas le contrôle de l'éducation de votre fils?»
"you're not taking control of your son's upbringing?"
«Vous ne le forcez pas, ne le battez pas ou ne le punissez pas?»
"You don't force him, beat him, or punish him?"
«Non, Vasudeva, je ne fais aucune de ces choses»

"No, Vasudeva, I don't do any of these things"
«Je le savais. Vous ne le forcez pas»
"I knew it. You don't force him"
«Vous ne le battez pas et vous ne lui donnez pas d'ordres»
"you don't beat him and you don't give him orders"
«vous savez que la douceur est plus forte que la dure »
"because you know that soft is stronger than hard"
«Vous savez que l'eau est plus forte que les rochers»
"you know water is stronger than rocks"
«Et tu sais que l'amour est plus fort que la force»
"and you know love is stronger than force"
«Très bien, je vous félicite pour cela»
"Very good, I praise you for this"
«Mais ne vous trompez-vous pas d'une manière ou d'une autre?»
"But aren't you mistaken in some way?"
«Ne pensez-vous pas que vous le forcez?»
"don't you think that you are forcing him?"
«Ne le punissez-vous pas peut-être d'une manière différente?»
"don't you perhaps punish him a different way?"
«Ne l'enchaînes-tu pas avec ton amour?»
"Don't you shackle him with your love?"
«Ne le faites-vous pas se sentir inférieur tous les jours?»
"Don't you make him feel inferior every day?"
«Votre gentillesse et votre patience ne lui rendent-elles pas les choses encore plus difficiles?»
"doesn't your kindness and patience make it even harder for him?"
«Ne le forcez-vous pas à vivre dans une hutte avec deux vieux mangeurs de bananes?»
"aren't you forcing him to live in a hut with two old banana-eaters?"
«Des vieillards pour qui même le riz est un mets délicat»
"old men to whom even rice is a delicacy"
«Des vieillards dont les pensées ne peuvent pas être les siennes»

"old men whose thoughts can't be his"
«Des vieillards dont le cœur est vieux et tranquille»
"old men whose hearts are old and quiet"
«Des vieillards dont le cœur bat à un rythme différent du sien»
"old men whose hearts beat in a different pace than his"
«N'est-il pas forcé et puni par tout cela?»
"Isn't he forced and punished by all this?""
Troublé, Siddhartha regarda vers le sol
Troubled, Siddhartha looked to the ground
Doucement, il a demandé: «Que pensez-vous que je devrais faire?»
Quietly, he asked, "What do you think should I do?"
Vasudeva a parlé, «Amenez-le dans la ville»
Vasudeva spoke, "Bring him into the city"
«Amenez-le dans la maison de sa mère»
"bring him into his mother's house"
«Il y aura toujours des serviteurs autour, donnez-le-leur»
"there'll still be servants around, give him to them"
«Et s'il n'y a pas de serviteurs, amenez-le chez un professeur»
"And if there aren't any servants, bring him to a teacher"
«Mais ne l'amenez pas chez un professeur pour l'amour des enseignements»
"but don't bring him to a teacher for teachings' sake"
«amenez-le chez un enseignant pour qu'il soit parmi les autres enfants»
"bring him to a teacher so that he is among other children"
«et amenez-le au monde qui est le sien»
"and bring him to the world which is his own"
«N'avez-vous jamais pensé à cela?»
"have you never thought of this?"
«Tu vois dans mon cœur», dit tristement Siddhartha
"you're seeing into my heart," Siddhartha spoke sadly
«Souvent, j'ai pensé à cela»
"Often, I have thought of this"
«Mais comment puis-je le mettre dans ce monde?»

"but how can I put him into this world?"
«Ne va-t-il pas devenir exubérant?»
"Won't he become exuberant?"
«Ne va-t-il pas se perdre dans le plaisir et le pouvoir?»
"won't he lose himself to pleasure and power?"
«Ne va-t-il pas répéter toutes les erreurs de son père?»
"won't he repeat all of his father's mistakes?"
«Ne va-t-il pas peut-être se perdre entièrement à Sansara?»
"won't he perhaps get entirely lost in Sansara?"
Brillamment, le sourire du passeur s'illumina
Brightly, the ferryman's smile lit up
doucement, il toucha le bras de Siddhartha
softly, he touched Siddhartha's arm
«Demandez à la rivière à ce sujet, mon ami!»
"Ask the river about it, my friend!"
«Entendez la rivière en rire!»
"Hear the river laugh about it!"
«Croiriez-vous réellement que vous avez commis vos actes stupides?
"Would you actually believe that you had committed your foolish acts?
«Afin d'éviter à votre fils de les commettre aussi»
"in order to spare your son from committing them too"
«Et pourriez-vous d'une manière ou d'une autre protéger votre fils de Sansara?»
"And could you in any way protect your son from Sansara?"
«Comment pourriez-vous le protéger de Sansara?»
"How could you protect him from Sansara?"
«Au moyen d'enseignements, de prières, d'avertissements?»
"By means of teachings, prayer, admonition?"
«Ma chérie, as-tu complètement oublié cette histoire?»
"My dear, have you entirely forgotten that story?"
«L'histoire contenant tant de leçons»
"the story containing so many lessons"
l'histoire de Siddhartha, fils d'un brahmane»
"the story about Siddhartha, a Brahman's son"
«L'histoire que vous m'avez racontée une fois ici à cet

endroit même?»
"the story which you once told me here on this very spot?"
«Qui a gardé le Samana Siddhartha à l'abri de Sansara?»
"Who has kept the Samana Siddhartha safe from Sansara?"
«Qui l'a gardé du péché, de la cupidité et de la folie?»
"who has kept him from sin, greed, and foolishness?"
«La dévotion religieuse de son père a-t-elle pu le protéger?
"Were his father's religious devotion able to keep him safe?
«Les avertissements de son professeur ont-ils pu le protéger?»
"were his teacher's warnings able to keep him safe?"
«Ses propres connaissances pourraient-elles le protéger?»
"could his own knowledge keep him safe?"
«Sa propre recherche a-t-elle permis de le garder en sécurité?»
"was his own search able to keep him safe?"
«Quel père a pu protéger son fils?»
"What father has been able to protect his son?"
«Quel père pourrait empêcher son fils de vivre sa vie pour lui-même?»
"what father could keep his son from living his life for himself?"
«Quel enseignant a été capable de protéger son élève?»
"what teacher has been able to protect his student?"
«Quel professeur peut empêcher son élève de se salir de vie?»
"what teacher can stop his student from soiling himself with life?"
«Qui pourrait l'empêcher de s'accabler de culpabilité?»
"who could stop him from burdening himself with guilt?"
«Qui pourrait l'empêcher de boire la boisson amère pour lui-même?»
"who could stop him from drinking the bitter drink for himself?"
«Qui pourrait l'empêcher de trouver son chemin pour lui-même?»
"who could stop him from finding his path for himself?"

«Pensiez-vous que quelqu'un pourrait être épargné de prendre cette voie?»
"did you think anybody could be spared from taking this path?"
«Pensiez-vous que votre petit fils serait peut-être épargné?»
"did you think that perhaps your little son would be spared?"
«Pensais-tu que ton amour pouvait faire tout cela?»
"did you think your love could do all that?"
«Pensiez-vous que votre amour pourrait l'empêcher de souffrir»
"did you think your love could keep him from suffering"
«Pensiez-vous que votre amour pourrait le protéger de la douleur et de la déception?
"did you think your love could protect him from pain and disappointment?
«Vous pourriez mourir dix fois pour lui»
"you could die ten times for him"
«Mais vous ne pouviez prendre aucune part de son destin sur vous»
"but you could take no part of his destiny upon yourself"
Jamais auparavant Vasudeva n'avait prononcé autant de mots
Never before, Vasudeva had spoken so many words
Siddhartha l'a remercié
Kindly, Siddhartha thanked him
Il entra troublé dans la hutte
he went troubled into the hut

Il n'a pas pu dormir pendant longtemps
he could not sleep for a long time
Vasudeva ne lui avait rien dit qu'il n'avait déjà pensé et savait
Vasudeva had told him nothing he had not already thought and known
Mais c'était une connaissance sur laquelle il ne pouvait pas agir
But this was a knowledge he could not act upon

Plus fort que la connaissance était son amour pour le garçon
stronger than knowledge was his love for the boy
Plus forte que la connaissance était sa tendresse
stronger than knowledge was his tenderness
Plus fort que la connaissance était sa peur de le perdre
stronger than knowledge was his fear to lose him
Avait-il déjà autant perdu son cœur à cause de quelque chose?
had he ever lost his heart so much to something?
Avait-il jamais aimé quelqu'un aussi aveuglément?
had he ever loved any person so blindly?
Avait-il déjà souffert pour quelqu'un d'aussi infructueux?
had he ever suffered for someone so unsuccessfully?
Avait-il déjà fait de tels sacrifices pour quelqu'un et pourtant été si malheureux?
had he ever made such sacrifices for anyone and yet been so unhappy?
Siddhartha ne pouvait pas suivre les conseils de son ami
Siddhartha could not heed his friend's advice
Il ne pouvait pas abandonner le garçon
he could not give up the boy
Il a laissé le garçon lui donner des ordres
He let the boy give him orders
il l'a laissé l'ignorer
he let him disregard him
Il n'a rien dit et a attendu
He said nothing and waited
Chaque jour, il tentait la lutte de la convivialité
daily, he attempted the struggle of friendliness
Il a initié la guerre silencieuse de patience
he initiated the silent war of patience
Vasudeva n'a rien dit non plus et a attendu
Vasudeva also said nothing and waited
Ils étaient tous les deux maîtres de la patience
They were both masters of patience

une fois, le visage du garçon lui rappelait beaucoup Kamala
one time the boy's face reminded him very much of Kamala

Siddhartha a soudainement dû penser à quelque chose que Kamala avait dit une fois
Siddhartha suddenly had to think of something Kamala had once said

«Tu ne peux pas aimer» lui avait-elle dit
"You cannot love" she had said to him

et il était d'accord avec elle
and he had agreed with her

et il s'était comparé à une étoile
and he had compared himself with a star

Et il avait comparé les gens enfantins avec des feuilles qui tombent.
and he had compared the childlike people with falling leaves

Mais néanmoins, il avait également senti une accusation dans cette ligne.
but nevertheless, he had also sensed an accusation in that line

En effet, il n'avait jamais pu aimer
Indeed, he had never been able to love

il n'avait jamais pu se consacrer entièrement à une autre personne
he had never been able to devote himself completely to another person

il n'avait jamais pu s'oublier
he had never been able to to forget himself

il n'avait jamais été capable de commettre des actes stupides pour l'amour d'une autre personne
he had never been able to commit foolish acts for the love of another person

À cette époque, cela semblait le distinguer des gens enfantins.
at that time it seemed to set him apart from the childlike people

Mais depuis que son fils est ici, Siddhartha est aussi devenu une personne enfantine.
But ever since his son was here, Siddhartha also become a

childlike person
il souffrait pour le bien d'une autre personne
he was suffering for the sake of another person
il aimait une autre personne
he was loving another person
Il était perdu à cause de l'amour pour quelqu'un d'autre
he was lost to a love for someone else
Il était devenu un imbécile à cause de l'amour
he had become a fool on account of love
Maintenant, lui aussi se sentait la plus forte et la plus étrange de toutes les passions.
Now he too felt the strongest and strangest of all passions
Il a misérablement souffert de cette passion
he suffered from this passion miserably
et il était néanmoins dans la béatitude
and he was nevertheless in bliss
Il a néanmoins été renouvelé à un égard
he was nevertheless renewed in one respect
Il a été enrichi par cette seule chose
he was enriched by this one thing
Il sentait très bien que cet amour aveugle pour son fils était une passion
He sensed very well that this blind love for his son was a passion
Il savait que c'était quelque chose de très humain
he knew that it was something very human
il savait que c'était Sansara
he knew that it was Sansara
Il savait que c'était une source trouble, des eaux sombres
he knew that it was a murky source, dark waters
mais il estimait que ce n'était pas sans valeur, mais nécessaire
but he felt it was not worthless, but necessary
elle venait de l'essence de son propre être
it came from the essence of his own being
Ce plaisir devait également être expié pour
This pleasure also had to be atoned for

Cette douleur a également dû être endurée
this pain also had to be endured
Ces actes insensés devaient également être commis
these foolish acts also had to be committed
À travers tout cela, le fils l'a laissé commettre ses actes insensés
Through all this, the son let him commit his foolish acts
Il l'a laissé courtiser pour son affection
he let him court for his affection
Il l'a laissé s'humilier chaque jour
he let him humiliate himself every day
Il a cédé aux humeurs de son fils
he have in to the moods of his son
Son père n'avait rien qui aurait pu le ravir
his father had nothing which could have delighted him
et il n'a rien que le garçon craignait
and he nothing that the boy feared
C'était un homme bon, ce père
He was a good man, this father
C'était un homme bon, gentil et doux
he was a good, kind, soft man
Peut-être était-il un homme très pieux
perhaps he was a very devout man
Peut-être était-il un saint, pensa le garçon
perhaps he was a saint, the boy thought
Mais tous ces attributs n'ont pas pu convaincre le garçon
but all these attributes could not win the boy over
Il s'ennuyait de ce père, qui le gardait emprisonné
He was bored by this father, who kept him imprisoned
un prisonnier dans cette misérable cabane à lui
a prisoner in this miserable hut of his
Il s'ennuyait de lui répondre à chaque méchanceté avec un sourire
he was bored of him answering every naughtiness with a smile
Il n'appréciait pas que les insultes soient répondues par la gentillesse

he didn't appreciate insults being responded to by friendliness
Il n'aimait pas la méchanceté rendue dans la gentillesse
he didn't like viciousness returned in kindness
Cette chose même était le truc détesté de ce vieux sournois
this very thing was the hated trick of this old sneak
Beaucoup plus le garçon aurait aimé s'il avait été menacé par lui
Much more the boy would have liked it if he had been threatened by him
il voulait être maltraité par lui
he wanted to be abused by him

Un jour vint où le jeune Siddhartha en eut assez
A day came when young Siddhartha had had enough
Ce qu'il avait en tête a éclaté
what was on his mind came bursting forth
et il se retourna ouvertement contre son père
and he openly turned against his father
Siddhartha lui avait confié une tâche
Siddhartha had given him a task
Il lui avait dit de ramasser des broussailles
he had told him to gather brushwood
Mais le garçon n'a pas quitté la hutte
But the boy did not leave the hut
Dans la désobéissance obstinée et la rage, il est resté où il était
in stubborn disobedience and rage, he stayed where he was
Il frappait sur le sol avec ses pieds
he thumped on the ground with his feet
Il serra les poings et cria dans une puissante explosion
he clenched his fists and screamed in a powerful outburst
Il a crié sa haine et son mépris au visage de son père
he screamed his hatred and contempt into his father's face
«Prends les broussailles pour toi !» cria-t-il en écumant à la bouche.
"Get the brushwood for yourself!" he shouted, foaming at the mouth

«Je ne suis pas ton serviteur»
"I'm not your servant"
«Je sais que tu ne me frapperas pas, tu n'oserais pas»
"I know that you won't hit me, you wouldn't dare"
«Je sais que tu veux constamment me punir»
"I know that you constantly want to punish me"
«Tu veux me rabaisser avec ta dévotion religieuse et ton indulgence»
"you want to put me down with your religious devotion and your indulgence"
«Tu veux que je devienne comme toi»
"You want me to become like you"
«Tu veux que je sois aussi pieux, doux et sage que toi»
"you want me to be just as devout, soft, and wise as you"
«mais je ne le ferai pas, juste pour te faire souffrir»
"but I won't do it, just to make you suffer"
«Je préfère devenir un bandit de grand chemin que d'être aussi doux que toi»
"I would rather become a highway-robber than be as soft as you"
«Je préfère être un meurtrier que d'être aussi sage que toi»
"I would rather be a murderer than be as wise as you"
«Je préfère aller en enfer que de devenir comme toi!»
"I would rather go to hell, than to become like you!"
«Je te hais, tu n'es pas mon père
"I hate you, you're not my father
«Même si tu as couché dix fois avec ma mère, tu n'es pas mon père!»
"even if you've slept with my mother ten times, you are not my father!"
La rage et le chagrin débordaient en lui
Rage and grief boiled over in him
Il écumait son père en cent mots sauvages et maléfiques
he foamed at his father in a hundred savage and evil words
Puis le garçon s'est enfui dans la forêt
Then the boy ran away into the forest
Il était tard dans la nuit quand le garçon revint

it was late at night when the boy returned
Mais le lendemain matin, il avait disparu
But the next morning, he had disappeared
Ce qui avait également disparu, c'était un petit panier
What had also disappeared was a small basket
le panier dans lequel les passeurs conservaient ces pièces de cuivre et d'argent
the basket in which the ferrymen kept those copper and silver coins
les pièces qu'ils ont reçues à titre de tarif
the coins which they received as a fare
Le bateau avait également disparu
The boat had also disappeared
Siddhartha a vu le bateau couché sur la rive opposée
Siddhartha saw the boat lying by the opposite bank
Siddhartha frissonnait de chagrin
Siddhartha had been shivering with grief
Les discours déchaînés du garçon l'avaient touché
the ranting speeches the boy had made touched him
«Je dois le suivre», dit Siddhartha
"I must follow him," said Siddhartha
«Un enfant ne peut pas traverser la forêt tout seul, il va périr»
"A child can't go through the forest all alone, he'll perish"
«Nous devons construire un radeau, Vasudeva, pour passer au-dessus de l'eau»
"We must build a raft, Vasudeva, to get over the water"
«Nous allons construire un radeau», a déclaré Vasudeva
"We will build a raft" said Vasudeva
«Nous allons le construire pour récupérer notre bateau»
"we will build it to get our boat back"
«Mais tu ne courras pas après ton enfant, mon ami»
"But you shall not run after your child, my friend"
«Il n'est plus un enfant»
"he is no child any more"
«Il sait se déplacer»
"he knows how to get around"

«Il cherche le chemin de la ville»
"He's looking for the path to the city"
«Et il a raison, ne l'oubliez pas»
"and he is right, don't forget that"
«Il fait ce que vous n'avez pas réussi à faire vous-même»
"he's doing what you've failed to do yourself"
«Il prend soin de lui-même»
"he's taking care of himself"
«Il suit son cours pour lui-même»
"he's taking his course for himself"
«Hélas, Siddhartha, je te vois souffrir»
"Alas, Siddhartha, I see you suffering"
«Mais vous souffrez d'une douleur dont on aimerait rire»
"but you're suffering a pain at which one would like to laugh"
«Vous souffrez d'une douleur dont vous allez bientôt rire vous-même»
"you're suffering a pain at which you'll soon laugh yourself"
Siddhartha ne répondit pas à son ami
Siddhartha did not answer his friend
Il tenait déjà la hache dans ses mains
He already held the axe in his hands
et il a commencé à faire un radeau de bambou
and he began to make a raft of bamboo
Vasudeva l'a aidé à attacher les cannes ensemble avec des cordes d'herbe
Vasudeva helped him to tie the canes together with ropes of grass
Quand ils ont traversé la rivière, ils ont dérivé loin de leur route
When they crossed the river they drifted far off their course
Ils ont tiré le radeau en amont de la rive opposée
they pulled the raft upriver on the opposite bank
«Pourquoi avez-vous pris la hache?» demanda Siddhartha
"Why did you take the axe along?" asked Siddhartha
«Il aurait pu être possible que la rame de notre bateau se soit perdue»
"It might have been possible that the oar of our boat got lost"

Mais Siddhartha savait ce que pensait son ami
But Siddhartha knew what his friend was thinking
Il pensa que le garçon aurait jeté la rame.
He thought, the boy would have thrown away the oar
afin d'obtenir une sorte de vengeance
in order to get some kind of revenge
et pour les empêcher de le suivre
and in order to keep them from following him
Et en fait, il n'y avait plus de rame dans le bateau
And in fact, there was no oar left in the boat
Vasudeva désigna le fond du bateau
Vasudeva pointed to the bottom of the boat
et il regarda son ami avec un sourire
and he looked at his friend with a smile
Il sourit comme s'il voulait dire quelque chose
he smiled as if he wanted to say something
«Tu ne vois pas ce que ton fils essaie de te dire?»
"Don't you see what your son is trying to tell you?"
«Ne voyez-vous pas qu'il ne veut pas être suivi?»
"Don't you see that he doesn't want to be followed?"
Mais il n'a pas dit cela avec des mots
But he did not say this in words
Il a commencé à faire une nouvelle rame
He started making a new oar
Mais Siddhartha a fait ses adieux, pour chercher le fugitif
But Siddhartha bid his farewell, to look for the run-away
Vasudeva ne l'a pas empêché de chercher son enfant
Vasudeva did not stop him from looking for his child

Siddhartha marchait dans la forêt depuis longtemps
Siddhartha had been walking through the forest for a long time
La pensée lui vint à l'esprit que sa recherche était inutile
the thought occurred to him that his search was useless
Soit le garçon était loin devant et avait déjà atteint la ville
Either the boy was far ahead and had already reached the city
ou il se cacherait de lui

or he would conceal himself from him
Il a continué à penser à son fils
he continued thinking about his son
Il a constaté qu'il n'était pas inquiet pour son fils
he found that he was not worried for his son
Il savait au fond de lui qu'il n'avait pas péri
he knew deep inside that he had not perished
Il n'était pas non plus en danger dans la forêt
nor was he in any danger in the forest
Néanmoins, il a couru sans s'arrêter.
Nevertheless, he ran without stopping
Il ne courait pas pour le sauver
he was not running to save him
Il courait pour satisfaire son désir
he was running to satisfy his desire
Il voulait peut-être le revoir une fois de plus
he wanted to perhaps see him one more time
Et il a couru juste à l'extérieur de la ville
And he ran up to just outside of the city
Quand, près de la ville, il atteignit une large route
When, near the city, he reached a wide road
Il s'arrêta, par l'entrée du beau jardin d'agrément
he stopped, by the entrance of the beautiful pleasure-garden
le jardin qui appartenait à Kamala
the garden which used to belong to Kamala
le jardin où il l'avait vue pour la première fois
the garden where he had seen her for the first time
quand elle était assise dans sa chaise de berline
when she was sitting in her sedan-chair
Le passé s'est élevé dans son âme
The past rose up in his soul
Encore une fois, il se vit debout là
again, he saw himself standing there
une jeune Samana barbue et nue
a young, bearded, naked Samana
ses cheveux étaient pleins de poussière
his hair hair was full of dust

Pendant longtemps, Siddhartha est resté là
For a long time, Siddhartha stood there
Il regarda à travers la porte ouverte dans le jardin
he looked through the open gate into the garden
Il a vu des moines en robes jaunes marcher parmi les beaux arbres
he saw monks in yellow robes walking among the beautiful trees
Pendant longtemps, il resta là, méditant
For a long time, he stood there, pondering
Il a vu des images et écouté l'histoire de sa vie
he saw images and listened to the story of his life
Pendant longtemps, il resta là à regarder les moines.
For a long time, he stood there looking at the monks
il vit le jeune Siddhartha à leur place
he saw young Siddhartha in their place
il vit la jeune Kamala marcher parmi les grands arbres
he saw young Kamala walking among the high trees
De toute évidence, il s'est vu servir à manger et à boire par Kamala.
Clearly, he saw himself being served food and drink by Kamala
Il se voyait recevoir son premier baiser d'elle
he saw himself receiving his first kiss from her
il se voyait regarder fièrement et dédaigneusement sa vie de brahmane
he saw himself looking proudly and disdainfully back on his life as a Brahman
Il se voyait commencer sa vie mondaine, fièrement et plein de désir
he saw himself beginning his worldly life, proudly and full of desire
Il a vu Kamaswami, les serviteurs, les orgies
He saw Kamaswami, the servants, the orgies
Il a vu les joueurs avec les dés
he saw the gamblers with the dice
il a vu l'oiseau chanteur de Kamala dans la cage

he saw Kamala's song-bird in the cage
Il a revécu tout cela
he lived through all this again
il respira Sansara et était de nouveau vieux et fatigué
he breathed Sansara and was once again old and tired
Il ressentait le dégoût et le désir de s'anéantir à nouveau
he felt the disgust and the wish to annihilate himself again
et il fut guéri à nouveau par le saint Om
and he was healed again by the holy Om
pendant longtemps, Siddhartha s'était tenu près de la porte
for a long time Siddhartha had stood by the gate
Il s'est rendu compte que son désir était insensé
he realised his desire was foolish
Il s'est rendu compte que c'était la folie qui l'avait fait monter à cet endroit.
he realized it was foolishness which had made him go up to this place
Il s'est rendu compte qu'il ne pouvait pas aider son fils
he realized he could not help his son
et il s'est rendu compte qu'il n'avait pas le droit de s'accrocher à lui
and he realized that he was not allowed to cling to him
Il sentait profondément l'amour pour le fugueur dans son cœur
he felt the love for the run-away deeply in his heart
L'amour pour son fils était comme une blessure
the love for his son felt like a wound
mais cette blessure ne lui avait pas été donnée pour y retourner le couteau
but this wound had not been given to him in order to turn the knife in it
La blessure devait devenir une fleur
the wound had to become a blossom
et sa blessure devait briller
and his wound had to shine
Que cette blessure ne fleurisse pas ou ne brille pas encore le rendait triste

That this wound did not blossom or shine yet made him sad
Au lieu de l'objectif souhaité, il y avait le vide
Instead of the desired goal, there was emptiness
Le vide l'avait attiré ici, et malheureusement il s'assit
emptiness had drawn him here, and sadly he sat down
Il sentit quelque chose mourir dans son cœur
he felt something dying in his heart
Il a fait l'expérience du vide et ne voyait plus de joie
he experienced emptiness and saw no joy any more
Il n'y avait pas d'objectif à atteindre
there was no goal for which to aim for
Il s'assit perdu dans ses pensées et attendit
He sat lost in thought and waited
Il l'avait appris au bord de la rivière
This he had learned by the river
attendre, avoir de la patience, écouter attentivement
waiting, having patience, listening attentively
Et il s'assit et écoutait, dans la poussière de la route
And he sat and listened, in the dust of the road
Il écoutait son cœur, battant fatigué et tristement
he listened to his heart, beating tiredly and sadly
et il attendit une voix
and he waited for a voice
Plusieurs heures, il s'accroupissait, écoutant
Many an hour he crouched, listening
Il ne voyait plus d'images
he saw no images any more
Il est tombé dans le vide et s'est laissé tomber
he fell into emptiness and let himself fall
Il ne pouvait voir aucun chemin devant lui
he could see no path in front of him
Et quand il sentit la blessure brûler, il parla silencieusement l'Om
And when he felt the wound burning, he silently spoke the Om
il se remplit d'Om
he filled himself with Om

Les moines dans le jardin l'ont vu
The monks in the garden saw him
La poussière s'accumulait sur ses cheveux gris
dust was gathering on his gray hair
Comme il s'est accroupi pendant de nombreuses heures, l'un des moines a placé deux bananes devant lui
since he crouched for many hours, one of monks placed two bananas in front of him
Le vieil homme ne l'a pas vu
The old man did not see him

De cet état pétrifié, il a été réveillé par une main touchant son épaule
From this petrified state, he was awoken by a hand touching his shoulder
Instantanément, il reconnut cette tendre touche timide
Instantly, he recognised this tender bashful touch
Vasudeva l'avait suivi et avait attendu
Vasudeva had followed him and waited
il retrouva ses sens et se leva pour saluer Vasudeva
he regained his senses and rose to greet Vasudeva
il regarda le visage amical de Vasudeva
he looked into Vasudeva's friendly face
Il a regardé dans les petites rides
he looked into the small wrinkles
Ses rides étaient comme si elles n'étaient remplies que de son sourire
his wrinkles were as if they were filled with nothing but his smile
Il regarda dans les yeux heureux, puis il sourit aussi
he looked into the happy eyes, and then he smiled too
Maintenant, il a vu les bananes couchées devant lui
Now he saw the bananas lying in front of him
Il ramassa les bananes et en donna une au passeur
he picked the bananas up and gave one to the ferryman
Après avoir mangé les bananes, ils sont retournés silencieusement dans la forêt

After eating the bananas, they silently went back into the forest
Ils sont rentrés chez eux au traversier
they returned home to the ferry
Ni l'un ni l'autre n'a parlé de ce qui s'était passé ce jour-là.
Neither one talked about what had happened that day
ni l'un ni l'autre n'a mentionné le nom du garçon
neither one mentioned the boy's name
ni l'un ni l'autre n'a parlé de sa fugue
neither one spoke about him running away
Ni l'un ni l'autre n'a parlé de la blessure
neither one spoke about the wound
Dans la hutte, Siddhartha s'allongea sur son lit
In the hut, Siddhartha lay down on his bed
après un certain temps, Vasudeva vint à lui
after a while Vasudeva came to him
Il lui offrit un bol de lait de coco
he offered him a bowl of coconut-milk
mais il dormait déjà
but he was already asleep

Om

Pendant longtemps, la plaie a continué à brûler
For a long time the wound continued to burn
Siddhartha a dû transporter de nombreux voyageurs à travers la rivière
Siddhartha had to ferry many travellers across the river
Beaucoup de voyageurs étaient accompagnés d'un fils ou d'une fille
many of the travellers were accompanied by a son or a daughter
et il n'en vit aucun sans les envier
and he saw none of them without envying them
Il ne pouvait pas les voir sans penser à son fils perdu
he couldn't see them without thinking about his lost son
«Tant de milliers possèdent la plus douce des bonnes fortunes»
"So many thousands possess the sweetest of good fortunes"
«Pourquoi ne possède-t-on pas aussi cette bonne fortune?»
"why don't I also possess this good fortune?"
«Même les voleurs et les voleurs ont des enfants et les aiment»
"even thieves and robbers have children and love them"
«Et ils sont aimés de leurs enfants»
"and they are being loved by their children"
«Tous sont aimés de leurs enfants sauf moi»
"all are loved by their children except for me"
Il pensait maintenant comme les gens enfantins, sans raison
he now thought like the childlike people, without reason
Il était devenu l'une des personnes enfantines
he had become one of the childlike people
Il regardait les gens différemment qu'avant
he looked upon people differently than before
Il était moins intelligent et moins fier de lui-même
he was less smart and less proud of himself
Mais au lieu de cela, il était plus chaleureux et plus curieux
but instead, he was warmer and more curious

Lorsqu'il transportait des voyageurs, il était plus impliqué qu'auparavant
when he ferried travellers, he was more involved than before
Des gens enfantins, des hommes d'affaires, des guerriers, des femmes
childlike people, businessmen, warriors, women
Ces gens ne lui semblaient pas étrangers, comme ils le faisaient auparavant.
these people did not seem alien to him, as they used to
Il les comprenait et partageait leur vie
he understood them and shared their life
Une vie qui n'était pas guidée par les pensées et la perspicacité
a life which was not guided by thoughts and insight
mais une vie guidée uniquement par des pulsions et des souhaits
but a life guided solely by urges and wishes
Il se sentait comme le peuple enfantin
he felt like the the childlike people
Il portait sa dernière blessure
he was bearing his final wound
Il approchait de la perfection
he was nearing perfection
Mais les gens enfantins semblaient toujours être ses frères
but the childlike people still seemed like his brothers
leurs vanités, leurs désirs de possession ne lui étaient plus ridicules
their vanities, desires for possession were no longer ridiculous to him
Ils sont devenus compréhensibles et aimables
they became understandable and lovable
ils sont même devenus dignes de vénération pour lui
they even became worthy of veneration to him
L'amour aveugle d'une mère pour son enfant
The blind love of a mother for her child
L'orgueil stupide et aveugle d'un père vaniteux pour son fils unique

the stupid, blind pride of a conceited father for his only son
le désir aveugle et sauvage d'une jeune femme vaniteuse pour des bijoux
the blind, wild desire of a young, vain woman for jewellery
son souhait de regards admiratifs des hommes
her wish for admiring glances from men
Toutes ces pulsions simples n'étaient pas des notions enfantines.
all of these simple urges were not childish notions
mais ils étaient immensément forts, vivants et prédominants
but they were immensely strong, living, and prevailing urges
Il a vu des gens vivre pour leurs pulsions
he saw people living for the sake of their urges
Il a vu des gens réaliser des choses rares pour leurs pulsions
he saw people achieving rare things for their urges
voyager, faire la guerre, souffrir
travelling, conducting wars, suffering
Ils supportaient une quantité infinie de souffrances
they bore an infinite amount of suffering
et il pouvait les aimer pour cela, parce qu'il voyait la vie
and he could love them for it, because he saw life
que ce qui est vivant était dans chacune de leurs passions
that what is alive was in each of their passions
que ce qui est indestructible était dans leurs pulsions, le Brahman
that what is is indestructible was in their urges, the Brahman
Ces gens étaient dignes d'amour et d'admiration
these people were worthy of love and admiration
Ils le méritaient pour leur loyauté aveugle et leur force aveugle
they deserved it for their blind loyalty and blind strength
il n'y avait rien qui leur manquait
there was nothing that they lacked
Siddhartha n'avait rien qui le mettrait au-dessus des autres, sauf une chose
Siddhartha had nothing which would put him above the rest, except one thing

Il y avait encore une petite chose qu'il avait qu'ils n'avaient pas
there still was a small thing he had which they didn't
Il avait la pensée consciente de l'unité de toute vie
he had the conscious thought of the oneness of all life
mais Siddhartha doutait même que cette connaissance soit si appréciée
but Siddhartha even doubted whether this knowledge should be valued so highly
Cela pourrait aussi être une idée enfantine des gens pensants
it might also be a childish idea of the thinking people
Les gens du monde étaient d'égale rangée aux mages
the worldly people were of equal rank to the wise men
Les animaux aussi peuvent à certains moments sembler supérieurs aux humains
animals too can in some moments seem to be superior to humans
Ils sont supérieurs dans leur performance difficile et implacable de ce qui est nécessaire
they are superior in their tough, unrelenting performance of what is necessary
une idée a lentement fleuri à Siddhartha
an idea slowly blossomed in Siddhartha
Et l'idée mûrit lentement en lui
and the idea slowly ripened in him
Il a commencé à voir ce qu'était réellement la sagesse
he began to see what wisdom actually was
Il a vu quel était le but de sa longue recherche
he saw what the goal of his long search was
Sa recherche n'était rien d'autre qu'une disponibilité de l'âme
his search was nothing but a readiness of the soul
Un art secret de penser à chaque instant, tout en vivant sa vie
a secret art to think every moment, while living his life
C'était la pensée de l'unité
it was the thought of oneness

être capable de ressentir et d'inhaler l'unité
to be able to feel and inhale the oneness
Lentement, cette conscience s'est épanouie en lui.
Slowly this awareness blossomed in him
il brillait en retour sur lui du vieux visage enfantin de Vasudeva
it was shining back at him from Vasudeva's old, childlike face
Harmonie et connaissance de la perfection éternelle du monde
harmony and knowledge of the eternal perfection of the world
sourire et faire partie de l'unité
smiling and to be part of the oneness
Mais la blessure brûlait toujours
But the wound still burned
Siddhartha pensa avec nostalgie et amertume à son fils
longingly and bitterly Siddhartha thought of his son
Il a nourri son amour et sa tendresse dans son cœur
he nurtured his love and tenderness in his heart
Il a laissé la douleur le ronger
he allowed the pain to gnaw at him
Il a commis tous les actes d'amour insensés
he committed all foolish acts of love
Cette flamme ne s'éteindrait pas d'elle-même
this flame would not go out by itself

Un jour, la blessure brûla violemment
one day the wound burned violently
poussé par un désir, Siddhartha traversa la rivière
driven by a yearning, Siddhartha crossed the river
Il est descendu du bateau et était prêt à aller en ville
he got off the boat and was willing to go to the city
Il voulait à nouveau chercher son fils
he wanted to look for his son again
La rivière coulait doucement et tranquillement
The river flowed softly and quietly
C'était la saison sèche, mais sa voix semblait étrange
it was the dry season, but its voice sounded strange

Il était clair d'entendre que la rivière riait
it was clear to hear that the river laughed
Il rit vivement et clairement du vieux passeur
it laughed brightly and clearly at the old ferryman
Il se pencha sur l'eau, afin d'entendre encore mieux
he bent over the water, in order to hear even better
et il vit son visage se refléter dans les eaux qui bougeaient tranquillement
and he saw his face reflected in the quietly moving waters
Dans ce visage réfléchi, il y avait quelque chose
in this reflected face there was something
quelque chose qui lui rappelait, mais qu'il avait oublié
something which reminded him, but he had forgotten
En y réfléchissant, il l'a trouvé
as he thought about it, he found it
Ce visage ressemblait à un autre visage qu'il connaissait et aimait
this face resembled another face which he used to know and love
Mais il craignait aussi ce visage
but he also used to fear this face
Il ressemblait au visage de son père, le Brahman
It resembled his father's face, the Brahman
Il se souvenait comment il avait forcé son père à le laisser partir.
he remembered how he had forced his father to let him go
Il se souvint comment il lui avait fait ses adieux
he remembered how he had bid his farewell to him
Il se souvenait comment il était parti et n'était jamais revenu
he remembered how he had gone and had never come back
Son père n'avait-il pas souffert de la même douleur pour lui?
Had his father not also suffered the same pain for him?
La douleur de son père n'était-elle pas celle que Siddhartha souffre maintenant?
was his father's pain not the pain Siddhartha is suffering now?
Son père n'était-il pas mort depuis longtemps?
Had his father not long since died?

Était-il mort sans avoir revu son fils?
had he died without having seen his son again?
N'avait-il pas à s'attendre au même sort pour lui-même?
Did he not have to expect the same fate for himself?
N'était-ce pas une comédie dans un cercle fatidique?
Was it not a comedy in a fateful circle?
La rivière a ri de tout cela
The river laughed about all of this
tout est revenu qui n'avait pas été subi
everything came back which had not been suffered
tout est revenu qui n'avait pas été résolu
everything came back which had not been solved
La même douleur a été subie encore et encore
the same pain was suffered over and over again
Siddhartha est retourné dans le bateau
Siddhartha went back into the boat
et il retourna à la cabane
and he returned back to the hut
Il pensait à son père et à son fils
he was thinking of his father and of his son
Il pensait qu'on s'était moqué de lui au bord de la rivière
he thought of having been laughed at by the river
Il était en désaccord avec lui-même et tendait vers le désespoir
he was at odds with himself and tending towards despair
mais il était aussi tenté de rire
but he was also tempted to laugh
Il pouvait rire de lui-même et du monde entier
he could laugh at himself and the entire world
Hélas, la blessure ne fleurissait pas encore
Alas, the wound was not blossoming yet
Son cœur luttait toujours contre son destin
his heart was still fighting his fate
La gaieté et la victoire ne brillaient pas encore de sa souffrance
cheerfulness and victory were not yet shining from his suffering

Néanmoins, il ressentait de l'espoir en même temps que le désespoir.
Nevertheless, he felt hope along with the despair
une fois retourné à la hutte, il ressentit un désir invincible de s'ouvrir à Vasudeva
once he returned to the hut he felt an undefeatable desire to open up to Vasudeva
Il voulait tout lui montrer
he wanted to show him everything
Il voulait tout dire au maître de l'écoute
he wanted to say everything to the master of listening

Vasudeva était assise dans la hutte, tissant un panier
Vasudeva was sitting in the hut, weaving a basket
Il n'utilisait plus le ferry-boat
He no longer used the ferry-boat
Ses yeux commençaient à s'affaiblir
his eyes were starting to get weak
Ses bras et ses mains s'affaiblissaient aussi
his arms and hands were getting weak as well
Seule la joie et la bienveillance joyeuse de son visage étaient immuables
only the joy and cheerful benevolence of his face was unchanging
Siddhartha s'assit à côté du vieil homme
Siddhartha sat down next to the old man
Lentement, il a commencé à parler de ce dont ils n'avaient jamais parlé.
slowly, he started talking about what they had never spoke about
Il lui raconta sa marche vers la ville
he told him of his walk to the city
Il lui a parlé de la blessure brûlante
he told at him of the burning wound
Il lui a parlé de l'envie de voir des pères heureux
he told him about the envy of seeing happy fathers
sa connaissance de la folie de tels souhaits

his knowledge of the foolishness of such wishes
son combat futile contre son gré
his futile fight against his wishes
Il était capable de tout dire, même les parties les plus embarrassantes
he was able to say everything, even the most embarrassing parts
Il lui a dit tout ce qu'il pouvait lui dire
he told him everything he could tell him
Il lui a montré tout ce qu'il pouvait lui montrer
he showed him everything he could show him
Il lui a présenté sa blessure
He presented his wound to him
Il lui a également raconté comment il avait fui aujourd'hui
he also told him how he had fled today
Il lui a raconté comment il traversait l'eau
he told him how he ferried across the water
Un fugueur enfantin, prêt à marcher jusqu'à la ville
a childish run-away, willing to walk to the city
et il lui raconta comment la rivière avait ri
and he told him how the river had laughed
Il a parlé longtemps
he spoke for a long time
Vasudeva écoutait avec un visage calme
Vasudeva was listening with a quiet face
L'écoute de Vasudeva a donné à Siddhartha une sensation plus forte que jamais
Vasudeva's listening gave Siddhartha a stronger sensation than ever before
Il sentit comment sa douleur et ses peurs coulaient vers lui
he sensed how his pain and fears flowed over to him
Il sentit comment son espoir secret coulait sur lui
he sensed how his secret hope flowed over him
Montrer sa blessure à cet auditeur était la même chose que de la baigner dans la rivière
To show his wound to this listener was the same as bathing it in the river

la rivière aurait refroidi la blessure de Siddhartha
the river would have cooled Siddhartha's wound
l'écoute silencieuse refroidit la blessure de Siddhartha
the quiet listening cooled Siddhartha's wound
Cela l'a refroidi jusqu'à ce qu'il ne fasse plus qu'un avec la rivière
it cooled him until he become one with the river
Pendant qu'il parlait encore, admettait et confessait toujours
While he was still speaking, still admitting and confessing
Siddhartha sentait de plus en plus que ce n'était plus Vasudeva
Siddhartha felt more and more that this was no longer Vasudeva
Ce n'était plus un être humain qui l'écoutait
it was no longer a human being who was listening to him
Cet auditeur immobile absorbait sa confession en lui-même
this motionless listener was absorbing his confession into himself
Cet auditeur immobile était comme un arbre la pluie
this motionless listener was like a tree the rain
Cet homme immobile était la rivière elle-même
this motionless man was the river itself
cet homme immobile était Dieu lui-même
this motionless man was God himself
L'homme immobile était l'éternel lui-même
the motionless man was the eternal itself
Siddhartha a cessé de penser à lui-même et à sa blessure
Siddhartha stopped thinking of himself and his wound
cette prise de conscience du caractère changé de Vasudeva a pris possession de lui
this realisation of Vasudeva's changed character took possession of him
et plus il y entrait, moins il devenait merveilleux.
and the more he entered into it, the less wondrous it became
Plus il réalisait que tout était en ordre et naturel
the more he realised that everything was in order and natural
il réalisa que Vasudeva était déjà comme ça depuis

longtemps
he realised that Vasudeva had already been like this for a long time
Il ne l'avait tout simplement pas encore tout à fait reconnu
he had just not quite recognised it yet
Oui, lui-même avait presque atteint le même état
yes, he himself had almost reached the same state
Il sentait qu'il voyait maintenant le vieux Vasudeva comme les gens voient les dieux.
He felt, that he was now seeing old Vasudeva as the people see the gods
et il a estimé que cela ne pouvait pas durer
and he felt that this could not last
dans son cœur, il a commencé à faire ses adieux à Vasudeva
in his heart, he started bidding his farewell to Vasudeva
Tout au long de tout cela, il parlait sans cesse.
Throughout all this, he talked incessantly
Quand il eut fini de parler, Vasudeva tourna ses yeux amicaux vers lui.
When he had finished talking, Vasudeva turned his friendly eyes at him
les yeux qui étaient devenus légèrement faibles
the eyes which had grown slightly weak
Il ne dit rien, mais laissa briller son amour silencieux et sa gaieté
he said nothing, but let his silent love and cheerfulness shine
Sa compréhension et ses connaissances ont brillé de lui
his understanding and knowledge shone from him
Il prit la main de Siddhartha et le conduisit au siège près de la banque.
He took Siddhartha's hand and led him to the seat by the bank
Il s'assit avec lui et sourit à la rivière
he sat down with him and smiled at the river
«Vous l'avez entendu rire», a-t-il dit.
"You've heard it laugh," he said
«Mais vous n'avez pas tout entendu»
"But you haven't heard everything"

«Écoutons, vous en entendrez plus»
"Let's listen, you'll hear more"
Sonnait doucement la rivière, chantant de nombreuses voix
Softly sounded the river, singing in many voices
Siddhartha regarda dans l'eau
Siddhartha looked into the water
Des images lui sont apparues dans l'eau en mouvement
images appeared to him in the moving water
Son père est apparu, seul et pleurant son fils
his father appeared, lonely and mourning for his son
Il est lui-même apparu dans l'eau en mouvement
he himself appeared in the moving water
Il était également lié par l'esclavage de la nostalgie à son fils éloigné.
he was also being tied with the bondage of yearning to his distant son
Son fils est apparu, seul lui aussi
his son appeared, lonely as well
Le garçon, se précipitant avidement sur le parcours brûlant de ses jeunes souhaits
the boy, greedily rushing along the burning course of his young wishes
Chacun se dirigeait vers son but
each one was heading for his goal
Chacun était obsédé par l'objectif
each one was obsessed by the goal
Chacun souffrait de la poursuite
each one was suffering from the pursuit
La rivière chantait d'une voix de souffrance
The river sang with a voice of suffering
avec nostalgie, il chantait et coulait vers son but
longingly it sang and flowed towards its goal
«Entendez-vous?» Demanda Vasudeva avec un regard muet
"Do you hear?" Vasudeva asked with a mute gaze
Siddhartha hocha la tête en réponse
Siddhartha nodded in reply
«Écoutez mieux!» Murmura Vasudeva

"Listen better!" Vasudeva whispered
Siddhartha a fait un effort pour mieux écouter
Siddhartha made an effort to listen better
L'image de son père est apparue
The image of his father appeared
Sa propre image a fusionné avec celle de son père
his own image merged with his father's
L'image de son fils fusionnait avec son image
the image of his son merged with his image
L'image de Kamala est également apparue et a été dispersée
Kamala's image also appeared and was dispersed
et l'image de Govinda, et d'autres images
and the image of Govinda, and other images
et tous les imagés fusionnés les uns avec les autres
and all the imaged merged with each other
Toutes les images se sont transformées en rivière
all the imaged turned into the river
Étant la rivière, ils se sont tous dirigés vers le but
being the river, they all headed for the goal
Le désir, le désir, la souffrance coulaient ensemble
longing, desiring, suffering flowed together
et la voix de la rivière semblait pleine de désir
and the river's voice sounded full of yearning
La voix de la rivière était pleine de malheur brûlant
the river's voice was full of burning woe
La voix de la rivière était pleine d'un désir insatisfaisant
the river's voice was full of unsatisfiable desire
Pour le but, la rivière se dirigeait vers
For the goal, the river was heading
Siddhartha vit la rivière se précipiter vers son but
Siddhartha saw the river hurrying towards its goal
la rivière de lui et de ses proches et de tous les gens qu'il avait jamais vus
the river of him and his loved ones and of all people he had ever seen
Toutes ces vagues et ces eaux se précipitaient
all of these waves and waters were hurrying

Ils souffraient tous vers de nombreux objectifs
they were all suffering towards many goals
la cascade, le lac, les rapides, la mer
the waterfall, the lake, the rapids, the sea
et tous les objectifs ont été atteints
and all goals were reached
et chaque objectif a été suivi d'un nouveau
and every goal was followed by a new one
et l'eau s'est transformée en vapeur et est montée vers le ciel
and the water turned into vapour and rose to the sky
L'eau s'est transformée en pluie et s'est déversée du ciel
the water turned into rain and poured down from the sky
l'eau transformée en source
the water turned into a source
puis la source s'est transformée en flux
then the source turned into a stream
le ruisseau transformé en rivière
the stream turned into a river
et la rivière repartit vers l'avant
and the river headed forwards again
Mais la voix ardente avait changé
But the longing voice had changed
Il résonnait encore, plein de souffrance, cherchant
It still resounded, full of suffering, searching
Mais d'autres voix ont rejoint la rivière
but other voices joined the river
Il y avait des voix de joie et de souffrance
there were voices of joy and of suffering
bonnes et mauvaises voix, rires et tristes
good and bad voices, laughing and sad ones
Cent voix, mille voix
a hundred voices, a thousand voices
Siddhartha a écouté toutes ces voix
Siddhartha listened to all these voices
Il n'était plus qu'un auditeur
He was now nothing but a listener
Il était complètement concentré sur l'écoute

he was completely concentrated on listening
Il était complètement vide maintenant
he was completely empty now
Il sentait qu'il avait maintenant fini d'apprendre à écouter
he felt that he had now finished learning to listen
Souvent auparavant, il avait entendu tout cela
Often before, he had heard all this
Il avait entendu ces nombreuses voix dans la rivière
he had heard these many voices in the river
Aujourd'hui, les voix dans la rivière sonnaient nouveau
today the voices in the river sounded new
Déjà, il ne pouvait plus distinguer les nombreuses voix
Already, he could no longer tell the many voices apart
Il n'y avait pas de différence entre les voix heureuses et les voix qui pleurent
there was no difference between the happy voices and the weeping ones
Les voix des enfants et les voix des hommes ne faisaient qu'un
the voices of children and the voices of men were one
Toutes ces voix appartenaient ensemble
all these voices belonged together
la lamentation du désir ardent et le rire du savant
the lamentation of yearning and the laughter of the knowledgeable one
le cri de rage et les gémissements des mourants
the scream of rage and the moaning of the dying ones
Tout était un et tout était entrelacé
everything was one and everything was intertwined
Tout était connecté et enchevêtré mille fois
everything was connected and entangled a thousand times
Tout ensemble, toutes les voix, tous les objectifs
everything together, all voices, all goals
Tout désir, toute souffrance, tout plaisir
all yearning, all suffering, all pleasure
Tout ce qui était bon et mauvais
all that was good and evil

Tout cela ensemble, c'était le monde
all of this together was the world
Tout cela ensemble était le flux des événements
All of it together was the flow of events
Tout cela était la musique de la vie
all of it was the music of life
quand Siddhartha écoutait attentivement cette rivière
when Siddhartha was listening attentively to this river
Le Cantique des Mille Voix
the song of a thousand voices
quand il n'écoutait ni la souffrance ni le rire
when he neither listened to the suffering nor the laughter
quand il n'a pas lié son âme à une voix particulière
when he did not tie his soul to any particular voice
quand il s'est immergé dans la rivière
when he submerged his self into the river
mais quand il les entendit tous, il perçut le tout, l'unité
but when he heard them all he perceived the whole, the oneness
Puis le grand chant des mille voix consistait en un seul mot
then the great song of the thousand voices consisted of a single word
ce mot était Om; La perfection
this word was Om; the perfection

«Entendez-vous» demanda à nouveau le regard de Vasudeva
"Do you hear" Vasudeva's gaze asked again
Brillamment, le sourire de Vasudeva brillait
Brightly, Vasudeva's smile was shining
Il flottait radieusement sur toutes les rides de son ancien visage
it was floating radiantly over all the wrinkles of his old face
de la même manière que l'Om flottait dans les airs au-dessus de toutes les voix de la rivière
the same way the Om was floating in the air over all the voices of the river
Son sourire brillait, quand il regarda son ami

Brightly his smile was shining, when he looked at his friend
et brillamment le même sourire commençait maintenant à briller sur le visage de Siddhartha
and brightly the same smile was now starting to shine on Siddhartha's face
Sa blessure avait fleuri et sa souffrance brillait
His wound had blossomed and his suffering was shining
Son moi s'était envolé dans l'Unité
his self had flown into the oneness
À cette heure, Siddhartha a cessé de lutter contre son destin.
In this hour, Siddhartha stopped fighting his fate
En même temps, il a cessé de souffrir
at the same time he stopped suffering
Sur son visage s'épanouissait la gaieté d'un savoir
On his face flourished the cheerfulness of a knowledge
un savoir auquel aucune volonté ne s'opposait plus
a knowledge which was no longer opposed by any will
Un savoir qui connaît la perfection
a knowledge which knows perfection
une connaissance en accord avec le flux des événements
a knowledge which is in agreement with the flow of events
une connaissance qui est avec le courant de la vie
a knowledge which is with the current of life
plein de sympathie pour la douleur des autres
full of sympathy for the pain of others
plein de sympathie pour le plaisir des autres
full of sympathy for the pleasure of others
dévoué au flux, appartenant à l'unité
devoted to the flow, belonging to the oneness
Vasudeva se leva du siège près de la banque
Vasudeva rose from the seat by the bank
il regarda Siddhartha dans les yeux
he looked into Siddhartha's eyes
et il vit la gaieté de la connaissance briller dans ses yeux
and he saw the cheerfulness of the knowledge shining in his eyes
Il toucha doucement son épaule avec sa main

he softly touched his shoulder with his hand
«J'attendais cette heure, ma chérie»
"I've been waiting for this hour, my dear"
«Maintenant qu'il est venu, laissez-moi partir»
"Now that it has come, let me leave"
«Depuis longtemps, j'attends cette heure»
"For a long time, I've been waiting for this hour"
«Pendant longtemps, j'ai été Vasudeva le passeur»
"for a long time, I've been Vasudeva the ferryman"
«Maintenant, c'est assez. Adieu»
"Now it's enough. Farewell"
«Adieu rivière, adieu Siddhartha!»
"farewell river, farewell Siddhartha!"
Siddhartha fit un salut profond devant lui qui fit ses adieux
Siddhartha made a deep bow before him who bid his farewell
«Je l'ai su,» dit-il doucement
"I've known it," he said quietly
«Tu iras dans les forêts?»
"You'll go into the forests?"
«Je vais dans les forêts»
"I'm going into the forests"
«Je vais dans l'unité» dit Vasudeva avec un sourire éclatant
"I'm going into the oneness" spoke Vasudeva with a bright smile
Avec un sourire éclatant, il est parti
With a bright smile, he left
Siddhartha le regarda partir
Siddhartha watched him leaving
Avec une joie profonde, avec une profonde solennité, il le regarda partir
With deep joy, with deep solemnity he watched him leave
Il a vu que ses pas étaient pleins de paix
he saw his steps were full of peace
Il a vu que sa tête était pleine de lustre
he saw his head was full of lustre
Il a vu que son corps était plein de lumière
he saw his body was full of light

Govinda

Govinda était avec les moines depuis longtemps
Govinda had been with the monks for a long time
Lorsqu'il n'était pas en pèlerinage, il passait son temps dans le jardin d'agrément
when not on pilgrimages, he spent his time in the pleasure-garden
le jardin que la courtisane Kamala avait donné aux disciples de Gotama
the garden which the courtesan Kamala had given the followers of Gotama
Il entendit parler d'un vieux passeur, qui vivait à une journée de route.
he heard talk of an old ferryman, who lived a day's journey away
Il a entendu dire que beaucoup le considéraient comme un homme sage
he heard many regarded him as a wise man
Quand Govinda est revenu, il a choisi le chemin du ferry
When Govinda went back, he chose the path to the ferry
Il avait hâte de voir le passeur
he was eager to see the ferryman
Il avait vécu toute sa vie selon les règles
he had lived his entire life by the rules
Il était regardé avec vénération par les jeunes moines
he was looked upon with veneration by the younger monks
Ils respectaient son âge et sa modestie
they respected his age and modesty
mais son agitation n'avait pas disparu de son cœur
but his restlessness had not perished from his heart
il cherchait ce qu'il n'avait pas trouvé
he was searching for what he had not found
Il vint à la rivière et demanda au vieil homme de le transporter
He came to the river and asked the old man to ferry him over
Quand ils sont descendus du bateau de l'autre côté, il a parlé

avec le vieil homme
when they got off the boat on the other side, he spoke with the old man

«Vous êtes très bons avec nous, moines et pèlerins»
"You're very good to us monks and pilgrims"
«Vous avez transporté beaucoup d'entre nous de l'autre côté de la rivière»
"you have ferried many of us across the river"
«N'êtes-vous pas aussi, passeur, un chercheur du bon chemin?»
"Aren't you too, ferryman, a searcher for the right path?"
souriant de ses vieux yeux, Siddhartha parla
smiling from his old eyes, Siddhartha spoke
«Oh vénérable, vous appelez-vous un chercheur?»
"oh venerable one, do you call yourself a searcher?"
«Êtes-vous toujours un chercheur, bien que déjà bien depuis des années?»
"are you still a searcher, although already well in years?"
«cherchez-vous en portant la robe des moines de Gotama?»
"do you search while wearing the robe of Gotama's monks?"
«C'est vrai, je suis vieux», a déclaré Govinda
"It's true, I'm old," spoke Govinda
«mais je n'ai pas arrêté de chercher»
"but I haven't stopped searching"
«Je n'arrêterai jamais de chercher»
"I will never stop searching"
«Cela semble être mon destin»
"this seems to be my destiny"
«Vous aussi, me semble-t-il, avez cherché»
"You too, so it seems to me, have been searching"
«Voulez-vous me dire quelque chose, oh honorable?»
"Would you like to tell me something, oh honourable one?"
«Que pourrais-je avoir que je pourrais te dire, ô vénérable?»
"What might I have that I could tell you, oh venerable one?"
«Peut-être pourrais-je vous dire que vous cherchez beaucoup trop?»

"Perhaps I could tell you that you're searching far too much?"
«Puis-je vous dire que vous ne prenez pas le temps de trouver?»
"Could I tell you that you don't make time for finding?"
«Comment se fait-il?» demanda Govinda
"How come?" asked Govinda
«Quand quelqu'un cherche, il ne voit peut-être que ce qu'il cherche»
"When someone is searching they might only see what they search for"
«Il pourrait ne pas être capable de laisser quoi que ce soit d'autre entrer dans son esprit»
"he might not be able to let anything else enter his mind"
«Il ne voit pas ce qu'il ne cherche pas»
"he doesn't see what he is not searching for"
«Parce qu'il ne pense toujours qu'à l'objet de sa recherche»
"because he always thinks of nothing but the object of his search"
«Il a un but, qui l'obsède»
"he has a goal, which he is obsessed with"
«Chercher, c'est avoir un but»
"Searching means having a goal"
«Mais trouver, c'est être libre, ouvert et n'avoir aucun but»
"But finding means being free, open, and having no goal"
«Toi, ô vénérable, tu es peut-être vraiment un chercheur»
"You, oh venerable one, are perhaps indeed a searcher"
«Parce que, lorsque vous vous efforcez d'atteindre votre objectif, il y a beaucoup de choses que vous ne voyez pas»
"because, when striving for your goal, there are many things you don't see"
«Vous pourriez ne pas voir les choses qui sont directement devant vos yeux»
"you might not see things which are directly in front of your eyes"
«Je ne comprends pas encore,» dit Govinda, «qu'entendez-vous par là?»
"I don't quite understand yet," said Govinda, "what do you

mean by this?"
«Oh vénérable, tu es déjà allé à cette rivière, il y a longtemps»
"oh venerable one, you've been at this river before, a long time ago"
«Et vous avez trouvé un homme endormi au bord de la rivière»
"and you have found a sleeping man by the river"
«Vous vous êtes assis avec lui pour garder son sommeil»
"you have sat down with him to guard his sleep"
«mais, oh Govinda, tu n'as pas reconnu l'homme endormi»
"but, oh Govinda, you did not recognise the sleeping man"
Govinda était étonné, comme s'il avait été l'objet d'un sort magique
Govinda was astonished, as if he had been the object of a magic spell
Le moine regarda le passeur dans les yeux
the monk looked into the ferryman's eyes
«Es-tu Siddhartha?» demanda-t-il d'une voix timide
"Are you Siddhartha?" he asked with a timid voice
«Je ne t'aurais pas reconnu cette fois non plus!»
"I wouldn't have recognised you this time either!"
«Du fond du cœur, je te salue, Siddhartha»
"from my heart, I'm greeting you, Siddhartha"
«De mon cœur, je suis heureux de vous revoir une fois de plus!»
"from my heart, I'm happy to see you once again!"
«Tu as beaucoup changé, mon ami»
"You've changed a lot, my friend"
«Et vous êtes maintenant devenu un passeur?»
"and you've now become a ferryman?"
D'une manière amicale, Siddhartha a ri
In a friendly manner, Siddhartha laughed
«Ouais, je suis passeur»
"yes, I am a ferryman"
«Beaucoup de gens, Govinda, doivent changer beaucoup»
"Many people, Govinda, have to change a lot"

«Ils doivent porter beaucoup de robes»
"they have to wear many robes"
«Je fais partie de ceux qui ont dû beaucoup changer»
"I am one of those who had to change a lot"
«Soyez les bienvenus, Govinda, et passez la nuit dans ma hutte»
"Be welcome, Govinda, and spend the night in my hut"
Govinda a passé la nuit dans la cabane
Govinda stayed the night in the hut
il dormait sur le lit qui était le lit de Vasudeva
he slept on the bed which used to be Vasudeva's bed
Il a posé de nombreuses questions à l'ami de sa jeunesse
he posed many questions to the friend of his youth
Siddhartha a dû lui dire beaucoup de choses de sa vie
Siddhartha had to tell him many things from his life

Puis le lendemain matin est venu
then the next morning came
Le moment était venu de commencer le voyage de la journée
the time had come to start the day's journey
sans hésitation, Govinda a posé une autre question
without hesitation, Govinda asked one more question
«Avant de continuer mon chemin, Siddhartha, permettez-moi de poser une dernière question»
"Before I continue on my path, Siddhartha, permit me to ask one more question"
«Avez-vous un enseignement qui vous guide?»
"Do you have a teaching that guides you?"
«Avez-vous une foi ou une connaissance que vous suivez?»
"Do you have a faith or a knowledge you follow"
«Y a-t-il une connaissance qui vous aide à vivre et à faire le bien?»
"is there a knowledge which helps you to live and do right?"
«Tu sais bien, ma chérie, je me suis toujours méfié des enseignants»
"You know well, my dear, I have always been distrustful of teachers"

«Jeune homme, j'ai déjà commencé à douter des enseignants»

"as a young man I already started to doubt teachers"

«Quand nous vivions avec les pénitents dans la forêt, je me méfiais de leurs enseignements»

"when we lived with the penitents in the forest, I distrusted their teachings"

«Et je leur ai tourné le dos»

"and I turned my back to them"

«Je me méfie des enseignants»

"I have remained distrustful of teachers"

«Néanmoins, j'ai eu beaucoup de professeurs depuis»

"Nevertheless, I have had many teachers since then"

«Une belle courtisane est mon professeur depuis longtemps»

"A beautiful courtesan has been my teacher for a long time"

«Un riche marchand était mon professeur»

"a rich merchant was my teacher"

«Et certains joueurs avec des dés m'ont appris»

"and some gamblers with dice taught me"

«Une fois, même un disciple de Bouddha a été mon maître»

"Once, even a follower of Buddha has been my teacher"

«Il voyageait à pied, en train de voler»

"he was travelling on foot, pilgering"

«Et il s'est assis avec moi quand je me suis endormi dans la forêt»

"and he sat with me when I had fallen asleep in the forest"

«J'ai aussi appris de lui, ce dont je suis très reconnaissant»

"I've also learned from him, for which I'm very grateful"

«Mais surtout, j'ai appris de cette rivière»

"But most of all, I have learned from this river"

«et j'ai appris le plus de mon prédécesseur, le passeur Vasudeva»

"and I have learned most from my predecessor, the ferryman Vasudeva"

«C'était une personne très simple, Vasudeva, il n'était pas un penseur»

"He was a very simple person, Vasudeva, he was no thinker"

«mais il savait ce qui est nécessaire aussi bien que Gotama»
"but he knew what is necessary just as well as Gotama"
«C'était un homme parfait, un saint»
"he was a perfect man, a saint"
«Siddhartha aime toujours se moquer des gens, il me semble»
"Siddhartha still loves to mock people, it seems to me"
«Je crois en toi et je sais que tu n'as pas suivi de professeur»
"I believe in you and I know that you haven't followed a teacher"
«Mais n'avez-vous pas trouvé quelque chose par vous-même?»
"But haven't you found something by yourself?"
«Bien que vous n'ayez trouvé aucun enseignement, vous avez quand même trouvé certaines pensées»
"though you've found no teachings, you still found certain thoughts"
«Certaines idées, qui sont les vôtres»
"certain insights, which are your own"
«Des idées qui vous aident à vivre»
"insights which help you to live"
«N'avez-vous pas trouvé quelque chose comme ça?»
"Haven't you found something like this?"
«Si tu voulais me le dire, tu ravirais mon cœur»
"If you would like to tell me, you would delight my heart"
«Vous avez raison, j'ai eu des pensées et acquis de nombreuses idées»
"you are right, I have had thoughts and gained many insights"
«Parfois, j'ai senti la connaissance en moi pendant une heure»
"Sometimes I have felt knowledge in me for an hour"
«à d'autres moments, j'ai senti la connaissance en moi pendant une journée entière»
"at other times I have felt knowledge in me for an entire day"
«La même connaissance que l'on ressent quand on sent la vie dans son cœur»
"the same knowledge one feels when one feels life in one's

heart"
«Il y a eu beaucoup de réflexions»
"There have been many thoughts"
«Mais il me serait difficile de vous transmettre ces pensées»
"but it would be hard for me to convey these thoughts to you"
«Mon cher Govinda, c'est une de mes pensées que j'ai trouvée»
"my dear Govinda, this is one of my thoughts which I have found"
«La sagesse ne peut pas être transmise»
"wisdom cannot be passed on"
«La sagesse qu'un homme sage essaie de transmettre sonne toujours comme une folie»
"Wisdom which a wise man tries to pass on always sounds like foolishness"
«Vous plaisantez?» demanda Govinda
"Are you kidding?" asked Govinda
«Je ne plaisante pas, je vous dis ce que j'ai trouvé»
"I'm not kidding, I'm telling you what I have found"
«La connaissance peut être transmise, mais pas la sagesse»
"Knowledge can be conveyed, but wisdom can't"
«La sagesse peut être trouvée, elle peut être vécue»
"wisdom can be found, it can be lived"
«Il est possible de se laisser porter par la sagesse»
"it is possible to be carried by wisdom"
«Les miracles peuvent être accomplis avec sagesse»
"miracles can be performed with wisdom"
«Mais la sagesse ne peut être exprimée en paroles ni enseignée»
"but wisdom cannot be expressed in words or taught"
«C'était ce que je soupçonnais parfois, même quand j'étais jeune»
"This was what I sometimes suspected, even as a young man"
«C'est ce qui m'a éloigné des enseignants»
"this is what has driven me away from the teachers"
«J'ai trouvé une pensée que vous considérerez comme une folie»

"I have found a thought which you'll regard as foolishness"
«Mais cette pensée a été ma meilleure»
"but this thought has been my best"
«Le contraire de toute vérité est tout aussi vrai !»
"The opposite of every truth is just as true!"
«Toute vérité ne peut être exprimée que lorsqu'elle est unilatérale»
"any truth can only be expressed when it is one-sided"
«Seules les choses unilatérales peuvent être mises en mots»
"only one sided things can be put into words"
«Tout ce qui peut être pensé est unilatéral»
"Everything which can be thought is one-sided"
«Tout est unilatéral, donc ce n'est qu'une moitié»
"it's all one-sided, so it's just one half"
«Tout manque de complétude, de rondeur et d'unité»
"it all lacks completeness, roundness, and oneness"
«le Très-Haut Gotama parlait dans ses enseignements du monde»
"the exalted Gotama spoke in his teachings of the world"
«mais il a dû diviser le monde en Sansara et Nirvana»
"but he had to divide the world into Sansara and Nirvana"
«Il avait divisé le monde en tromperie et vérité»
"he had divided the world into deception and truth"
«Il avait divisé le monde en souffrance et salut»
"he had divided the world into suffering and salvation"
«Le monde ne peut pas être expliqué autrement»
"the world cannot be explained any other way"
«Il n'y a pas d'autre façon de l'expliquer, pour ceux qui veulent enseigner»
"there is no other way to explain it, for those who want to teach"
«Mais le monde lui-même n'est jamais unilatéral»
"But the world itself is never one-sided"
«Le monde existe autour de nous et à l'intérieur de nous»
"the world exists around us and inside of us"
«Une personne ou un acte n'est jamais entièrement Sansara ou entièrement Nirvana»

"A person or an act is never entirely Sansara or entirely Nirvana"
«Une personne n'est jamais entièrement sainte ou entièrement pécheresse»
"a person is never entirely holy or entirely sinful"
«Il semble que le monde puisse être divisé en ces opposés»
"It seems like the world can be divided into these opposites"
«Mais c'est parce que nous sommes sujets à la tromperie»
"but that's because we are subject to deception"
«C'est comme si la tromperie était quelque chose de réel»
"it's as if the deception was something real"
«Le temps n'est pas réel, Govinda»
"Time is not real, Govinda"
«J'ai vécu cela souvent et encore souvent»
"I have experienced this often and often again"
«Quand le temps n'est pas réel, l'écart entre le monde et l'éternité est aussi une tromperie»
"when time is not real, the gap between the world and the eternity is also a deception"
«L'écart entre la souffrance et la béatitude n'est pas réel»
"the gap between suffering and blissfulness is not real"
«Il n'y a pas d'écart entre le mal et le bien»
"there is no gap between evil and good"
«Toutes ces lacunes sont des tromperies»
"all of these gaps are deceptions"
«Mais ces lacunes nous apparaissent néanmoins»
"but these gaps appear to us nonetheless"
«Comment se fait-il?» demanda timidement Govinda.
"How come?" asked Govinda timidly
«Écoute bien, ma chérie», répondit Siddhartha
"Listen well, my dear," answered Siddhartha
«Le pécheur, que je suis et que vous êtes, est un pécheur»
"The sinner, which I am and which you are, is a sinner"
«mais dans les temps à venir, le pécheur sera à nouveau Brahma»
"but in times to come the sinner will be Brahma again"
«il atteindra le Nirvana et sera Bouddha»

"he will reach the Nirvana and be Buddha"
«Les temps à venir sont une tromperie»
"the times to come are a deception"
«Les temps à venir ne sont qu'une parabole !»
"the times to come are only a parable!"
«Le pécheur n'est pas sur le point de devenir un Bouddha»
"The sinner is not on his way to become a Buddha"
«Il n'est pas en train de se développer»
"he is not in the process of developing"
«Notre capacité de penser ne sait pas comment imaginer autrement ces choses»
"our capacity for thinking does not know how else to picture these things"
«Non, dans le pécheur il y a déjà le futur Bouddha»
"No, within the sinner there already is the future Buddha"
«Son avenir est déjà là»
"his future is already all there"
«vous devez adorer le Bouddha dans le pécheur»
"you have to worship the Buddha in the sinner"
«vous devez adorer le Bouddha caché en chacun»
"you have to worship the Buddha hidden in everyone"
«le Bouddha caché qui est en train de naître le possible»
"the hidden Buddha which is coming into being the possible"
«Le monde, mon ami Govinda, n'est pas imparfait»
"The world, my friend Govinda, is not imperfect"
«Le monde n'est pas sur un chemin lent vers la perfection»
"the world is on no slow path towards perfection"
«Non, le monde est parfait à chaque instant»
"no, the world is perfect in every moment"
«Tout péché porte déjà en lui-même le pardon divin»
"all sin already carries the divine forgiveness in itself"
«Tous les petits enfants ont déjà la personne âgée en eux-mêmes»
"all small children already have the old person in themselves"
«Tous les nourrissons ont déjà la mort en eux»
"all infants already have death in them"
«Tous les mourants ont la vie éternelle»

"all dying people have the eternal life"
«Nous ne pouvons pas voir jusqu'où un autre a déjà progressé sur son chemin»
"we can't see how far another one has already progressed on his path"
«dans le voleur et le joueur de dés, le Bouddha attend»
"in the robber and dice-gambler, the Buddha is waiting"
«dans le Brahman, le voleur attend»
"in the Brahman, the robber is waiting"
«Dans la méditation profonde, il y a la possibilité de mettre le temps hors de l'existence»
"in deep meditation, there is the possibility to put time out of existence"
«Il y a la possibilité de voir toute la vie simultanément»
"there is the possibility to see all life simultaneously"
«Il est possible de voir toute vie qui était, est et sera»
"it is possible to see all life which was, is, and will be"
«et là tout est bon, parfait et Brahman»
"and there everything is good, perfect, and Brahman"
«Par conséquent, je vois tout ce qui existe comme bon»
"Therefore, I see whatever exists as good"
«La mort est pour moi comme la vie»
"death is to me like life"
«Pour moi, le péché est comme la sainteté»
"to me sin is like holiness"
«La sagesse peut être comme la folie»
"wisdom can be like foolishness"
«Tout doit être comme avant»
"everything has to be as it is"
«Tout ne nécessite que mon consentement et ma volonté»
"everything only requires my consent and willingness"
«Tout ce que mon point de vue exige, c'est mon accord aimant pour être bon pour moi»
"all that my view requires is my loving agreement to be good for me"
«Mon point de vue n'a rien d'autre à faire que de travailler pour mon bénéfice»

"my view has to do nothing but work for my benefit"
«Et alors ma perception est incapable de me faire du mal»
"and then my perception is unable to ever harm me"
«J'ai fait l'expérience que j'avais beaucoup besoin de péché»
"I have experienced that I needed sin very much"
«J'ai vécu cela dans mon corps et dans mon âme»
"I have experienced this in my body and in my soul"
«J'avais besoin de luxure, du désir de possessions et de vanité»
"I needed lust, the desire for possessions, and vanity"
«Et j'avais besoin du désespoir le plus honteux»
"and I needed the most shameful despair"
«afin d'apprendre à abandonner toute résistance»
"in order to learn how to give up all resistance"
«pour apprendre à aimer le monde»
"in order to learn how to love the world"
«afin d'arrêter de comparer les choses à un monde que je souhaitais»
"in order to stop comparing things to some world I wished for"
«J'imaginais une sorte de perfection que j'avais inventée»
"I imagined some kind of perfection I had made up"
«mais j'ai appris à laisser le monde tel qu'il est»
"but I have learned to leave the world as it is"
«J'ai appris à aimer le monde tel qu'il est»
"I have learned to love the world as it is"
«et j'ai appris à aimer en faire partie»
"and I learned to enjoy being a part of it"
«Voilà, ô Govinda, quelques-unes des pensées qui me sont venues à l'esprit»
"These, oh Govinda, are some of the thoughts which have come into my mind"

Siddhartha se pencha et ramassa une pierre du sol
Siddhartha bent down and picked up a stone from the ground
Il pesa la pierre dans sa main
he weighed the stone in his hand

«Ceci ici,» dit-il en jouant avec le rocher, «est une pierre»
"This here," he said playing with the rock, "is a stone"
«Cette pierre se transformera peut-être en terre après un certain temps»
"this stone will, after a certain time, perhaps turn into soil"
«Il se transformera du sol en une plante, un animal ou un être humain»
"it will turn from soil into a plant or animal or human being"
«Dans le passé, j'aurais dit que cette pierre n'est qu'une pierre»
"In the past, I would have said this stone is just a stone"
«J'aurais pu dire que cela ne valait rien»
"I might have said it is worthless"
«Je vous aurais dit que cette pierre appartient au monde des Mayas»
"I would have told you this stone belongs to the world of the Maya"
«mais je n'aurais pas vu que cela a de l'importance»
"but I wouldn't have seen that it has importance"
«Il pourrait être capable de devenir un esprit dans le cycle des transformations»
"it might be able to become a spirit in the cycle of transformations"
«c'est pourquoi je lui accorde aussi de l'importance»
"therefore I also grant it importance"
«Ainsi, j'aurais peut-être pensé dans le passé»
"Thus, I would perhaps have thought in the past"
«Mais aujourd'hui, je pense différemment à la pierre»
"But today I think differently about the stone"
«Cette pierre est une pierre, et elle est aussi animale, Dieu et Bouddha»
"this stone is a stone, and it is also animal, god, and Buddha"
«Je ne le vénère pas et ne l'aime pas parce qu'il pourrait se transformer en ceci ou en cela»
"I do not venerate and love it because it could turn into this or that"
«Je l'aime parce que ce sont ces choses-là»

"I love it because it is those things"
«Cette pierre est déjà tout»
"this stone is already everything"
«Il m'apparaît maintenant et aujourd'hui comme une pierre»
"it appears to me now and today as a stone"
«c'est pourquoi j'aime ça»
"that is why I love this"
«C'est pourquoi je vois la valeur et le but dans chacune de ses veines et cavités»
"that is why I see worth and purpose in each of its veins and cavities"
«Je vois de la valeur dans son jaune, son gris et sa dureté»
"I see value in its yellow, gray, and hardness"
«J'ai apprécié le son qu'il fait quand je frappe dessus»
"I appreciated the sound it makes when I knock at it"
«J'aime la sécheresse ou l'humidité de sa surface»
"I love the dryness or wetness of its surface"
«Il y a des pierres qui ressemblent à de l'huile ou du savon»
"There are stones which feel like oil or soap"
«et d'autres pierres ressemblent à des feuilles ou du sable»
"and other stones feel like leaves or sand"
«et chaque pierre est spéciale et prie l'Om à sa manière»
"and every stone is special and prays the Om in its own way"
«chaque pierre est Brahman»
"each stone is Brahman"
«Mais en même temps, et tout autant, c'est une pierre»
"but simultaneously, and just as much, it is a stone"
«C'est une pierre, qu'elle soit huileuse ou juteuse»
"it is a stone regardless of whether it's oily or juicy"
«et c'est pourquoi j'aime et considère cette pierre»
"and this why I like and regard this stone"
«C'est merveilleux et digne d'adoration»
"it is wonderful and worthy of worship"
«Mais laissez-moi ne plus parler de cela»
"But let me speak no more of this"
«Les mots ne sont pas bons pour transmettre le sens secret»
"words are not good for transmitting the secret meaning"

«Tout devient toujours un peu différent, dès que c'est mis en mots»
"everything always becomes a bit different, as soon as it is put into words"
«Tout est un peu déformé par les mots»
"everything gets distorted a little by words"
«Et puis l'explication devient un peu idiote»
"and then the explanation becomes a bit silly"
«Ouais, et c'est aussi très bon, et je l'aime beaucoup»
"yes, and this is also very good, and I like it a lot"
«Je suis également tout à fait d'accord avec cela»
"I also very much agree with this"
«Le trésor et la sagesse d'un homme sonnent toujours comme une folie pour une autre personne»
"one man's treasure and wisdom always sounds like foolishness to another person"
Govinda écouta silencieusement ce que Siddhartha disait.
Govinda listened silently to what Siddhartha was saying
il y eut une pause et Govinda posa une question avec hésitation
there was a pause and Govinda hesitantly asked a question
«Pourquoi m'as-tu dit cela à propos de la pierre?»
"Why have you told me this about the stone?"
«Je l'ai fait sans intention spécifique»
"I did it without any specific intention"
«Peut-être que ce que je voulais dire, c'est que j'aime cette pierre et la rivière»
"perhaps what I meant was, that I love this stone and the river"
«Et j'aime toutes ces choses que nous regardons»
"and I love all these things we are looking at"
«Et nous pouvons apprendre de toutes ces choses»
"and we can learn from all these things"
«Je peux aimer une pierre, Govinda»
"I can love a stone, Govinda"
«et je peux aussi aimer un arbre ou un morceau d'écorce»
"and I can also love a tree or a piece of bark"

«Ce sont des choses, et les choses peuvent être aimées»
"These are things, and things can be loved"
«mais je ne peux pas aimer les mots»
"but I cannot love words"
«Par conséquent, les enseignements ne sont pas bons pour moi»
"therefore, teachings are no good for me"
«Les enseignements n'ont ni dureté, ni douceur, ni couleur, ni bord, ni odeur, ni goût»
"teachings have no hardness, softness, colours, edges, smell, or taste"
«Les enseignements n'ont que des mots»
"teachings have nothing but words"
«Peut-être que ce sont les mots qui vous empêchent de trouver la paix»
"perhaps it is words which keep you from finding peace"
«Parce que le salut et la vertu ne sont que des mots»
"because salvation and virtue are mere words"
«Sansara et Nirvana ne sont aussi que de simples mots, Govinda»
"Sansara and Nirvana are also just mere words, Govinda"
«il n'y a rien qui serait le Nirvana»
"there is no thing which would be Nirvana"
«C'est pourquoi Nirvana n'est que le mot»
"therefor Nirvana is just the word"
Govinda objecta : «Le Nirvana n'est pas qu'un mot, mon ami.»
Govinda objected, "Nirvana is not just a word, my friend"
«Le nirvana est un mot, mais c'est aussi une pensée»
"Nirvana is a word, but also it is a thought"
Siddhartha a poursuivi, «cela pourrait être une pensée»
Siddhartha continued, "it might be a thought"
«Je dois avouer que je ne fais pas beaucoup de différence entre les pensées et les mots»
"I must confess, I don't differentiate much between thoughts and words"
«Pour être honnête, je n'ai pas non plus de haute opinion

des pensées»
"to be honest, I also have no high opinion of thoughts"
«J'ai une meilleure opinion des choses que des pensées»
"I have a better opinion of things than thoughts"
«Ici, sur ce ferry-boat, par exemple, un homme a été mon prédécesseur»
"Here on this ferry-boat, for instance, a man has been my predecessor"
«Il était aussi l'un de mes professeurs»
"he was also one of my teachers"
«Un saint homme, qui pendant de nombreuses années a simplement cru au fleuve»
"a holy man, who has for many years simply believed in the river"
«Et il ne croyait en rien d'autre»
"and he believed in nothing else"
«Il avait remarqué que la rivière lui parlait»
"He had noticed that the river spoke to him"
«Il a appris de la rivière»
"he learned from the river"
«La rivière l'a éduqué et instruit»
"the river educated and taught him"
«La rivière semblait être un dieu pour lui»
"the river seemed to be a god to him"
«Pendant de nombreuses années, il ne savait pas que tout était aussi divin que le fleuve»
"for many years he did not know that everything was as divine as the river"
«Le vent, chaque nuage, chaque oiseau, chaque coléoptère»
"the wind, every cloud, every bird, every beetle"
«Ils peuvent enseigner autant que la rivière»
"they can teach just as much as the river"
«Mais quand ce saint homme est allé dans les forêts, il savait tout»
"But when this holy man went into the forests, he knew everything"
«Il en savait plus que vous et moi, sans professeurs ni livres»

"he knew more than you and me, without teachers or books"
«Il en savait plus que nous seulement parce qu'il avait cru au fleuve»
"he knew more than us only because he had believed in the river"

Govinda avait encore des doutes et des questions
Govinda still had doubts and questions
«Mais est-ce que c'est ce que vous appelez les choses en fait quelque chose de réel?»
"But is that what you call things actually something real?"
«Ces choses ont-elles une existence?»
"do these things have existence?"
«N'est-ce pas juste une tromperie des Mayas»
"Isn't it just a deception of the Maya"
«Toutes ces choses ne sont-elles pas une image et une illusion?»
"aren't all these things an image and illusion?"
«Ta pierre, ton arbre, ta rivière»
"Your stone, your tree, your river"
«Sont-ils réellement une réalité?»
"are they actually a reality?"
«Cela aussi,» dit Siddhartha, «je ne m'en soucie pas beaucoup»
"This too," spoke Siddhartha, "I do not care very much about"
«Que les choses soient des illusions ou non»
"Let the things be illusions or not"
«Après tout, je serais alors aussi une illusion»
"after all, I would then also be an illusion"
«Et si ces choses sont des illusions, alors elles sont comme moi»
"and if these things are illusions then they are like me"
«C'est ce qui les rend si chers et dignes de vénération pour moi»
"This is what makes them so dear and worthy of veneration for me"
«Ces choses sont comme moi et c'est comme ça que je peux

les aimer»
"these things are like me and that is how I can love them"

«C'est un enseignement dont vous allez rire»
"this is a teaching you will laugh about"

«L'amour, oh Govinda, me semble être la chose la plus importante de toutes»
"love, oh Govinda, seems to me to be the most important thing of all"

«Comprendre le monde en profondeur peut être ce que font les grands penseurs»
"to thoroughly understand the world may be what great thinkers do"

«Ils expliquent le monde et le méprisent»
"they explain the world and despise it"

«Mais je ne suis intéressé que par le fait de pouvoir aimer le monde»
"But I'm only interested in being able to love the world"

«Je ne suis pas intéressé à mépriser le monde»
"I am not interested in despising the world"

«Je ne veux pas haïr le monde»
"I don't want to hate the world"

«Et je ne veux pas que le monde me haïsse»
"and I don't want the world to hate me"

«Je veux pouvoir regarder le monde et moi-même avec amour»
"I want to be able to look upon the world and myself with love"

«Je veux regarder tous les êtres avec admiration»
"I want to look upon all beings with admiration"

«Je veux avoir un grand respect pour tout»
"I want to have a great respect for everything"

«Ça, je comprends», dit Govinda.
"This I understand," spoke Govinda

«Mais cette chose même a été découverte par l'exalté comme étant une tromperie»
"But this very thing was discovered by the exalted one to be a deception"

«Il commande la bienveillance, la clémence, la sympathie, la tolérance»
"He commands benevolence, clemency, sympathy, tolerance"
«Mais il ne commande pas l'amour»
"but he does not command love"
«Il nous a interdit de lier notre cœur d'amour aux choses terrestres»
"he forbade us to tie our heart in love to earthly things"
«Je le sais, Govinda,» dit Siddhartha, et son sourire brillait d'or
"I know it, Govinda," said Siddhartha, and his smile shone golden
«Et voici, avec cela, nous sommes dans le maquis des opinions»
"And behold, with this we are right in the thicket of opinions"
«Maintenant, nous sommes dans la dispute sur les mots»
"now we are in the dispute about words"
«Car je ne peux pas nier, mes paroles d'amour sont une contradiction»
"For I cannot deny, my words of love are a contradiction"
«ils semblent être en contradiction avec les paroles de Gotama»
"they seem to be in contradiction with Gotama's words"
«Pour cette raison même, je me méfie tellement des mots»
"For this very reason, I distrust words so much"
«Parce que je sais que cette contradiction est une tromperie»
"because I know this contradiction is a deception"
«Je sais que je suis d'accord avec Gotama»
"I know that I am in agreement with Gotama"
«Comment pourrait-il ne pas connaître l'amour quand il a découvert tous les éléments de l'existence humaine»
"How could he not know love when he has discovered all elements of human existence"
«Il a découvert leur caractère transitoire et leur insignifiance»
"he has discovered their transitoriness and their meaninglessness"

«Et pourtant il aimait beaucoup les gens»
"and yet he loved people very much"
«Il a utilisé une vie longue et laborieuse uniquement pour les aider et les instruire!»
"he used a long, laborious life only to help and teach them!"
«Même avec votre grand professeur, je préfère les choses aux mots»
"Even with your great teacher, I prefer things over the words"
«J'accorde plus d'importance à ses actes et à sa vie qu'à ses discours»
"I place more importance on his acts and life than on his speeches"
«J'apprécie les gestes de sa main plus que ses opinions»
"I value the gestures of his hand more than his opinions"
«Pour moi, il n'y avait rien dans son discours et ses pensées»
"for me there was nothing in his speech and thoughts"
«Je ne vois sa grandeur que dans ses actions et dans sa vie»
"I see his greatness only in his actions and in his life"

Pendant longtemps, les deux vieillards ne dirent rien
For a long time, the two old men said nothing
Puis Govinda a parlé, tout en s'inclinant pour un adieu
Then Govinda spoke, while bowing for a farewell
«Je te remercie, Siddhartha, de m'avoir fait part de tes pensées.»
"I thank you, Siddhartha, for telling me some of your thoughts"
«Ces pensées me sont partiellement étranges»
"These thoughts are partially strange to me"
«Toutes ces pensées n'ont pas été immédiatement compréhensibles pour moi»
"not all of these thoughts have been instantly understandable to me"
«Ceci étant, je vous remercie»
"This being as it may, I thank you"
«et je vous souhaite d'avoir des jours calmes»
"and I wish you to have calm days"

Mais secrètement, il pensait autre chose à lui-même
But secretly he thought something else to himself
«Ce Siddhartha est une personne bizarre»
"This Siddhartha is a bizarre person"
«Il exprime des pensées bizarres»
"he expresses bizarre thoughts"
«Ses enseignements semblent stupides»
"his teachings sound foolish"
«Les enseignements purs du Très-Haut sonnent très différents»
"the exalted one's pure teachings sound very different"
«Ces enseignements sont plus clairs, plus purs, plus compréhensibles»
"those teachings are clearer, purer, more comprehensible"
«Il n'y a rien d'étrange, de stupide ou de stupide dans ces enseignements»
"there is nothing strange, foolish, or silly in those teachings"
«Mais les mains de Siddhartha semblaient différentes de ses pensées»
"But Siddhartha's hands seemed different from his thoughts"
«ses pieds, ses yeux, son front, son souffle»
"his feet, his eyes, his forehead, his breath"
«Son sourire, son salut, sa marche»
"his smile, his greeting, his walk"
«Je n'ai pas rencontré un autre homme comme lui depuis que Gotama ne fait plus qu'un avec le Nirvana»
"I haven't met another man like him since Gotama became one with the Nirvana"
«Depuis lors, je n'ai pas senti la présence d'un saint homme»
"since then I haven't felt the presence of a holy man"
«Je n'ai trouvé que Siddhartha, qui est comme ça»
"I have only found Siddhartha, who is like this"
«Ses enseignements peuvent être étranges et ses paroles peuvent sembler insensées»
"his teachings may be strange and his words may sound foolish"
«Mais la pureté brille de son regard et de sa main»

"but purity shines out of his gaze and hand"
«Sa peau et ses cheveux rayonnent de pureté»
"his skin and his hair radiates purity"
«La pureté brille de chaque partie de lui»
"purity shines out of every part of him"
«Un calme, une gaieté, une douceur et une sainteté brillent de lui»
"a calmness, cheerfulness, mildness and holiness shines from him"
«quelque chose que je n'ai vu chez personne d'autre»
"something which I have seen in no other person"
«Je ne l'ai pas vu depuis la mort finale de notre maître exalté»
"I have not seen it since the final death of our exalted teacher"
Alors que Govinda pensait ainsi, il y avait un conflit dans son cœur
While Govinda thought like this, there was a conflict in his heart
il s'inclina une fois de plus devant Siddhartha
he once again bowed to Siddhartha
Il se sentait attiré par l'amour
he felt he was drawn forward by love
Il s'inclina profondément devant celui qui était calmement assis
he bowed deeply to him who was calmly sitting
«Siddhartha», dit-il, «nous sommes devenus des vieillards»
"Siddhartha," he spoke, "we have become old men"
«Il est peu probable que l'un de nous revoie l'autre dans cette incarnation»
"It is unlikely for one of us to see the other again in this incarnation"
«Je vois, bien-aimés, que tu as trouvé la paix»
"I see, beloved, that you have found peace"
«J'avoue que je ne l'ai pas trouvé»
"I confess that I haven't found it"
«Dis-moi, ô honorable un, encore un mot»
"Tell me, oh honourable one, one more word"

«donne-moi quelque chose sur mon chemin que je peux saisir»
"give me something on my way which I can grasp"
«Donnez-moi quelque chose que je peux comprendre!»
"give me something which I can understand!"
«donne-moi quelque chose que je peux emporter avec moi sur mon chemin»
"give me something I can take with me on my path"
«mon chemin est souvent dur et sombre, Siddhartha»
"my path is often hard and dark, Siddhartha"
Siddhartha ne dit rien et le regarda
Siddhartha said nothing and looked at him
Il le regarda avec son sourire toujours inchangé et silencieux
he looked at him with his ever unchanged, quiet smile
Govinda regarda son visage avec peur
Govinda stared at his face with fear
Il y avait du désir et de la souffrance dans ses yeux
there was yearning and suffering in his eyes
La recherche éternelle était visible dans son regard
the eternal search was visible in his look
Vous pouviez voir son éternelle incapacité à trouver
you could see his eternal inability to find
Siddhartha l'a vu et a souri
Siddhartha saw it and smiled
«Penche-toi vers moi !» murmura-t-il doucement à l'oreille de Govinda
"Bend down to me!" he whispered quietly in Govinda's ear
«Comme ça, et approchez-vous encore plus!»
"Like this, and come even closer!"
«Embrasse mon front, Govinda!»
"Kiss my forehead, Govinda!"
Govinda était étonné, mais attiré par un grand amour et une grande attente
Govinda was astonished, but drawn on by great love and expectation
Il obéit à ses paroles et se pencha près de lui
he obeyed his words and bent down closely to him

et il toucha son front avec ses lèvres
and he touched his forehead with his lips
Quand il a fait cela, quelque chose de miraculeux lui est arrivé.
when he did this, something miraculous happened to him
ses pensées s'attardaient encore sur les paroles merveilleuses de Siddhartha
his thoughts were still dwelling on Siddhartha's wondrous words
Il avait encore du mal à imaginer le temps lointain temps
he was still struggling to think away time
il essayait toujours d'imaginer Nirvana et Sansara comme un seul
he was still trying to imagine Nirvana and Sansara as one
Il y avait encore un certain mépris pour les paroles de son ami
there was still a certain contempt for the words of his friend
Ces mots se battaient encore en lui
those words were still fighting in him
Ces paroles luttaient encore contre un immense amour et une immense vénération.
those words were still fighting against an immense love and veneration
Et pendant toutes ces pensées, quelque chose d'autre lui est arrivé
and during all these thoughts, something else happened to him
Il ne voyait plus le visage de son ami Siddhartha
He no longer saw the face of his friend Siddhartha
au lieu du visage de Siddhartha, il a vu d'autres visages
instead of Siddhartha's face, he saw other faces
Il a vu une longue séquence de visages
he saw a long sequence of faces
Il a vu une rivière de visages couler
he saw a flowing river of faces
Des centaines et des milliers de visages, qui sont tous venus et ont disparu

hundreds and thousands of faces, which all came and disappeared
Et pourtant, ils semblaient tous être là simultanément
and yet they all seemed to be there simultaneously
Ils ont constamment changé et renouvelé eux-mêmes
they constantly changed and renewed themselves
ils étaient eux-mêmes et ils étaient toujours tous le visage de Siddhartha
they were themselves and they were still all Siddhartha's face
Il vit le visage d'un poisson avec une bouche infiniment douloureusement ouverte
he saw the face of a fish with an infinitely painfully opened mouth
le visage d'un poisson mourant, avec des yeux qui s'estompent
the face of a dying fish, with fading eyes
Il a vu le visage d'un nouveau-né, rouge et plein de rides
he saw the face of a new-born child, red and full of wrinkles
il était déformé par les pleurs
it was distorted from crying
Il a vu le visage d'un meurtrier
he saw the face of a murderer
Il l'a vu plonger un couteau dans le corps d'une autre personne
he saw him plunging a knife into the body of another person
Il a vu, au même moment, ce criminel en esclavage
he saw, in the same moment, this criminal in bondage
Il l'a vu agenouillé devant une foule
he saw him kneeling before a crowd
et il vit sa tête coupée par le bourreau
and he saw his head being chopped off by the executioner
Il a vu les corps d'hommes et de femmes
he saw the bodies of men and women
Ils étaient nus dans des positions et des crampes d'amour frénétique
they were naked in positions and cramps of frenzied love
Il a vu des cadavres étendus, immobiles, froids, vides

he saw corpses stretched out, motionless, cold, void
Il a vu les têtes d'animaux
he saw the heads of animals
têtes de sangliers, de crocodiles et d'éléphants
heads of boars, of crocodiles, and of elephants
Il a vu les têtes de taureaux et d'oiseaux
he saw the heads of bulls and of birds
il a vu des dieux; Krishna et Agni
he saw gods; Krishna and Agni
Il a vu toutes ces figures et ces visages dans mille relations les uns avec les autres
he saw all of these figures and faces in a thousand relationships with one another
chaque personnage aidait l'autre
each figure was helping the other
Chaque personnage aimait sa relation
each figure was loving their relationship
Chaque personnage détestait leur relation, la détruisant
each figure was hating their relationship, destroying it
et chaque personnage donnait naissance à leur relation
and each figure was giving re-birth to their relationship
Chaque personnage était une volonté de mourir
each figure was a will to die
C'étaient des confessions passionnément douloureuses de caractère transitoire
they were passionately painful confessions of transitoriness
et pourtant aucun d'entre eux n'est mort, chacun seulement transformé
and yet none of them died, each one only transformed
Ils renaissaient toujours et recevaient de plus en plus de nouveaux visages
they were always reborn and received more and more new faces
pas de temps ne s'est écoulé entre une face et l'autre
no time passed between the one face and the other
Toutes ces figures et visages se reposaient
all of these figures and faces rested

ils ont coulé et se sont générés eux-mêmes
they flowed and generated themselves
Ils flottaient et fusionnaient les uns avec les autres
they floated along and merged with each other
et ils étaient tous constamment couverts par quelque chose de mince
and they were all constantly covered by something thin
ils n'avaient pas d'individualité propre
they had no individuality of their own
mais pourtant ils existaient
but yet they were existing
Ils étaient comme un verre mince ou de la glace
they were like a thin glass or ice
Ils étaient comme une peau transparente
they were like a transparent skin
ils étaient comme une coquille, un moule ou un masque d'eau
they were like a shell or mould or mask of water
et ce masque souriait
and this mask was smiling
et ce masque était le visage souriant de Siddhartha
and this mask was Siddhartha's smiling face
le masque que Govinda touchait avec ses lèvres
the mask which Govinda was touching with his lips
Et, Govinda l'a vu comme ça
And, Govinda saw it like this
Le sourire du masque
the smile of the mask
Le sourire de l'unité au-dessus des formes fluides
the smile of oneness above the flowing forms
Le sourire de la simultanéité au-dessus du millier de naissances et de décès
the smile of simultaneousness above the thousand births and deaths
le sourire de Siddhartha était exactement le même
the smile of Siddhartha's was precisely the same
Le sourire de Siddhartha était le même que le sourire

tranquille de Gotama, le Bouddha
Siddhartha's smile was the same as the quiet smile of Gotama, the Buddha
C'était un sourire délicat et impénétrable
it was delicate and impenetrable smile
Peut-être était-ce bienveillant, moqueur et sage.
perhaps it was benevolent and mocking, and wise
le sourire mille fois de Gotama, le Bouddha
the thousand-fold smile of Gotama, the Buddha
comme il l'avait vu lui-même avec beaucoup de respect cent fois
as he had seen it himself with great respect a hundred times
Comme ça, Govinda le savait, les parfaits sourient
Like this, Govinda knew, the perfected ones are smiling
Il ne savait plus si le temps existait
he did not know anymore whether time existed
Il ne savait pas si la vision avait duré une seconde ou cent ans
he did not know whether the vision had lasted a second or a hundred years
il ne savait pas si un Siddhartha ou un Gotama existait
he did not know whether a Siddhartha or a Gotama existed
il ne savait pas si un moi ou un vous existait
he did not know if a me or a you existed
Il se sentait dans le sien comme s'il avait été blessé par une flèche divine
he felt in his as if he had been wounded by a divine arrow
La flèche transperça son moi le plus profond
the arrow pierced his innermost self
La blessure de la flèche divine avait un goût sucré
the injury of the divine arrow tasted sweet
Govinda était enchanté et dissous dans son moi le plus intime.
Govinda was enchanted and dissolved in his innermost self
Il resta immobile pendant un petit moment
he stood still for a little while
il se pencha sur le visage calme de Siddhartha, qu'il venait

d'embrasser
he bent over Siddhartha's quiet face, which he had just kissed
le visage dans lequel il venait de voir la scène de toutes les manifestations
the face in which he had just seen the scene of all manifestations
Le visage de toutes les transformations et de toute existence
the face of all transformations and all existence
Le visage qu'il regardait était inchangé
the face he was looking at was unchanged
Sous sa surface, la profondeur des mille plis s'était refermée
under its surface, the depth of the thousand folds had closed up again
Il sourit silencieusement, doucement et doucement
he smiled silently, quietly, and softly
Peut-être a-t-il souri avec beaucoup de bienveillance et de moquerie
perhaps he smiled very benevolently and mockingly
C'est précisément ainsi que l'Exalté sourit.
precisely this was how the exalted one smiled
Profondément, Govinda s'inclina devant Siddhartha
Deeply, Govinda bowed to Siddhartha
Des larmes dont il ne savait rien coulaient sur son vieux visage
tears he knew nothing of ran down his old face
Ses larmes brûlaient comme le feu de l'amour le plus intime
his tears burned like a fire of the most intimate love
Il ressentait la plus humble vénération dans son cœur
he felt the humblest veneration in his heart
Profondément, il s'inclina, touchant le sol
Deeply, he bowed, touching the ground
Il s'inclina devant celui qui était assis immobile
he bowed before him who was sitting motionlessly
Son sourire lui rappelait tout ce qu'il avait toujours aimé dans sa vie
his smile reminded him of everything he had ever loved in his life

Son sourire lui rappelait tout ce qu'il trouvait précieux et saint dans sa vie.
his smile reminded him of everything in his life that he found valuable and holy

www.ingramcontent.com/pod-product-compliance
Lightning Source LLC
Chambersburg PA
CBHW012002090526
44590CB00026B/3835